DuMont Dokumente:

Eine Sammlung von Originaltexten, Dokumenten und grundsätzlichen Arbeiten zur Kunstgeschichte, Kunsttheorie, Archäologie, Pädagogik, Musikgeschichte und Geisteswissenschaft

In den Umschlagklappen: Kunstfonds – Förderungen 1981–1985

Kunstfonds e. V., Bonn, Poppelsdorfer Allee 43. Foto: Franz Fischer, Bonn

Lothar Romain (Hrsg.)

Kunstfonds e. V.

Modell einer Förderung

DuMont Buchverlag Köln

Abbildung Umschlagvorderseite: Johannes Brus, »Tempelchen mit vier Tieren, nach den Himmelsrichtungen ausgerichtet« (Ausschnitt, vgl. Farbtafel S. 161), 1983

CIP-Kurztitelaufnahme der Deutschen Bibliothek

Kunstfonds e.V. ⟨Bonn⟩:
Kunstfonds e.V. : Modell e. Förderung / Lothar
Romain (Hrsg.). – Köln : DuMont, 1986.
(DuMont-Dokumente)
ISBN 3-7701-1848-0
NE: Romain, Lothar [Hrsg.]; HST

Satz und Druck: Rasch, Bramsche
Buchbinderische Verarbeitung: Bramscher Buchbinder Betriebe

Printed in Germany ISBN 3-7701-1848-0

Inhalt

Vorwort des Herausgebers

Nur wenige haben vor fünf Jahren dem Kunstfonds e. V. eine erfolgreiche Zukunft prophezeien wollen. Wie der Literaturfonds und eine ähnliche Einrichtung unter der Obhut des Deutschen Musikrates erschien auch der Kunstfonds zunächst lediglich als ein Wechselbalg der Nationalstiftung, deren Konturen im Kompetenzgerangel zwischen Bund und Ländern mehr und mehr verblaßten. Wenigstens die Gelder, die schon für die Nationalstiftung im Bundesetat zurückgestellt worden waren, sollten für die Kultur gerettet werden – und zwar vor allem für die Förderung zeitgenössischer Kunst und nicht nur für die Bewahrung nationalen Kulturerbes, wie das schon widerspruchslos mit Bonner Geldern praktiziert worden war.

Die Aufgabe der Fonds war zunächst limitiert: jeweils fünf Millionen, auf fünf Jahre verteilt, waren als Förderungsgelder zu vergeben. Gegründet wurde der Kunstfonds im Dezember 1980 vom Bundesverband Bildender Künstler, dem Deutschen Künstlerbund, der Gemeinschaft der Künstlerinnen und Kunstfreunde (GEDOK), dem Bundesverband Deutscher Galeristen, der VG Bild-Kunst sowie der Künstlerin Rune Mields, die die nicht-organisierten Künstler repräsentierte. Weitere Mitglieder wurden später das Internationale Künstlergremium / Deutsche Sektion sowie die Arbeitsgemeinschaft Deutscher Kunstvereine. Alle redeten vom Provisorium und nur wenige vom Modellcharakter dieser Förderungsinstitution, die als privater Verein der Künstler und Kunstvermittler staatliche Förderungsmittel in eigener Kompetenz verteilt und damit ein hohes Maß an künstlerischer Mitsprache in den eigenen Belangen verwirklicht.

Die geringe bis mäßige Publizität zu Beginn ist dem Kunstfonds nicht einmal schlecht bekommen; denn so konnte er in Ruhe nicht nur die Prinzipien seiner Arbeit bestimmen, sondern auch die Praxis proben, was weder einfach noch selbstverständlich war. Wohl hatte man sich recht bald auf breit angelegte Förderungsgrundsätze geeinigt, die viel Mobilität, viel Forschen und Experimentieren und Grenzüberschreitungen abdecken sollten, doch ihre Auslegung und Gewichtung mußte erst erstritten werden. Unterschiedliche Interessen und Einschätzungen sowohl kunstpolitischer wie ästhetischer Vorstellungen können und sollen im Kunstfonds nicht unterdrückt werden. Die schließlichen Übereinkünfte in den Jury-Sitzungen geben nur wenig von den teilweise schwierigen und kontroversen Debatten wieder, die vorausgegangen sind. Daß hier nicht nur unterschiedliche Temperamente, sondern auch unterschiedliche Überzeugungen miteinander gerungen haben und weiterhin ringen werden, spiegelt sich in den Antworten einiger Jury-Mitglieder auf Fragen des Herausgebers nach dem Selbstverständnis und der Arbeit des Kunstfonds wider.

Der Kunstfonds fordert nicht auf, sondern entscheidet über Bewerbungen. Auch da hat, so makaber das klingt, die anfängliche Unkenntnis bei den potentiellen Bewerbern die Arbeit erleichtert, damit nicht bei den mit einer Million Mark doch begrenzten Mitteln das Mißverhältnis zum Bedarf so kraß sichtbar wurde, daß auf allen Seiten eher die Lust zum Abbruch des Experimentes als zum Durchhalten gefördert worden wäre. Die Qual der strengen Gewichtung und in jedem Falle ungerechten, weil aufgrund der Gelder allzu beschränkten Auswahl hat als Startleistung die Arbeit des Kunstfonds dennoch befördert. Entgegen der hin und wieder geäußerten Furcht, da werde wohl ein Selbstbedienungstopf für alle möglichen partikularen Interessen geschaffen, ist bis heute eine sehr offene, die unterschiedlichsten Standpunkte widerspiegelnde Förderung betrieben worden.

Darum vor allem soll es auch in diesem Buch gehen. Fünf Jahre Kunstförderung mit begrenzten Mitteln ist kein Anlaß für eine sich selbst beweihräuchernde Leistungsbilanz. Hier soll auch nicht das Protokoll dieser Jahre gedruckt werden mit dem Versprechen, ein flächendeckendes Bild der bundesrepublikanischen Kunstlandschaft vorzeigen zu können. Dieses Buch ist die Dokumentation eines Modells für Kunstförderung mit all seinen Risiken, ersten Erfolgen wie noch sichtbaren Schwachstellen. Die Liste der Geförderten, wie sie vollständig aufgeführt sind, mag beeindrucken und ist doch – aufgrund der Bewerbungen wie der Entscheidungen – eine sehr unterschiedlichen Zuschnitts und, zugegeben, mit zahlreichen Leerstellen. Aber der Reiz liegt nicht in einer wie auch immer lexikalischen Vollständigkeit, sondern in der Vielfalt der Aspekte, die sich dank der Offenheit der Förderungsgrundsätze auftun. Dieses Buch ist mehr als die Addition gewährter Stipendien – es ist die Dokumentation einer art in progress, wie sich künstlerische Ideen entfalten, Absichten realisieren und Wagnisse trotz möglichen Scheiterns unternommen werden, wenn mit der Förderung der notwendige Freiraum gewährleistet ist.

Nicht alle Förderungsbereiche und Förderungsmaßnahmen konnten gleichermaßen berücksichtigt werden, weil sich manche Initiativen und Taten der Möglichkeit einer Dokumentation entziehen, so vor allem Ausstellungs- und Vermittlungsförderung sowie die für Publikationen und Dokumentationen. Sie sind, wie auch alle übrigen fehlenden Namen in der Bilddokumentation, vollständig aufgeführt und somit in den Annalen gewiß nicht unterschlagen.

Der Charakter des Buches erzwang eine eigene Ordnung, die nicht mit den Förderungsbereichen übereinstimmt, sondern sich in Abschnitte, die Arbeitsstipendien, Projektförderungen sowie die Erweiterung künstlerischer Arbeitsfelder betreffen, gliedert. Und selbst zwischen den relativ leicht abgrenzbaren Bereichen der reinen Arbeitsstipendien und der projektbezogenen Förderung sind gegenüber der ursprünglichen Aufführung im Protokoll des Jury-Entscheids vorsichtige Umgruppierungen vorgenommen worden, wenn zum Beispiel ein Arbeitsstipendium schließlich zur Entwicklung bzw. Realisierung eines künstlerischen Projekts genutzt worden ist. Hier sollten Sinnzusammenhänge, nicht die in anderem Umfeld gewiß notwendigen bürokratischen Abbuchungen entscheidend sein.

Nicht alle Künstler haben auf die Bitte zur Mitarbeit reagiert. Die nicht wollten, haben wir nicht gegen ihren Willen mit einer Abbildung dokumentiert, wohl aber in der schon genannten offiziellen Bilanz des Kunstfonds. Für die Mitarbeit der überwiegenden Zahl von Geförderten sei hier Dank gesagt. Nicht immer konnte das Bemühen durchgehalten werden, sie in gleichem Umfang vorzustellen. Im Zweifel war die Verständlichkeit der Information ausschlaggebend.

Dank sei den Autoren gesagt, die mit dem Herausgeber darin übereinstimmten, daß nicht der Jubel, sondern die ermunternde bzw. nachdenklich stimmende Kritik den Sinn der begleitenden Texte ausmachen müsse. Der Leser soll an der Diskussion beteiligt werden. Er soll das Modell Kunstfonds nicht als Selbstzweck kennenlernen, sondern als Beispiel auch dafür, wie demokratische Prozesse im kulturellen Bereich verwirklicht werden können, ohne daß es zwangsläufig zu Uniformierungen und Einebnungen kommt. Für die verwirklichte Vielfalt zeugt in diesem Buche nicht zuletzt die ausführliche Dokumentation der Ausstellungstätigkeit des Kunstfonds im »Kunstraum« Bonn, der nicht Konkurrenz zu anderen Galerien schaffen will, sondern sich als Ausstellungsfenster versteht; denn nicht jedes Jahr kann ein Katalog oder ein Buch über den Kunstfonds erscheinen. Aber ohne Anschauung bleibt Kunstförderung ein nebulöses Ereignis.

Nicht nur für die Verwirklichung dieser Ausstellungen und der sie häufig begleitenden öffentlichen Diskussionen im Kunstraum ist den Mitarbeitern des Kunstfonds schließlich zu danken, sondern auch für die Hilfe bei der Vorbereitung dieses Buches – und das vor allem namentlich Raymund Giebel, ohne dessen sorgfältige und geduldige Recherche das Projekt nicht hätte verwirklicht werden können.

Lothar Romain

Zur Einleitung

Ich habe noch die Worte des damaligen Bundeskanzlers Willy Brandt im Ohr, als er anläßlich der Eröffnung der Jahresausstellung des Deutschen Künstlerbundes Ende 1973 in Berlin über die mögliche Gründung einer Nationalstiftung unterrichtete, die er in seiner Regierungserklärung im Januar 1973 angekündigt hatte. Wir wissen: daraus ist bisher nichts geworden, obgleich auch sein Nachfolger, Helmut Schmidt, auf eine baldige und wirkungsvolle Realisierung der Stiftung hingearbeitet hat. Die Länder-Regierungen machten nicht mit, jedoch bahnt sich zur Zeit eine Lösung an, in der primär die Kulturhoheit der Länder gewährleistet ist. Hoffen wir weiter!

Rückblickend bleibt zu registrieren, daß sich der BBK und der Deutsche Künstlerbund unter ihren damaligen Vorsitzenden Buchholtz und Hajek von Anfang an für das Zustandekommen der Nationalstiftung mit viel Engagement eingesetzt haben und mit Ihnen weitere Künstler/innen und Persönlichkeiten aus anderen Bereichen des kulturellen Lebens.

Die Bundesregierung hatte im übrigen bereits seit dem Haushaltsjahr 1976 einen ansehnlichen Betrag, etwa 55 Millionen Mark, für die Nationalstiftung in den laufenden Etat eingeplant, dessen Verwendung jedoch erst mit der Gründung der Stiftung freigegeben werden sollte. Daraus wurden 1978 überraschend runde 13 Millionen abgezweigt und wenig später eine weitere Summe zu Ankäufen anläßlich der spektakulären Versteigerung der Sammlung Hirsch sowie für den Erwerb von Kafka-Briefen.

Ansonsten stieß das Stiftungs-Projekt auf immer neue Hindernisse. Enttäuscht, jedoch mit bohrender Beharrlichkeit wurde in der Kunst- und Kulturszene, besonders durch die Künstlerorganisationen, immer wieder das Thema »Nationalstiftung«, verbunden mit der Forderung, die Aufgaben und Mittel insbesondere in der Förderung der Gegenwartskunst zu sehen und zu verwenden, angeheizt. Als sich mehr und mehr die fortgesetzte Stagnation der Nationalstiftung in der projektierten Form abzeichnete, setzten einige engagierte Protagonisten der deutschen Kulturszene, Günter Grass, Carl Amery, Wolfgang Fortner, Siegfried Borris, Peter Palitzsch, Otto Herbert Hajek und Anatol Buchholtz ein Zeichen. Sie gründeten (1976) die Notgemeinschaft Deutsche Nationalstiftung, die sich als eine aktiv und schnell reagierende Lobby für die Nationalstiftung verstand. In einem Aufruf appelliert die Notgemeinschaft an die Verantwortlichen, »die zweckbestimmten Gelder zu entsperren«, und »sie erklärt sich bereit, unter strikter Beachtung alles juristisch Erforderlichen die Treuhänderschaft für die Mittel zu übernehmen, bis die Deutsche Nationalstiftung ihre Aufgabe wahrnehmen kann«, wobei an deren Zustandekommen nach wie vor festgehalten wird. Zwei Jahre später wurde die »Hirsch-Auktion« zum Auslöser der Idee einer Parallelförderung der zeitgenössischen Kunst, Musik und Literatur, für die sich im Januar 1980 auch die von Martin Neuffer aktivierte »Privatinitiative für Kunst« mit einer Resolution eingesetzt hatte. Sie wurde von der Bundesregierung und dem hierfür kompetenten Ausschuß im Parlament akzeptiert und konkretisierte sich in der Gründung der Literatur- und Kunstfonds im Jahre 1980 sowie im Musikförderungsprogramm des Musikrates ab 1981. Wie schon kurz vorher bei einem anderen Erfordernis, der seit vielen Jahren überfälligen Krankenversicherung und Alterssicherung für bildende Künstler und Kulturschaffende, von deren Notwendigkeit und Dringlichkeit in ungezählten Vorsprachen und zähen Verhandlungen die Vertreter der Künstlerverbände zu überzeugen vermochten, hat auch beim »Kunstfonds« in erster Linie das verständnisvolle und kollegiale Zusammenwirken der Künstlerverbände mit dem Verband der Galeristen und der Privatinitiative Kunst am Ende den Erfolg zuwege gebracht. Nicht unerwähnt bleiben darf dabei die stets helfende Aufgeschlossenheit des damaligen Innenministers Baum. Auch nach dem Regierungswechsel hat der Bundesminister des Innern, insbesondere in der Person des Parlamentarischen Staatssekretärs Dr. Waffenschmidt, den Kunstfonds weiterhin nachdrücklich unterstützt; und dieses wird – wie aus der Antwort der Bundesregierung auf die großen Anfragen zur Kulturpolitik aus dem Jahre 1984 hervorgeht – auch für die Zukunft gewährleistet. Dank gebührt auch den mit diesen beiden so zukunftsweisenden Projekten befaßten Vertretern des Innenministeriums, wobei sich vor allem Herr von Köckritz als behutsamer, verläßlicher und entgegenkommender Verhandlungspartner erwiesen hat.

Seit Dezember 1980 gibt es nun den Kunstfonds. Über dessen Gründung und Aufgabe, Zusammensetzung, Verfahren und Wirkung hat an anderer Stelle Gerhard Pfennig geschrieben, der von der ersten Stunde an seinen Künstlerkollegen zur Seite gestanden hat.

Es liegt in der Natur der Idee und Vorgeschichte des Kunstfonds, daß die bildenden Künstler/innen entsprechend ihrer frühen Initiative und Aktivität, die schließlich zur Gründung führte, mehrheitlich in den Organen und im Vergabeausschuß vertreten sind. Das steht zwar den Gepflogenheiten der meisten anderen kommunalen und staatlich berufenen Kunst-Kommissionen entgegen, in denen Künstler ohne ersichtlichen Grund entweder gar nicht erwünscht sind oder eine Minderheit darstellen. Aber das Resümee der ersten fünf Jahre einer immer lebhaften, fachorientierten und manchmal auch kontroversen Auseinandersetzung und Zusammenarbeit im Kunstfonds zeugt davon, daß sich diese Konstellation bewährt.

Daß dabei das Augenmerk gern, doch nicht allein auf die Förderung von Künstlern aus der jungen Generation gerichtet wurde, besonders wenn sie unkonventionelle künstlerische Projekte zu realisieren versuchen und experimentelle Wege und Aktivitäten anzielen, hat viele Künstler dazu ermutigt, sich an den Kunstfonds um flankierende Hilfe zu wenden. Natürlich würden bei vielen Projekten noch höhere finanzielle Hilfeleistungen durch den Kunstfonds wünschenswert sein, doch bleibt, daß in jedem Fall für den einzelnen eine spürbare materielle Entlastung geschaffen und allein schon dadurch ein gewisser Ansporn bewirkt worden ist. Ich erwähne das auch im Hinblick darauf, daß die Fördersumme für den einzelnen im Schnitt weitaus höher ist als die der meisten repräsentativen Kunstpreise, die jeweils ja nur einer aus oft Hunderten von Bewerbern erhält. Diese Feststellung soll zugleich auf die Verpflichtung hinweisen, daß bei allen Vergabe-Entscheidungen ein hoher Maßstab anzulegen ist. Darum ging es in den oft bis in die Nächte reichenden Diskussionen, bis eine überzeugende Mehrheit für die Vergabe eines Stipendiums oder der Mitfinanzierung eines Projektes erkennbar war.

Von Anfang an war der Vorstand des Kunstfonds darauf bedacht, der interessierten Öffentlichkeit, darunter auch den politischen und ministeriellen Vertretern, Einblick in die Arbeit und Vergabepraxis des Kunstfonds zu vermitteln. Der glückliche Umstand, daß hierfür im Hause des Kunstfonds Verwaltungsräume in eine ansprechende Ausstellungssuite umgewandelt werden konnten und dazu des weiteren eine kleine Gartenanlage zur Verfügung steht, wird als eine informative Möglichkeit für diese Absicht genutzt. »Der Ausstellungsraum«, so beschreibt ihn Annelie Pohlen im »Bonner General-Anzeiger«, »ist eine Plattform für die Kunst jenseits kommerzieller Zwänge. Er ist ein Raum, in dem der Kunstfonds Rechenschaft über seine Förderungsmaßnahmen ablegt. Für das Publikum ist es eine Stätte der Begegnung mit der Kunst, wo nicht die Gewißheit des Kunstszenenerfolges, sondern die Kunst als Ausdruck vielfältiger Reflexionen und Möglichkeiten, gefiltert eben durch den Förderwillen eines plural besetzten Gremiums, zur Diskussion gestellt wird.«

Der gleichen Absicht dient auch diese Publikation – eine erste Bilanz nach fünf Jahren – über Sinn und Wirken des Kunstfonds. Das Buch ist auch ein Rechenschaftsbericht über die Arbeit der Vereinsorgane, insbesondere der Vergabe-Kommission, die ihren Auftrag damit beendet und in die Verantwortung eines neuen Gremiums übergibt.

Thomas Grochowiak
Sprecher des Vorstands Kunstfonds e.V.

Ein Topf für Künstler – Erwartungen an ein Modell

Von Lothar Romain

Man kann sich nicht damit zufriedengeben, daß von der lange und ausführlich diskutierten Deutschen Nationalstiftung, in der sich Bund und Länder zur Förderung deutscher Kultur zusammenfinden sollten, schließlich nur zwei Fonds für Kunst und Literatur sowie eine ihnen entsprechende, vom Deutschen Musikrat verwaltete Förderung des zeitgenössischen Musikwesens übriggeblieben sind. Und doch waren der Grundgedanke der Nationalstiftung sowie die vielen Auseinandersetzungen über ihren Aufbau und ihre Aufgaben nicht fruchtlos, sondern haben gleichsam als geistiges Anfangskapital bei der Gründung der Fonds 1980 mitgewirkt. Mit den Fonds nämlich wurden Förderungsinstitutionen geschaffen, die sich auch im internationalen Vergleich sehen lassen können und in einer Hinsicht sogar beispielhaft dastehen.

Das bezieht sich gewiß nicht auf ihre finanzielle Ausstattung. Nur jeweils fünf Millionen Mark standen Kunst- und Literaturfonds am Anfang in Aussicht, was etwa im Bereich der bildenden Kunst nur einen Teil der Beträge ausmachte, die der Bund aus demselben Haushaltstitel für Rückkäufe deutscher Kunst aus dem Ausland zur Verfügung stellte. Und was Einfluß oder gar Macht auf kulturpolitischem Gebiet betrifft, so können andere Stiftungen im In- und Ausland dank ihrer Staatsnähe Größeres, wenn auch nicht immer Bedeutenderes bewegen.

Außergewöhnlich ist an den Fonds das Modell der Selbstbestimmung und die sich daraus zwangsläufig ergebende Selbstbescheidung des Staates. Der Bund wirkt zwar als Geld-, aber nicht als Auftraggeber. Weder hat er die Kompetenz, die Zusammensetzung des Fonds-Kuratoriums und damit der Entscheidungsinstanz nach seinem eigenen Willen zu verändern, noch kann er über seine beratend an den Jury-Sitzungen (die Jury ist im Kunstfonds identisch mit dem Kuratorium) teilnehmenden Beamten bestimmte Ergebnisse erzwingen. Der Fonds und seine Entscheidungen werden getragen von einem Verein, zu dem sich Künstler- und Vermittlerverbände zusammengeschlossen haben. Im Rahmen eines internationalen Vergleichs staatlicher Stiftungen schrieb Andreas Johannes Wiesand 1980: »Neu an diesem Fonds-Konzept ist die maßgebliche Beteiligung der betroffenen Autoren und Künstler in den Gremien, vor allem ihre unmittelbare Partizipation in den noch zu berufenden Fachausschüssen.« (»ergo«, Nr. 3, Oktober 1980)

Als staatsunabhängig erklären sich auch solche Institutionen, in denen der Staat per Kompetenz und Stimme tatsächlichen Einfluß hat. Gewöhnlich wird die staatsnahe Unabhängigkeit durch die Berufung von Fachleuten – und es sage niemand: sogenannten – repräsentiert. Der Staat hat sie berufen und bedient sich ihres Fachurteils in seiner Interessenpolitik. Das ist nicht Ausdruck von schierem Filz oder von abgrundtiefen Intrigen, sondern die herkömmlich offenste Form gegenseitigen Respektierens. Der Fachmann möchte sein Urteil berücksichtigt wissen und der

Staat seine Interessen gewahrt, ja durch fachliches Urteil abgesichert sehen. Dieses System wirkt besonders effizient da, wo es um Fragen der Repräsentation und der Berufung des kulturellen Erbes geht. Die Priorität von »repräsentativ« und »abgesichert« gewährleistet dem Kulturfachmann wie dem Kulturpolitiker gleichermaßen Raum. Der eine kann sich voll der Wissenschaftlichkeit seines Urteils widmen und der andere daraus politischen Nutzen ziehen, ohne ein Risiko eingehen zu müssen. Im Rückblick gehört auch John Heartfield für den Fachmann in die Kunstgeschichte, und der Politiker kann das wegen der historischen Distanz akzeptieren. So mag denn der ehemals vehement bekämpfte Antifaschist Heartfield durchaus in eine repräsentative nationale Kunstausstellung geraten – eine Bezeugung für Achtung vor dem kritischen Geist und eine Liberalität, die man den Zeitgenossen nur selten entgegenzubringen bereit ist. Kunst bewährt sich diesem Verständnis gemäß noch immer vor allem durch Altern. Je größer der zeitliche Abstand, desto verpflichtender und nachdrücklicher fallen die Bekenntnisse zur Kunst aus. Gefahr droht dagegen von dem, was sich aktuell einmischt oder gar noch nicht einmal Gestalt angenommen hat. Die Grenzen gesellschaftlicher Toleranz, in denen sich Kunst bewegen darf – was euphemistisch als ihre garantierte Freiheit dargestellt wird –, sind noch immer eng. Und zwar gleichgültig, ob sich Kunst gesellschaftskritisch versteht oder ihre Autonomie eher als politische Enthaltsamkeit begreift.

An einem solchen Einverständnis, daß man den geforderten Beteiligungen auf allen Ebenen frühzeitig begegnen müsse, ist letztlich auch die vom damaligen Bundeskanzler Willy Brandt geforderte Nationalstiftung gescheitert - und das bei näherem Hinsehen über alle Parteigrenzen hinweg. Wohl gab es einen vehementen innenpolitischen Machtkampf zwischen dem damaligen sozialliberalen und dem konservativen Lager, der zum Teil auch im Namen der Kulturhoheit der Länder als ein Kampf um Werte geführt wurde. Doch auch manchem sozialliberal regierten Land erschien der Gedanke einer Nationalstiftung eher unheimlich – und das nicht nur als Einbruch des Bundes in seine Kompetenz, sondern vor allem im Hinblick auf die Unabhängigkeit durch Mitbestimmung und Fachverstand, die sich abzeichneten und kulturelle Belange dem politischen Zugriff zu entziehen drohten.

Schon die frühen Diskussionen über die Nationalstiftung wurden kontrovers über ihre möglichen Aufgaben und das notwendige bzw. wünschenswerte Maß an Partizipation der unmittelbar Betroffenen, der Schriftsteller, Künstler usw. geführt. Beide Fragen hängen enger zusammen, als es auf den ersten Blick hin erscheint; denn wenn die Teilhabe als Ausübung von Macht verstanden und so der Obrigkeit und ihren Vertretern als Machthabern zugesprochen wird, kann es kaum deren Interesse sein, dem Widerspruch und der Machtverunsicherung durch Kunst eine breite Öffentlichkeit zu verschaffen.

Als man in ersten Gesprächskreisen auf vielen Ebenen über die Nationalstiftung stritt, geschah das noch im Ausklang hochpolitischer Jahre, in den Nachwehen der Studentenunruhen und unter dem Eindruck massiver Mitbestimmungsforderungen in allen Bereichen des gesellschaftlichen Lebens. Weder die Künstler noch die Vermittler wollten auf ein effizientes Mitspracherecht verzichten, wenn es um die Formulierung der Aufgaben einer künftigen Nationalstiftung, vor allem aber dann auch um deren Verwirklichung ging. Je nachdrücklicher die Forderung nach Partizipation in den Entscheidungsgremien erhoben wurde, um so nachdrücklicher mußte auch die Wichtigkeit betont werden, das aktuelle Kunstgeschehen und sein innovatives Umfeld zu fördern. Das Bekenntnis zum Künstler und seiner Mitsprache ist immer auch ein Bekenntnis zur zeitgenössischen Kunst; denn nur in deren Belangen kann Mitsprache der Künstler von kulturpolitischer Bedeutung sein. So war das Eintreten für Partizipation bald gleichgesetzt mit Gegenwartskunst und umgekehrt. Die Vorurteile gediehen prächtig.

Für Instanzen bloßer Repräsentanz wäre leicht und überall Zustimmung zu erhalten gewesen. Einen würdigen Amtssitz, zu dem man ausländische Gäste führen könnte, und auch entsprechend beeindruckende Gebäude für die immerwährende Leistungsschau deutscher Kulturvergangenheit hätten selbst ängstliche Gemüter begrüßt. Einer wie auch immer gestylten Walhalla ist hierzulande leicht das Wort zu reden. Doch die engagierten Beteiligten, die über Modelle nachdachten und sich nicht mehr aus dieser Beteiligung drängen ließen, zielten in eine andere Richtung, nämlich auf eine umfassende Förderung vor allem der Gegenwartskultur.

Das geschah vor dem Hintergrund der in den Jahren zuvor geführten Debatte über Kultur und Gesellschaft, die sich hauptsächlich um die politischen Dimensionen von Kultur und also Kunst bemüht hatte. Zwar gab es schon Anfang der 70er Jahre darin Ermüdungs-, ja auch Verdrußerscheinungen – und das vor allem bei den Künstlern selbst, die zu Recht im Streit um gesellschaftliches Engagement und Bedeutung von Kunst immer mehr Züge von Manipulation und Kunstfeindlichkeit entdeckten. Doch die allgemeinen kulturpolitischen Auseinandersetzungen waren nach wie vor vom Thema Gesellschaft bestimmt und blieben es noch über Jahre gewissermaßen als Rückzugsgefechte für Intellektuelle, die sich durch den utopiefeindlichen Pragmatismus der späten sozialliberalen Ära wie durch die Wertversteinerungen des Konservatismus gleichermaßen ausgesperrt fühlten.

Noch aber waren gesellschaftliches Engagement und Dreinrede auch in Tagesfragen in der Kunst nicht verpönt. Das war – zur Erinnerung – die Zeit, da selbst an einem Gralsort der Nachkriegskunst, auf der documenta 5 in Kassel, nicht nur die Frage nach der Wirklichkeit des Bildes, sondern auch die nach dem Bild von Wirklichkeit gestellt werden konnte, ohne daß sich ein allgemeines Verrat-Geschrei erhoben hätte. Angesichts solcher Bewußtseinslage mußte sich für die Politik eine Nationalstiftung, die das aktuelle Kunstgeschehen wirkungsvoll fördert und darüber seine Entwicklung mitbestimmt, wie die von ihr bewilligte Finanzierung ihrer eigenen Entmachtung ausnehmen.

Der Gedanke der Teilbarkeit von Macht und der Partizipation von allen an allen sie betreffenden Fragen ist in unterschiedlicher Ausprägung für die Politik bis heute kaum vorstellbar. Das bestimmt auch ein restriktives Kunstverständnis, das sich insbesondere dort negativ auswirken kann, wo über Mittelzuweisung Existenzgrundlagen gefährdet werden können. Die Forderung, Kunst solle Kunst bleiben und sich nicht unter dem Privileg der Kunstfreiheit andere Rechte, vor allem nicht solche des Widerspruchs erschleichen, hat noch immer oder schon wieder zahlreiche Fürsprecher. In ihrem Namen verspricht und droht die Politik zugleich: bei Wohlverhalten Ehre, bei Renitenz Entzug der Anerkennung mit allen Konsequenzen. Der Kunst wird dabei suggeriert, nur in der völligen politischen Enthaltsamkeit könne sich ihre wahre Freiheit erfüllen. »Politik«, so dividierte der Vorsitzende der CDU/CSU-

Bundestagsfraktion, Alfred Dregger, in der ersten kulturpolitischen Debatte des Deutschen Bundestages im November 1984 auseinander, »ist allein und unmittelbar auf das Gemeinwohl verpflichtet... In der Kunst ist es anders. Sie darf nicht unter irgendeinem Vorwand auf das ›Gemeinwohl‹ verpflichtet werden, weil sie damit ihre Freiheit verlieren würde.« Solchermaßen auch verantwortungsmäßig geschieden, ist die Erkenntnis »unabweisbar, daß wir es in Kultur und Politik mit zwei Welten zu tun haben, die nur schwer zusammenzukoppeln sind«. So sind denn die Gräben ausgehoben, um die Terrains zu teilen, mehr noch, um selbst die Produkte vom Produzenten zu trennen, dort seine Kunst, hier seine Politik, oder gar Anteile zu destillieren, mehr Politik als Kunst und also nicht automatisch unter dem entsprechenden Schutz des Grundgesetzes.

Die Absage an Partizipation der Künstler ist ebenso weitgehend wie der immerwährende Versuch eigener Einmischung, auch dieser stets im Namen der Kunstfreiheit. Diese diagnostiziert Trends und Ähnlichkeiten der künstlerischen Problemstellungen als das gleiche, was sie im politischen Bereich häufig sind: gemachte, durch Zureden verpflichtete Meinung, aufgrund von Machterhaltung erzwungene, verlangte Solidarität, jedenfalls die um Einfluß bemühte Absprache. Größere Bedrohungen als die vom Staat sieht Alfred Dregger deshalb in angeblich »unerquicklichen Manipulationen des Kunstmarktes, der seine völlig unverzichtbare Vermittlerfunktion hin und wieder zu Einschränkungen des Pluralismus in der Kunstszene benutzt. Ich denke aber auch an gewisse Stildiktate, wie sie insbesondere durch die heutige Medienoligarchie möglich werden«. So seien, sagt Dregger, laut einer »Spiegel«-Untersuchung jahrelang nur Autoren aus dem Kreis der Gruppe 47 gewürdigt worden. Da erlaubt die Erfahrung aus der eigenen politischen Wirklichkeit die Vorstellung nicht, daß diese Gruppe tatsächlich für eine Zeit die wichtigsten Autoren versammeln konnte. Als dabei die Absprachen zuviel Gewicht zu erhalten drohten, zerbrach die Gruppe, die ohnehin ein Autorenforum mit bedingtem Zugang, nicht aber, wie Dregger insinuieren will, ein Kartell war.

Wo Kulturleute sich um Mitsprache bemühen, zwecks solcher Partizipation eigene Foren oder Veröffentlichungsinstitutionen schaffen und gar bei der Verteilung staatlicher Förderungsgelder das Sagen haben wollen, machen sie sich im auf Macht ausgerichteten Verständnis der Politik der versuchten Manipulation und Kartellbildung schuldig. Und diese wiederum sind keine Fragen ästhetischer, sondern politischer Natur und also in die Kompetenz der Politik zurückzugeben. Grotesk wird jener Argumentationskreislauf, wenn der verinnerlichte Verdacht in den Debatten der Kulturleute selbst auftaucht, dann nämlich, wenn erfolgreich erstrittene Mitbestimmung schon als Faktum ausreichend erscheint, um Machenschaften zu befürchten, Absprachen zum Schaden der Kunst zu unterstellen und jedenfalls die Öde totaler Mittelmäßigkeit heraufzubeschwören, weil Mitbestimmungsgremien im Kreis notorischer Einzelgänger obsolet sein müssen. Auch hier gibt es eine lange Tradition des Mißtrauens. Zwar wird in unterschiedlicher Intensität immer wieder einmal die notwendige Einigkeit der Einzelgänger beschworen, und das bis zur Konsequenz ihrer gewerkschaftlichen Organisation, doch sobald die geforderten Zusammenschlüsse oder Gründungen von Institutionen vollzogen sind, die Rechte sichern und ausbauen und Mitsprache gewährleisten sollen, erwacht das Mißtrauen von Intellektuellen und Künstlern gegenüber Organisationen und Vereinen – und seien es die eigenen. Noch immer scheint bei vielen der Bewußtseinsakt nicht vollzogen, daß Zusammenschluß und Mitspracheforderung keine ästhetischen Willensbekundungen sind.

Hier soll nicht etwa einer neuen Unschuld das Wort geredet werden, als seien Organisationen von Kulturleuten besondere Gebilde, in denen nur hehre Ideale walten und es weder menschele noch krisele noch intrigiere. Doch das Ausfechten von Kompromissen muß sich doch nicht, wie gerne vermutet, auf die Einzelentscheidungen über ein Werk beziehen, sondern kann das Grundsätzliche betreffen, zum Beispiel Diskussionen darüber, wie weit der Begriff von Kunst zu verstehen sei, ohne nicht völlig zu verwässern, welche Aktivitäten man mit wieviel Anteil am Gesamten fördern will und wie man gegenüber Gesellschaft und Politik die Belange der Kunst am wirkungsvollsten vertreten könne. Das waren und sind, weil nicht ein für allemal zu beantworten, wichtige Diskussionen auch im Kunstfonds, wobei selbst bis in die Vertretungen der Künstler hinein nicht nur von Interessenidentitäten gesprochen werden kann. Kulturpolitisch gehen der Bundesverband Bildender Künstler, der Deutsche Künstlerbund und das Internationale Künstlergremium, vertreten durch seine Deutsche Sektion, oder die GEDOK längst nicht in allen Fragen einig miteinander, was nicht nur durch unterschiedliche Verbandsinteressen bestimmt ist, sondern auch durch unterschiedliche Auffassungen über Kunst und die Möglichkeiten ihrer gesellschaftlichen Verknüpfung. Solche Differenzen werden sich auch in den Debatten der Kunstfonds-Jury niederschlagen, in der Vertreter dieser Vereine ihre Mitbestimmungsrechte wahrnehmen. Daraus schon den Schluß zu ziehen, das könne immer nur wenn nicht zu faulen, so doch zu egalisierenden Entscheidungen für das Mittelmaß führen, mag zwar wie von Erfahrung gewitzt erscheinen, kennzeichnet vielfach aber bloß ein eingeengtes Demokratieverständnis. Danach sind die demokratischen Rechte von Mehrheiten und Minderheiten offenbar zwangsläufig profilfeindlich. Ein in diese Richtung zielender Aufsatz in der Wochenzeitung »Die Zeit« von Hans-Peter Riese (Nr. 23, 1985) über den Kunstfonds sagte schon in der Überschrift, was davon zu halten sei: »Ein Topf für Freunde«. Die Beispiele zur Untermauerung dieser Behauptung blieben im Vagen und sind gerade deshalb so gefährlich, weil sie konservative Vorbehalte gegen ein wie auch immer organisiertes Mitsprache- bzw. Selbstentscheidungsrecht von Künstlern bei der Verteilung von öffentlichen Fördergeldern bestärken.

Vor dem Hintergrund solcher Diskussionen und angesichts eines tief wurzelnden Mißtrauens gegenüber Kunst, erst recht, wenn sie für ihre Belange selbst sprechen und handeln will, war die Errichtung des Kunstfonds und seiner verwandten Institutionen eine beachtenswerte kulturpolitische Initiative. Und ebenso beachtenswert ist der nach anfänglichem Widerstand nun anscheinend doch konsensfähige Wille der jetzigen Regierung, die Fonds in ihrer gegenwärtigen Autonomie zu erhalten und dafür weitere, wenn auch noch immer bescheidene Gelder zur Verfügung zu stellen. In dem Entschließungsantrag der CDU/CSU- sowie der FDP-Bundestagsfraktionen zur Kulturförderungspolitik der Bundesregierung vom 7. November 1984 wird ausdrücklich erklärt, daß die bestehenden Fonds »sich in ihrer Arbeit bewährt haben« und »daß die bisherige Unabhängigkeit der Fonds auch in Zukunft gesichert sein muß«. Der Bundestag spricht nach dem Willen der beiden Fraktionen sogar die Erwartung aus, »daß die Fonds angesichts neuer Bedürfnisse und neuer Entwicklungen auch neue Aufgaben übernehmen«. Das sind politisch wichtige Signale, auch wenn zur Aufgabenerweiterung eine entsprechende Vergrößerung der finanziellen Basis gehören würde und das Bundesfinanzministerium noch nie spendabel war, was die Belange der zeitgenössischen Kunst betrifft.

Doch über aktuelle Vorbehalte und Bedenken hinsichtlich der notwendigen Finanzausstattung der Fonds liegt in den Erklärungen der Fraktionen, die in dieser Tendenz auch von den Sozialdemokraten getragen wird, eine wichtige Grundsatzentscheidung, daß nämlich das Aufgabenfeld von Kunst nicht endgültig festgelegt werden kann, sondern künstlerische Grenzüberschreitungen und Aneignungen neuer Bereiche auch in der Kulturpolitik ihre Entsprechung in bezug auf Offenheit und Kompetenz haben müssen. Hier hat die Existenz der Fonds kulturpolitische Pionierarbeit geleistet, weil über die inflationären Beteuerungen zur Bedeutung der Gegenwartskunst und der Notwendigkeit ihres Suchens und Experimentierens hinaus endlich eine organisatorische Form gefunden wurde, solche Ziele umzusetzen und sie selbst in permanenter Diskussion den möglichen Veränderungen anzupassen. Der Kunstfonds ist weit mehr als lediglich ein Interessenklüngel von einigen Vereinen der Kulturschaffenden, sondern ein wichtiger Probeschritt auf die Einigkeit der Einzelgänger hin, die nicht nur eine soziale Dimension etwa auf gewerkschaftlicher Grundlage braucht, sondern auch eine kulturelle, was die Struktur unserer künftigen Kulturlandschaft betrifft. Die Festlegung der Förderziele im Fondsstatut beweist, daß es bei den Beteiligten Übereinstimmung darüber gibt, daß die klassischen Bereiche der bildenden Kunst gleichermaßen wie neue Arbeitsfelder zu fördern sind. Und die Allgemeinheit der Formulierungen ist nicht Ausfluß eines Kompromisses auf kleinstem Nenner, sondern trägt der Tatsache Rechnung, daß nicht die Föderrichtlinien die Kunst, sondern umgekehrt die Kunst die Förderrichtlinien zu bestimmen haben, daß also eine der zeitgenössischen Kunst verpflichtete Förderpraxis flexibel, ja wagemutig wie die Kunst selbst sein muß.

Niemand will behaupten, das sei schon erreicht und der Konsens über die Breite der möglichen Zuständigkeit stehe schon für die Sache selbst. Der Kunstfonds bleibt ein konfliktträchtiges Unternehmen auch dann, wenn ihn nicht die veröffentlichte Unterstellung beschäftigt, er sei ein Topf für Freunde. Aber wie Kants Bestimmung des interessenlosen Wohlgefallens in bezug auf Kunst längst fragwürdig geworden ist, können auch noch so kluge und der Sache verpflichtete Debatten über Kunstförderung nicht freigehalten werden von Interessen. Wenn diese sich der Kunst als sozialem Prozeß verpflichtet fühlen, wird das von anderen als Flucht vor der ästhetischen Auseinandersetzung und ihren Ansprüchen bezeichnet, wie umgekehrt zum Programm erhobene gesellschaftliche Enthaltsamkeit töricht als elitäre Ideologie gebrandmarkt wird. Der Kunstfonds ist – in aller Bescheidenheit – auch ein Ort der Probe, sich über solche unterschiedlichen Interessen wenn nicht zu einigen, so sie doch auszudiskutieren und als Freiheitsräume zu erkennen und zu akzeptieren. Aus diesem Verständnis kann er eine offene Kunstszene mitgestalten helfen und deutlich machen, daß die Kultur nicht der politischen Bevormundung bedarf, um ihre Belange zu vertreten und fruchtbar umzusetzen. Die geforderte Offenheit macht verletzbar, aber sie ist die eigentliche Qualität, und je entschiedener sie vertreten wird, nicht die gerne beschworene Stabilisierung einer Vereinsfunktionärsherrschaft, sondern deren tatsächliche Entmachtung. Schon heute gibt die Liste der Geförderten im Kunstfonds ebenso Aufschluß über Leistungen wie über Versäumnisse, über Möglichkeiten und Bedingtheiten. Zum kulturpolitischen Prinzip erklärt, ist kein anderes Modell erkennbar, das soviel Identität bei der Vielfalt schaffen kann und möglicherweise aufgrund der akzeptierten Stellvertretungen soviel Kompetenz sammeln mag, ohne auf traditionelle Mittel der Machtausübung zurückzugreifen.

Hinweis: Die in den Bildunterschriften angegebenen Maße bezeichnen Höhe × Breite × Tiefe.

Arbeitsstipendien

Liz Bachhuber

1953	in Milwaukee, Wisconsin/USA geboren
1971	Studium an der University of Arizona, Tucson/USA
1972–79	Studium an der University of Wisconsin
1979–81	DAAD-Stipendium für die Kunstakademie Düsseldorf
1981	Gründung der Ateliergemeinschaft Ratherstraße 25
1984–85	Stipendium des Kunstfonds e. V., Bonn

Liz Bachhuber, »Scala della Piazza di Spagna«, Rom, 1984, Installation, Gips, Sackleinen, briefbeklebte Treibhölzer

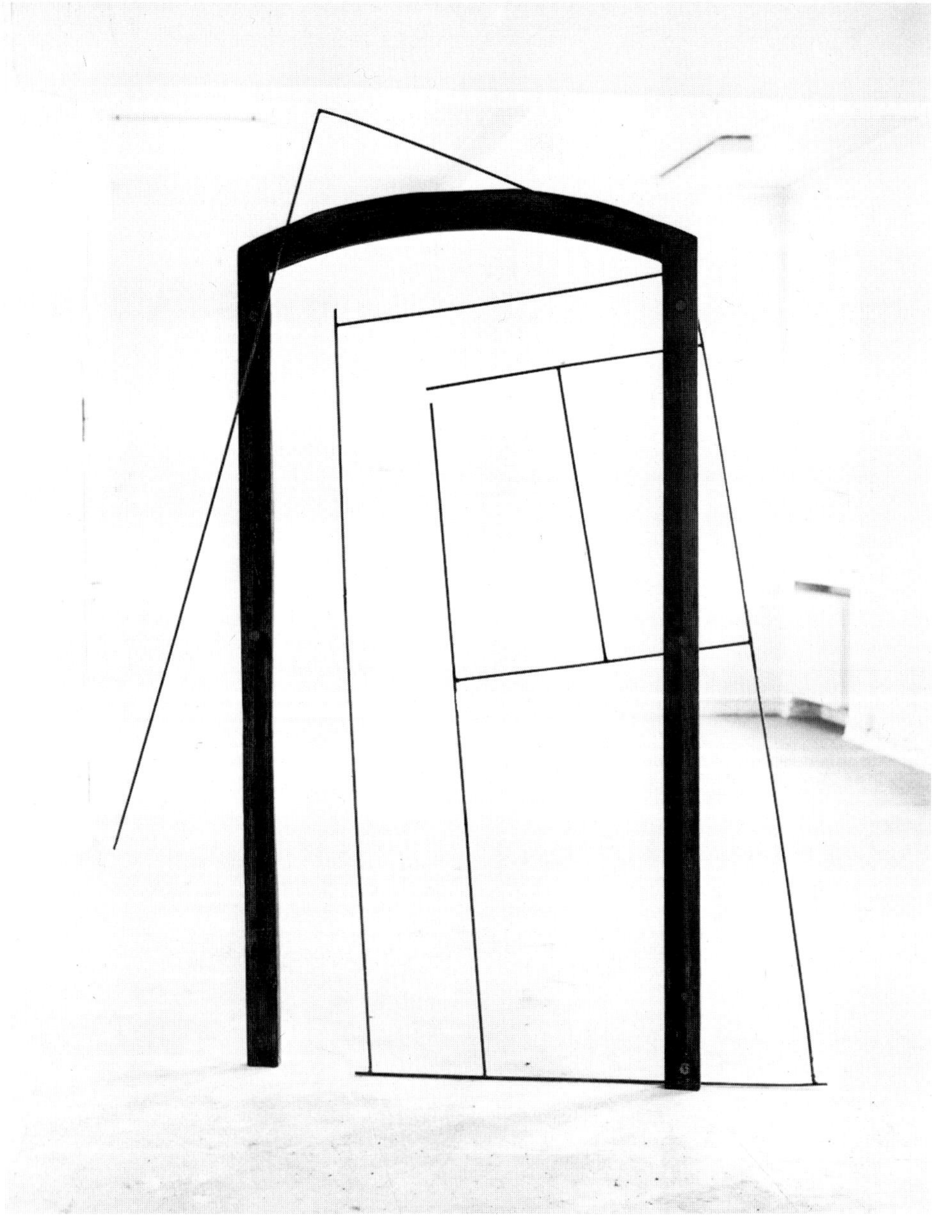

Sybille Berke, »Dingden«, 1984, Rundeisen, Eichenholz, 300 × 233 cm. Foto: Michael Schlitter, Düsseldorf

Angelika Bliese, »Der Samurai«, Farbfotografie, 114 × 164 cm (mit Rahmen)

Sybille Berke

1949	in Düsseldorf geboren lebt in Düsseldorf
1974–80	Studium an der Kunstakademie Düsseldorf, Meisterschülerin bei Irmin Kamp
1977	Preis der Poensgen-Stiftung
1982	Arbeitsstipendium des Landes Nordrhein-Westfalen
1985	Stipendium des Kunstfonds e. V., Bonn

Angelika Bliese

1949	in Siegburg geboren
1974	Studium an der Fachhochschule Köln (Illustration und Freie Grafik)
1984	Stipendium des Kunstfonds e. V., Bonn

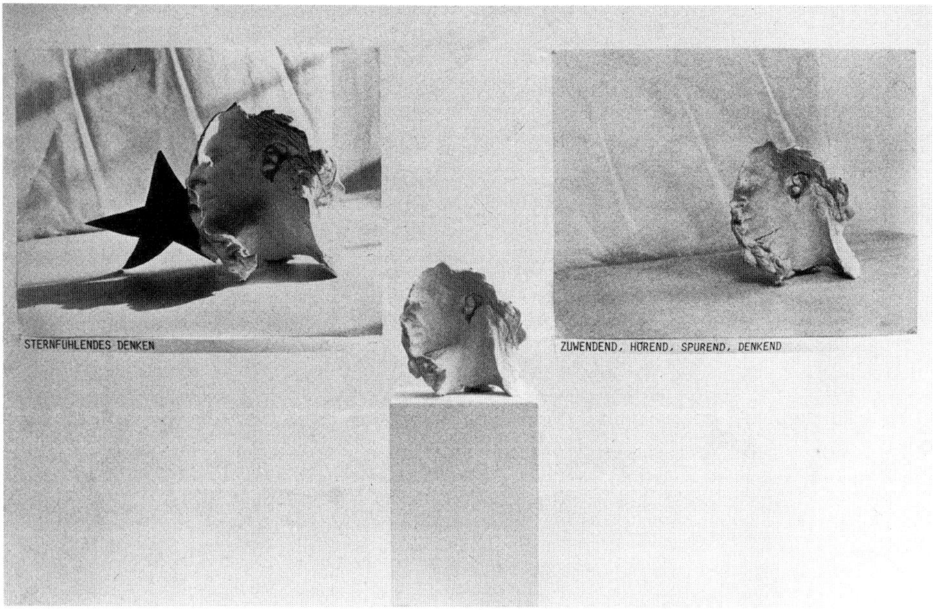

Jürgen Bordanowicz, »Sternfühlendes Denken« und »Zuwendend, Hörend, Spürend, Denkend«, 1976–84

Jürgen Bordanowicz

1944	in Bromberg/Polen geboren
	lebt in Hamburg
1968–75	Studium an der Hochschule für Bildende Künste, Hamburg
1978	DAAD-Stipendium
1981	Förderpreis Bildende Kunst, Berlin
1980–82	Schmidt-Rottluff-Stipendium
1982	Stipendium des Kunstfonds e. V., Bonn

Bodo Buhl

1951	geboren
	lebt in München
1973–79	Studium an der Akademie der Bildenden Künste, München
1985	Stipendium des Kunstfonds e. V., Bonn

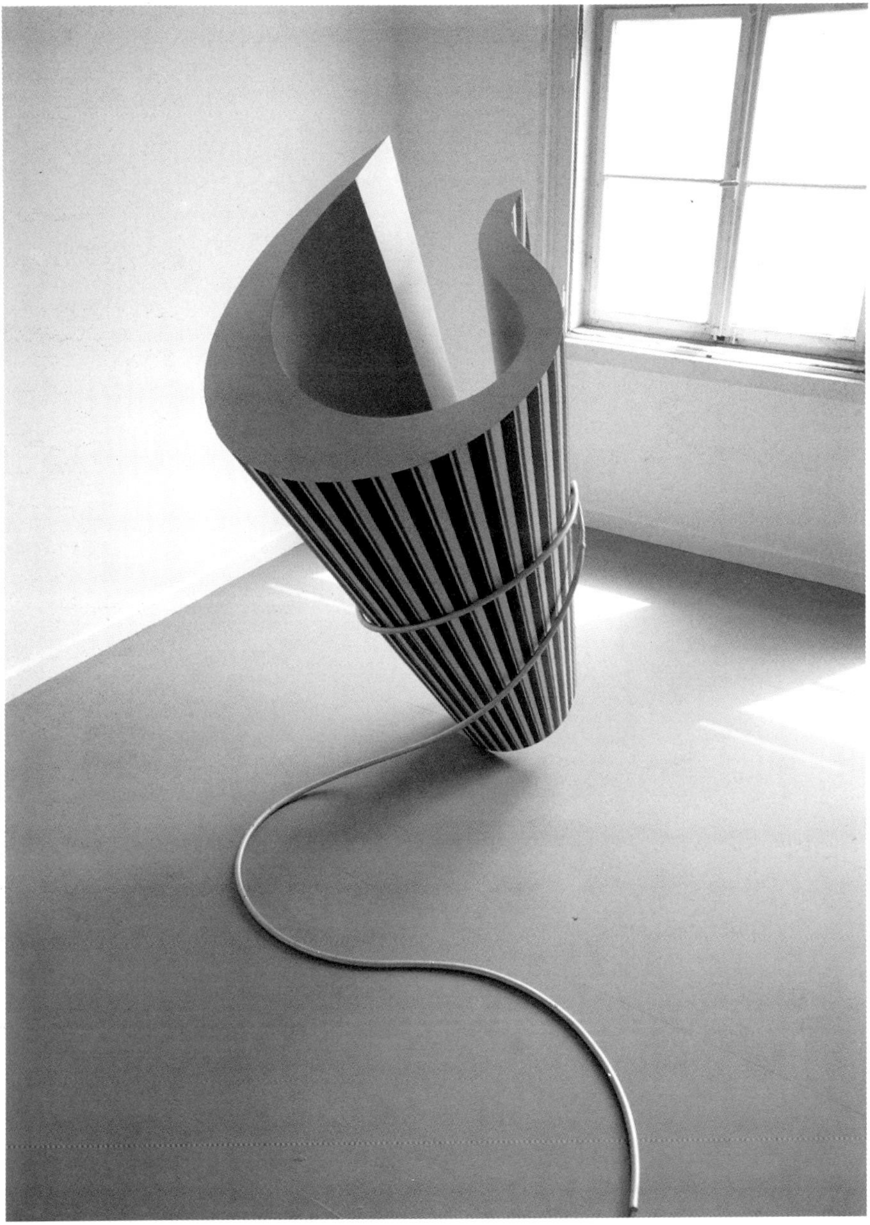

Bodo Buhl, Ohne Titel, 1985, Kunststoff, Aluminium, Acryllack, Höhe 180 cm, Durchmesser maximal 120 cm

Heinz H. R. Decker

1938 in Stuttgart geboren
1985 Stipendium des Kunstfonds e. V., Bonn

Heinz H. R. Decker, Aus der Handlung »Laguna morta/oder laßt doch Venedig untergehen«, Juni 1985 ▷

Helmut Dorner, Ohne Titel, 1984/85, 150 × 100 × 64 cm

Helmut Dorner

1952	in Gengenbach/Baden geboren
	lebt und arbeitet in Düsseldorf
1976–82	Studium an der Kunstakademie Düsseldorf
1985	Stipendium des Kunstfonds e. V., Bonn

Frank Dornseif

1948	in Radevormwald geboren
	lebt in Berlin (West)
1970–77	Studium an der Hochschule der Künste, Berlin (Bildhauerei)
1977–78	DAAD-Stipendium
1981	Villa Romana-Preis, Florenz
1982–84	Schmidt-Rottluff-Stipendium
1984	Stipendium des Kunstfonds e. V., Bonn
1985–86	Villa Massimo-Preis, Rom

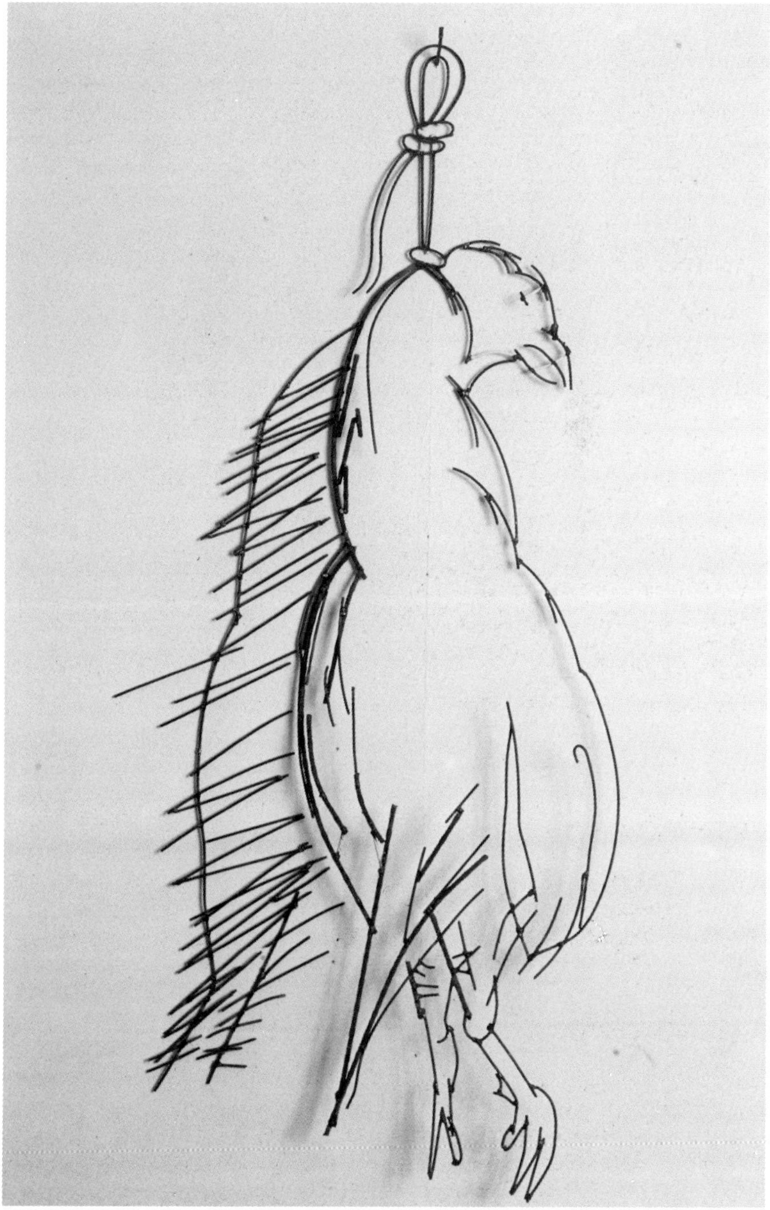

Frank Dornseif, »Fasan«, 1985, Baudraht, 151 × 68 × 10 cm, Berlin (West), Galerie Fahnemann

Mic Enneper, »Projekt Nr. 85/82«, Toscana 1982

Harald A. Finke, »Baumringbrief, 77 Botschaften«, 1982

Mic Enneper

1950	geboren
1982	Stipendium des Kunstfonds e. V., Bonn

Harald A. Finke

1941	in Kiel geboren
	lebt in Jesteburg bei Hamburg
1963–66	Studium an der Ingenieurschule für Bauwesen, Hamburg
1967	Studium am East Sydney Technical College, Sydney/Australien (Malerei)
1969–75	Hochschule für Bildende Künste, Hamburg
1981	Hamburg-Stipendium
1981	Stipendium des Kunstfonds e. V., Bonn
1984	Wettbewerb »Stadt – Natur – Skulptur«, Teil II

Christoph Freimann

1940	in Leipzig geboren
	lebt in Stuttgart
1962–68	Studium an der Staatlichen Akademie der Bildenden Künste, Stuttgart
1973–74	Stipendium »Cité Internationale des Arts«, Paris
1976	Stipendium des Kulturkreises im Bundesverband der Deutschen Industrie
1985	Stipendium des Kunstfonds e. V., Bonn

Ludger Gerdes

1954	in Lastrup bei Lindern geboren
1983	Stipendium des Kunstfonds e. V., Bonn

Christoph Freimann, »Großer Bug«, 1984/85, Stahl, bemalt, 200 × 600 × 500 cm. Foto: Andreas C. Theil

Ludger Gerdes, Ohne Titel, 1984, Installation

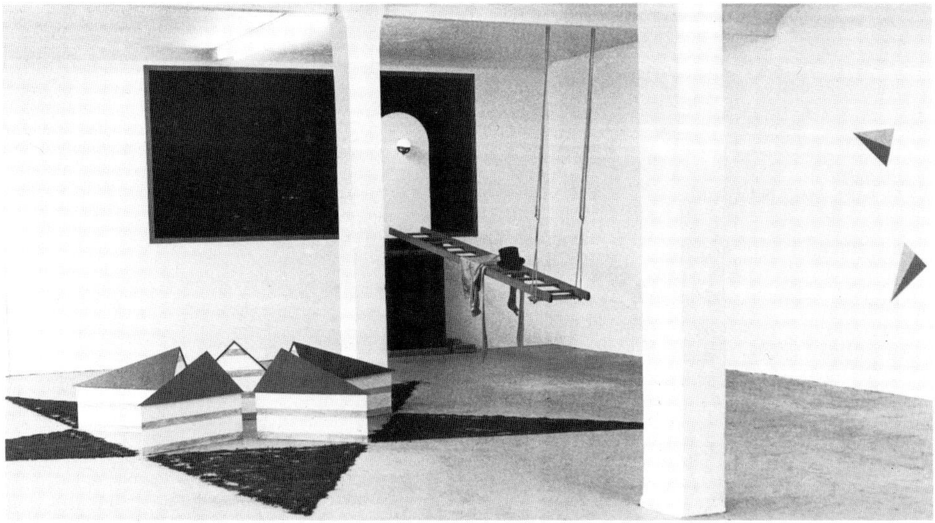

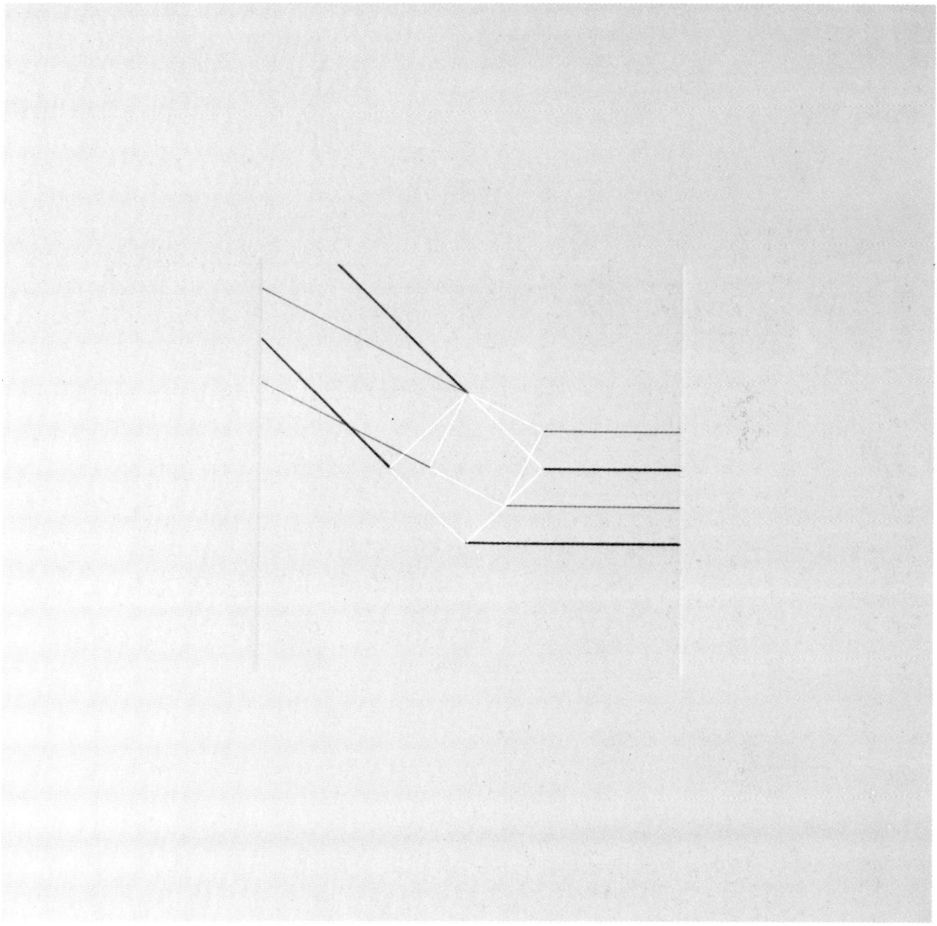

Edgar Gutbub, Prägedruck mit Zeichnung, 1981/82, 35 × 35 cm

Edgar Gutbub

1940	in Mannheim geboren
1963–69	Studium an der Hochschule für Bildende Künste, Berlin
1972	Villa Romana-Preis, Florenz
1973	Arbeitsstipendium des Kulturkreises im Bundesverband der Deutschen Industrie
1975–76	Stipendium »Cité Internationale des Arts«, Paris
1978	Stipendium der Aldegrever-Gesellschaft, Soest
1981	Stipendium der Hand Hollow Foundation
	DAAD-Stipendium
1982	Stipendium des Kunstfonds e. V., Bonn

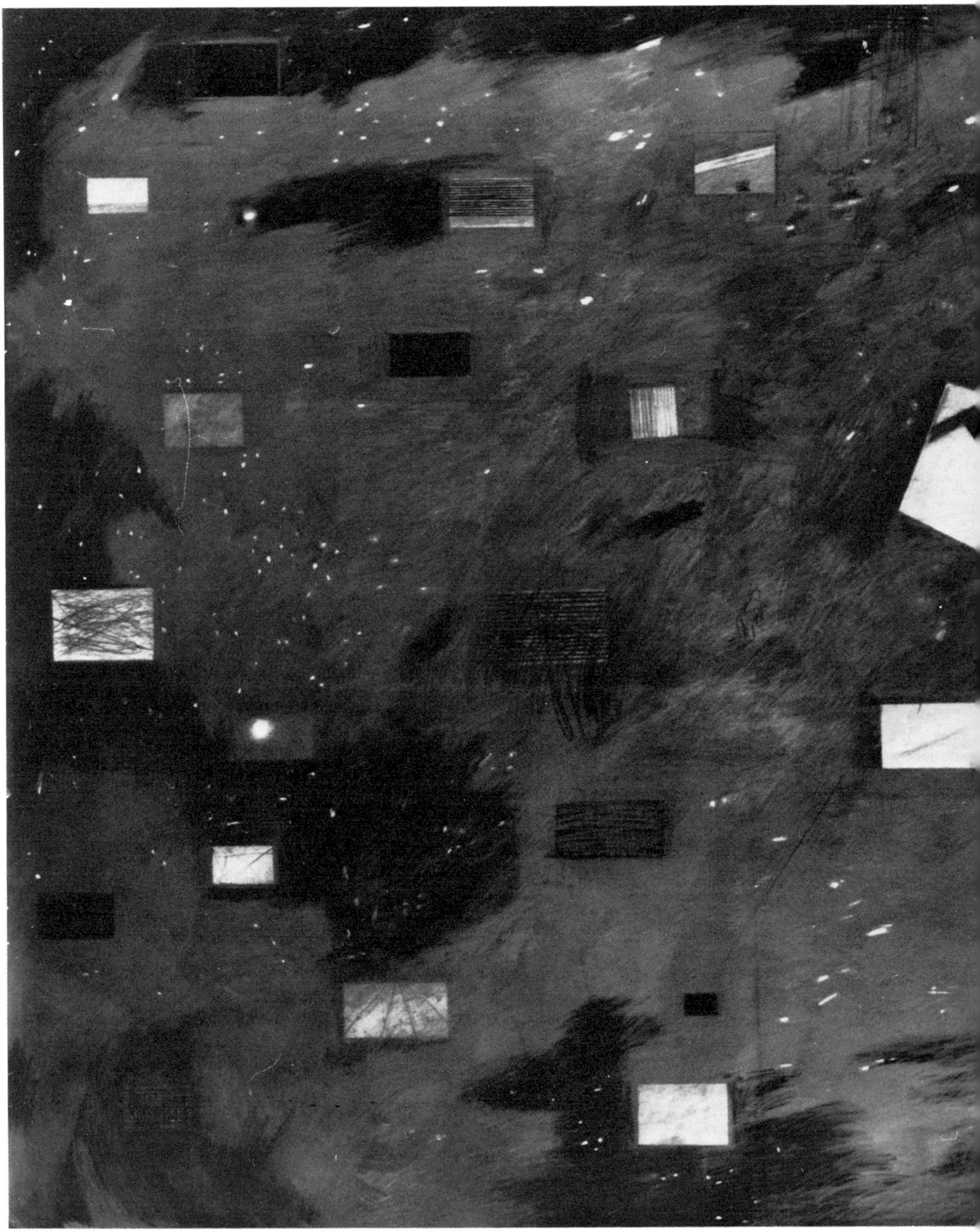

Doris Hadersdorfer, »Camera bianca I«, 1985, Bleistift, schwarzer Stift, Papier, 94 × 150 cm

Doris Hadersdorfer

1958	in München geboren
1978–84	Studium an der Akademie der Bildenden Künste, München, bei Prof. Dr. Sauerbruch
1982	Preis im Akademie-Wettbewerb »Kunst und Fruchtsaft«
1983	Villa Romana-Preis, Florenz
1985	Stipendium des Kunstfonds e. V., Bonn

Blalla W. Hallmann

1941	in Quirl/Riesengebirge geboren
	lebt in Köln
1957–58	Studium an der Hochschule für Bildende Künste, Düsseldorf, bei Prof. Coester
1960–65	Studium an der Akademie der Bildenden Künste, Nürnberg, bei Prof. Griebel
1985	Stipendium des Kunstfonds e. V., Bonn

Blalla W. Hallmann, »Der Hungerkünstler«, 1985, Objekt, verschiedene Materialien, Höhe 120 cm ▷

Barbara Hammann

1945	in Hamburg geboren
	lebt und arbeitet in München
1972	Promotion Kunstgeschichte
1976	Sommerakademie in Salzburg, Förderpreis
1982	Förderpreis »Video« des Kulturkreises im Bundesverband der Deutschen Industrie
	Erster Preis beim Video-Festival, Tokyo
1984	Stipendium des Kunstfonds e. V., Bonn

Waggi Herz (vgl. Farbtafel S. 81)

1954	in Sonthofen/Allgäu geboren
1974–81	Studium an der Akademie der Bildenden Künste, München
1981/85	Stipendium des Kunstfonds e. V., Bonn

Axel Höptner (vgl. Farbtafel S. 82)

1944	geboren
	Studium an der Fachhochschule Wuppertal bei Rudolf Schoofs
1980	Villa Romana-Preis, Florenz
1983	Stipendium des Kunstfonds e. V., Bonn

◁ Barbara Hammann, »Walking on Yourself«, 1984, Video-Installation

Renate Hoffleit, »Nord-Ansicht Mittags-Stele«, 1985, zweiteilig, 185 × 60 × 20 cm. Foto: Thomas Walter, Stuttgart

Stephan Huber, »Großes Jubiläum II«, 1984, 200 × 100 × 100 cm. Stuttgart, Galerie Beatrix Wilhelm

Renate Hoffleit

1950	in Stuttgart geboren
1973–81	Studium an der Staatlichen Akademie der Bildenden Künste, Stuttgart, bei den Professoren G. Boehmer, R. Schoofs und H. Baumann
1980	Erster Preis der Kunstakademie Stuttgart
1982	Förderpreis der Stadt Mannheim
1983	Stipendium der Kunststiftung Baden-Württemberg
1985	Stipendium des Kunstfonds e. V., Bonn

Stephan Huber

1952	geboren lebt und arbeitet in München
1984	Stipendium des Kunstfonds e. V., Bonn

Udo Idelberger, »Winterarbeit«, Berlin (West), Gelände der Bundesgartenschau

Udo Idelberger

1948	in Bielefeld geboren lebt in Berlin (West)
1971–77	Studium an der Hochschule der Künste, Berlin
1981	Kunstpreis »Dimension 81«
1983	Stipendium des Kunstfonds e. V., Bonn
1985	PS-I-Stipendium, New York

Halina Jaworski (vgl. Farbtafel S. 83)

1952	in Danzig geboren
1971–73	Studium an der Kunstakademie Bezalel, Jerusalem
1974–80	Studium an der Kunstakademie Düsseldorf bei Prof. Uecker
1977	Reisestipendium für Japan
1979	Preis der Kunstakademie Düsseldorf
1984	Stipendium des Kunstfonds e. V., Bonn

Julius

1939	in Wilhelmshaven geboren
	Kunststudium in Bremen und an der Hochschule der Künste, Berlin
1983	PS-I-Stipendium, New York
1984	Stipendium des Kunstfonds e. V., Bonn

Klaus Jung

1955	geboren
	Studium an der Kunstakademie Düsseldorf bei Fritz Schwegler und Klaus Rinke
	Studium an der Sculpture School des Royal College of Art, London
1985	Stipendium des Kunstfonds e. V., Bonn

Julius, »Sound cooking: 4 tiefe Celloklänge lassen die roten und gelben Farbpigmente mitten in den beiden Lautsprechern aufbrausen«, 1984, Klang-Installation, präparierte Lautsprecher, Litzen, Kassette, Pigmente

Klaus Jung, »Pier & Ozean«, 1985, Pier: Holz, Gips, Lack; Türme: Wellkarton, Lackfarbe, 40–120 × 210 × 60 cm

Erika Kiffl, Aus »Künstler in ihrem Atelier«, hier: Klaus Jung, Hildebrandtstraße, Düsseldorf, 1981

Erika Kiffl

1939	in Karlsbad/CSSR geboren lebt in Düsseldorf Studium an der Fachhochschule Krefeld bei Prof. Joseph Faßbender (Freie Grafik) Studium an der Kunstakademie Düsseldorf bei Prof. Walter Breker (Gebrauchsgrafik und Fotografie)
1982–83	Stipendium der Barkenhoff-Stiftung, Worpswede
1983	Stipendium des Kunstfonds e. V., Bonn

Erinna König, »Rituale«, 1984. Foto: Nic Tenwiggenhorn

Harald Klingelhöller (vgl. Farbtafel S. 84)

1954	in Mettmann geboren
	lebt in Düsseldorf
1984	Stipendium des Kunstfonds e. V., Bonn

Erinna König

1947	in Warstein/Sauerland geboren
1967–76	Studium an der Kunstakademie Düsseldorf
1983	Stipendium des Kunstfonds e. V., Bonn

Nils Kristiansen

1943	in Berlin geboren
1965–69	Studium an der Kunstakademie Düsseldorf bei Prof. Joseph Faßbender
1977	Heinrich Heine-Preis, Düsseldorf
1985	Stipendium des Kunstfonds e. V., Bonn

Nils Kristiansen, »KÖLLE MER KOMME«, Gouache, ca. 150 × 100 cm

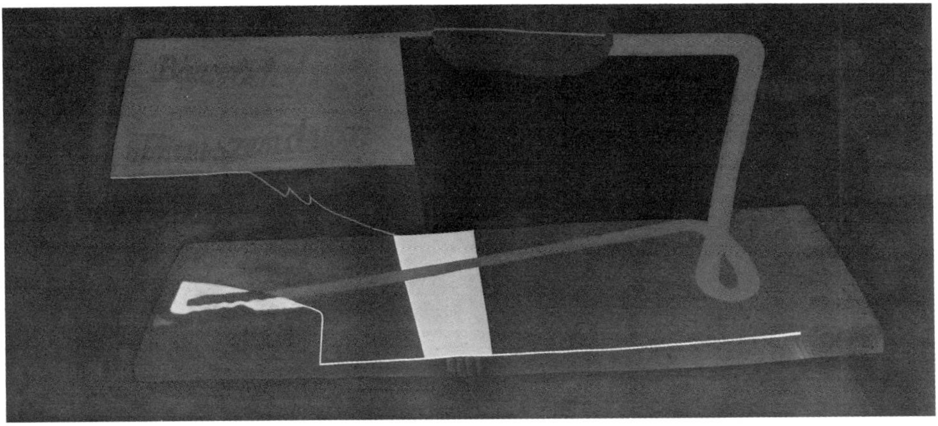

Theo Lambertin, »Bäuerliche Transzendenz«, 1983/84, Acryl, Fotoleinen, 112 × 243 cm, Köln, Galerie Ha. Jo. Müller

Theo Lambertin

1949	in Köln geboren
1975	August Macke-Preis, Meschede
1976	Künstlerförderung des Landes Nordrhein-Westfalen
1977	Förderpreis des Kulturkreises im Bundesverband der Deutschen Industrie
1977	Stipendium des Deutsch-Französischen Jugendwerkes
1980	Vordemberge-Gildeward-Stipendium der Stadt Köln
1983	Stipendium des Kunstfonds e. V., Bonn

Ulla Lauer

	in Augsburg geboren
1975–80	Studium an der Hochschule für Bildende Künste, Braunschweig, bei Prof. Siegfried Neuenhausen
1982	Stipendium des Kunstfonds e. V., Bonn
1984	Stipendium der Barkenhoff-Stiftung, Worpswede

Johannes Lenhart

1956	in Düsseldorf geboren
1974–80	Studium an der Kunstakademie Düsseldorf
1983	Stipendium des Kunstfonds e. V., Bonn

Ulla Lauer, »Engelchen«, 1982, 110 × 82 cm

Johannes Lenhart, »Kanal«, 1983, Installation, 400 × 1400 × 570 cm, München, Städtische Galerie ▷
im Lenbachhaus. Foto: Philipp Schönborn, München

Doro Loeser, »11. 6. 1985«, Stoff, Eisen, Kissen, Mattlack,75 × 80 × 32 cm

Doro Loeser

1939	in Iserlohn geboren
1958–61	Studium an der Werkkunstschule Köln bei Otto Gerster (Wandmalerei)
1961–65	Studium an der Staatlichen Akademie der Bildenden Künste, Stuttgart, bei Heinz Trökes (Freie Malerei)
1977	Villa Massimo-Preis, Rom
1978–79	Stipendium »Cité Internationale des Arts«, Paris
1983	Stipendium des Kunstfonds e. V., Bonn

Wolfgang Luy, Ohne Titel, 1984, Teilansicht, Holz

Susanne Mahlmeister, Ansicht »Eintausend Meter in den Raum geworfen«, 1982/83

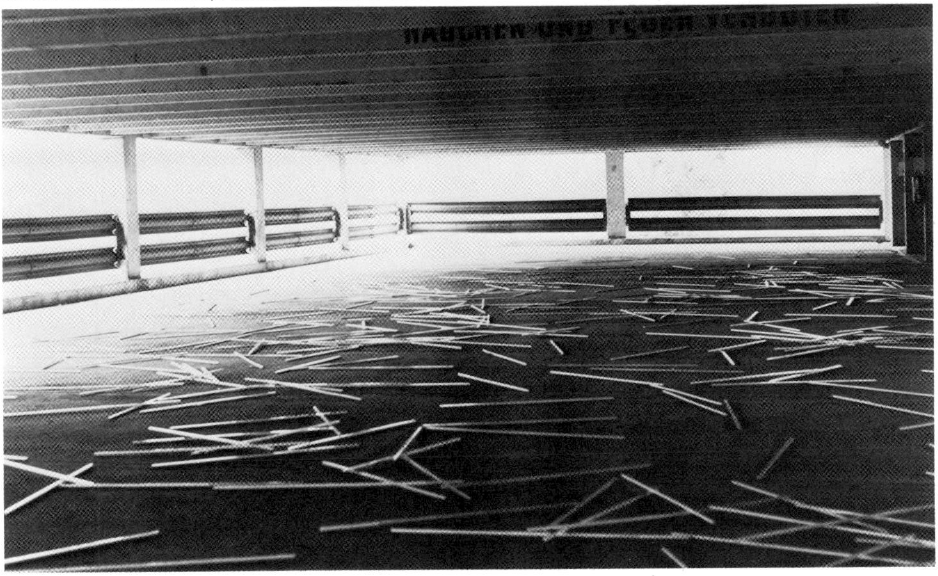

Wolfgang Luy

1949	in Trier geboren
1975–80	Studium an der Kunstakademie Düsseldorf bei Klaus Rinke
1984	Stipendium des Kunstfonds e. V., Bonn
	Förderprogramm Kunstmarkt Köln, Konrad Fischer
1985	Schmidt-Rottluff-Stipendium

Susanne Mahlmeister

1952	in Berlin geboren
1970–79	Studium an der Hochschule der Bildenden Künste, Berlin (Freie Kunst)
1978	Stipendium des Deutsch-Französischen Jugendwerkes
1979	DAAD-Stipendium für New York, Studium an der School of Visual Arts bei Joseph Kosuth
1981	Erster Preis zur Förderung der jungen konkreten Kunst der Fa. Tetra Pak, Berlin – Stockholm
1982–83	Stipendium des Bundesinnenministeriums für »Cité Internationale des Arts«, Paris
1983	Stipendium des Kunstfonds e. V., Bonn
	Erster Preis zur Ausführung einer 24teiligen Doppelskulptur anläßlich der Bundesgartenschau Berlin 1985
1984	Stipendium der Stadt Berlin

Wasa Marjanov

1947	in Pancevo/Jugoslawien geboren
1965	Lehre als Maschinenschlosser
1970	Maschinenbau-Studium
1976	Studium an der Kunstakademie Düsseldorf
1985	Stipendium des Kunstfonds e. V., Bonn

Wasa Marjanov, »SPQR 1985«, Rom 1985, 130 × 700 × 400 cm

Jakob Mattner (vgl. Farbtafel S. 85)

1946	in Lübeck geboren
1967	Studium in Berlin
1972–73	Stipendium der Hochschule der Künste, Berlin, »Villa Serpentara«, Olevano
1973–74	DAAD-Stipendium für Rom
1974–75	Stipendium »Cité Internationale des Arts«, Paris
1977	Villa Romana-Preis, Florenz
1981	Stipendium des Kunstfonds e. V., Bonn

Bernd Minnich

1941	in Hamburg geboren
	lebt in Düsseldorf
1963–69	Studium an den Kunstakademien in Karlsruhe, Braunschweig und Düsseldorf
1982	Stipendium des Kunstfonds e. V., Bonn

◁ Bernd Minnich, »Die Erkenntnis und das Glück sind von unnachsichtiger Duldsamkeit«, Mai 1984, Installation, Pigment, Holz, Blätter, 170 × 300 × 200 cm

Christiane Möbus, »Wechselnder Nord/Ost«, 1984, Höhe 400 cm, Bewegungsradius 320 cm

Christiane Möbus

1947	in Celle geboren lebt in Hannover
1966–70	Studium an der Hochschule für Bildende Künste, Braunschweig
1970–71	DAAD-Stipendium für New York
1977–79	Schmidt-Rottluff-Stipendium
1978	Villa Romana-Preis, Florenz
1980	Bernhard Sprengel-Preis für Bildende Kunst
1981	Förderpreis des Kulturkreises im Bundesverband der Deutschen Industrie
1983	Stipendium des Kunstfonds e. V., Bonn
1984	Niedersächsisches Künstler-Stipendium

Renate Neuser (vgl. Farbtafel S. 86)

1939	in Kiel geboren
1959–61	Studium an der Muthesius-Werkkunstschule, Kiel
1961–65	Studium an der Kunstakademie Stuttgart
1965–66	DAAD-Stipendium für Paris
1983	Stipendium des Kunstfonds e. V., Bonn

Anna Oppermann (vgl. Farbtafel S. 87)

1940	in Eutin geboren
1962–68	Studium an der Hochschule für Bildende Künste, Hamburg, und an der Universität Hamburg
1968–69	DAAD-Stipendium für Paris
1977	Edwin Scharff-Preis Förderpreis des Kulturkreises im Bundesverband der Deutschen Industrie Villa Romana-Preis, Florenz
1980	Förderpreis Glockengasse
1981	Stipendium »Cité Internationale des Arts«, Paris Stipendium des Kunstfonds e. V., Bonn, für die Edition Lebeer-Hossmann als Herausgeber des Buchprojektes »Anna Oppermann-Ensembles 1968 bis 1984«
1982	Kunstpreis Berlin-Förderungspreis

Jürgen Paatz (vgl. Farbtafel S. 88)

1943	in Wernigerode/Harz geboren lebt und arbeitet in Kleve
1961–68	Studium an den Kunstakademien in Düsseldorf bei Hoehme/Faßbender und Karlsruhe bei Meistermann
1971	Villa Romana-Preis, Florenz
1983	Stipendium des Kunstfonds e. V., Bonn

Heinz G. Prager, »Bodendreieck I«, 1983, 900, 340 und 360 cm. Foto: Robert Häusser, Mannheim

Heinz G. Prager

1944	in Herne/Westfalen geboren
	lebt und arbeitet in Köln und Braunschweig
1964–68	Studium an der Werkkunstschule Münster bei Karl Ehlers und Günter Drebusch
1968	Förderpreis Jung-Westfalen für Plastik
1973	Arbeitsstipendium des Kulturkreises im Bundesverband der Deutschen Industrie
1982	Stipendium des Kunstfonds e. V., Bonn

Norbert Radermacher

1953	in Aachen geboren
1973–79	Studium an der Kunstakademie Düsseldorf
1979	Stipendium der Ernst Forberg-Stiftung
1980	Auslandsstipendium des Deutsch-Französischen Jugendwerkes
1983/85	Stipendium des Kunstfonds e. V., Bonn

Norbert Radermacher, »Das Tor«, 1985

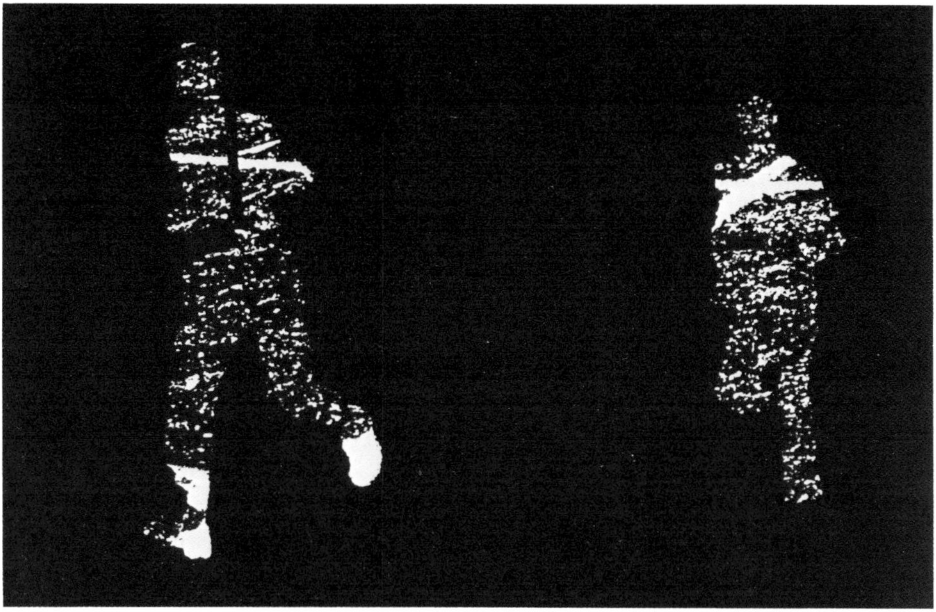

Brigitta Rohrbach, Ohne Titel, 1982, Schwarzweiß-Fotografie, coloriert, 124,5 × 185,5 cm

Brigitta Rohrbach

1950	in Hannover geboren
1971–76	Studium an der Kunstakademie Düsseldorf bei Prof. Beuys
1981	Stipendium des Deutsch-Französischen Jugendwerkes
	PS-I-Stipendium, New York
1982	Stipendium des Kunstfonds e. V., Bonn

Michel Sauer, Ohne Titel, 1985, Holz, Lack, Glas, 30 × 39 × 3,5 cm. Foto: Thomas Struth, Düsseldorf

Michel Sauer

1949	geboren
	Kunstpreis Junger Westen
1976	Förderpreis des Landes Nordrhein-Westfalen
1977	Förderpreis der Stadt Düsseldorf
1978	Arbeitsstipendium des Kulturkreises im Bundesverband der Deutschen Industrie
1980	Villa Massimo-Preis, Rom
1982	Stipendium des Kunstfonds e. V., Bonn

Martin Schilken, »Von a nach b«, 1984, 200 × 200 × 226 cm

Martin Schilken

1958	in Duisburg geboren
1976	Studium an der Kunstakademie Düsseldorf
1984	Stipendium des Kunstfonds e. V., Bonn

Gabriele Schmidt-Heins

1949	in Rellingen/Holstein geboren
1969–74	Studium an der Hochschule für Bildende Künste, Hamburg
1983	Stipendium des Kunstfonds e. V., Bonn

Gabriele Schmidt-Heins, Ohne Titel, 1983/84, Holz, Eisen, Lackfarbe, 160 × 265 × 206 cm

Eugen Schönebeck, »Flußlandschaft«, 1984, Bleistift, Papier, 21,5 × 30,5 cm

Eugen Schönebeck

1936	in Dresden geboren lebt in Berlin (West)
1955–61	Studium an der Hochschule der Künste, Berlin
1983	Stipendium des Kunstfonds e. V., Bonn

Thomas Schütte

1954	in Oldenburg geboren lebt in Düsseldorf
1984	Stipendium des Kunstfonds e. V., Bonn

Thomas Schütte, Aus »Die Burg«, 1984, 210 × 157 cm

Klaus Simon

1949	in Bad Godesberg geboren
1964–67	Lehre als Schaufenstergestalter
1969–75	Studium an der Fachhochschule für Kunst und Design, Köln
1976–82	Studium an der Kunstakademie Düsseldorf bei Klaus Rinke
1984	Stipendium des Kunstfonds e. V., Bonn

Klaus Simon, Ohne Titel, 1984, Kiefernholz, Länge ca. 500 cm, Venedig, Biennale, Magazzini del sale, Aperto 84 ▷

Dieter Villinger, »Installation«, 1985

Rosemarie Trockel

1952	in Schwerte geboren
	lebt und arbeitet in Köln
1974–78	Studium an der Werkkunstschule Köln (Malerei)
1984	Stipendium des Kunstfonds e. V., Bonn

Dieter Villinger

1947	in Bad Bergzabern geboren
	lebt in München
1985	Stipendium des Kunstfonds e. V., Bonn

Isolde Wawrin

1949	in Ettenheim/Altdorf geboren
	Studium an den Kunstakademien in Karlsruhe und Düsseldorf bei den Professoren Kalinowski, Lüpertz und Rinke (Freie Kunst)
1984	Stipendium des Kunstfonds e. V., Bonn

Isolde Wawrin, »Wandbild«, 1984, 345 × 1230 cm, Düsseldorf, Galerie Fischer. Foto: Thomas Struth, Düsseldorf

Monika von Wedel

1946	geboren
1974–79	Studium an der Fachhochschule Köln (Freie Malerei)
1983	Stipendium des Kunstfonds e. V., Bonn

Monika von Wedel, »Doppelharfe«, 1983/84, Holz, Lack, Stimmwirbel, Saiten, 150 × 92 × 76 cm ▷

Jindrich Zeithamml, Ohne Titel, 1984, Düsseldorf, Galerie Schmela. Foto: W. Hannappel

Jindrich Zeithamml

1949	in Teplice/CSSR geboren
	lebt und arbeitet in Düsseldorf
1976–82	Studium an der Kunstakademie Düsseldorf bei Prof. Kricke
	Bernhard Hoetger-Preis
1982	Erster Preis für die beste Förderkoje, vergeben vom Bundesverband Deutscher Galerien, Köln
1985	Stipendium des Kunstfonds e. V., Bonn

Waggi Herz, »Die Fremden im Land«, 1984, Fotografie, 95 × 80 cm

Axel Höptner, »Körper«, 1984, Tempera, Acryl, Papier, geschnitten, 133 × 86,5 cm

Halina Jaworski, »Eisberg I + II«, 1984, Tempera, Acryl, Leinwand, 200 × 140 cm und 200 × 74 cm

Harald Klingelhöller, »Die blaue Blume«, 1984, 160 × 250 × 35 cm

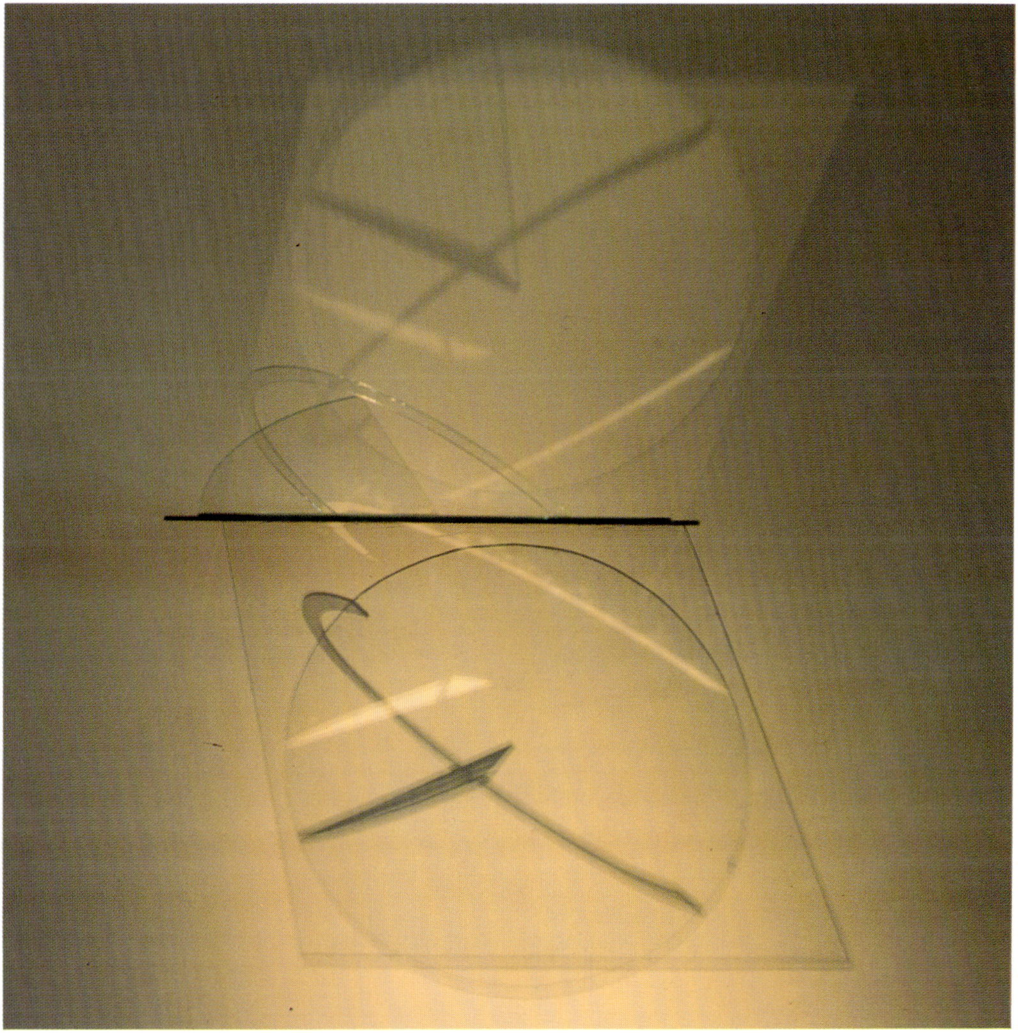

Jakob Mattner, »Zwielicht«, 1982, Glas-Installation

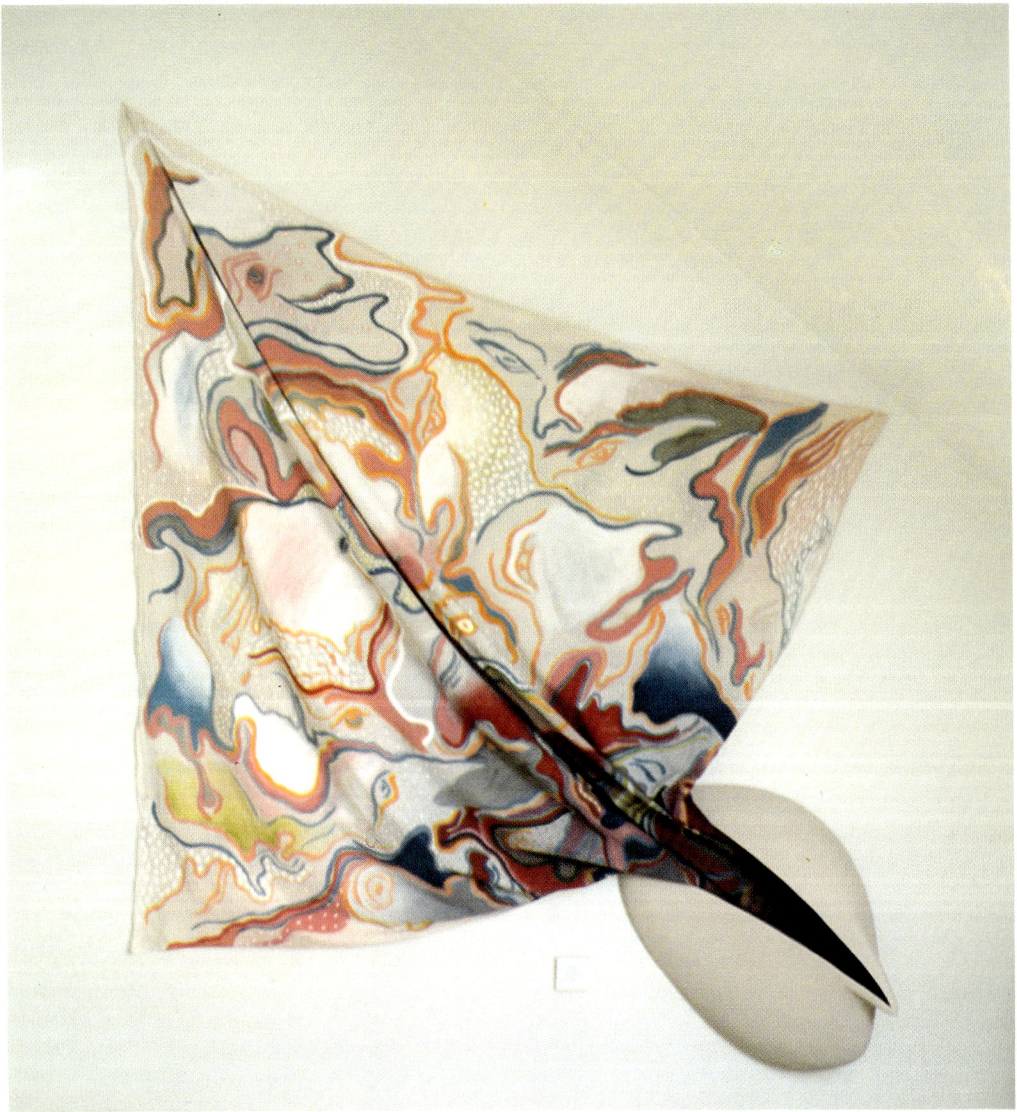

Renate Neuser, »Einschnitt«, 1984, Papier, Spachtelmasse, Nessel, Farbe, 220 × 200 × 22 cm

Anna Oppermann, »Zustand Hamburg«, 1984

Jürgen Paatz, Ohne Titel, 1983, Tafel/Zeichnung, Öl, 80 × 55 cm / 42 × 30 cm

Kulturförderung und Alchimie – Wie aus stinkendem Geld reine Kunst werden soll

Von Michael Erlhoff

»Da reist etwa jemand aus Berlin, Bremen, Paderborn oder Verden an der Aller nach Paris, bestaunt den Eiffelturm, steht ergriffen im Louvre oder vor Notre Dame – und in seinem Koffer führt er einen Beutel voll deutscher Kultur mit sich: zum Beispiel Zahnbürste, Kamm, Seife, Waschlappen und Fußpuder. Eine gewisse Diskrepanz zwischen der Wertigkeit der jeweiligen Kulturgüter ist da nicht zu verhehlen. – Wir Deutschen scheinen der Kultur gegenüber eine durchaus gespaltene Beziehung zu haben: Solange sie fern genug ist, halten wir sie hoch und in Ehren; kommt sie jedoch in greifbare Nähe, ziehen wir es vor, Hygiene zu üben im Wahrzeichen des Kulturbeutels.« (Aus: Uta Brandes, Die Beutelkultur)

Kulturförderung jedweiliger Form hat immer – man weiß es – auch oder zumindest Alibi-Funktion. Was ebenso für kritische Texte gilt, die in einem praktischen Buch das Spielelement sind, die angesagten Jubel durch dessen Kritik noch erhöhen (man leistet sich Luxus), die die Feier entlasten. Abrundendes Estragon in der Kartoffelsuppe. – Und für den Schreiber die ambivalente Möglichkeit, sich der praktischen Konsequenzen zu entziehen, Widersprüche auf Widersprüche zu häufen, zu spekulieren, angreifbar komisch zu sein und sich der negativen Verantwortung von Kritik zu überlassen. Was wiederum ebenso für den Kulturgeförderten (ein durchaus furchterregendes, eben darum gesetztes Wort) gilt, bösartig vergleichbar den Resozialisierungsstationen einer Strafanstalt: Mach mal, aber infantilisiert, die Hemden waschen wir, das Terrain ist abgesteckt. Oder – zeitgemäßer –: alte und neue Wilde im Reservat.

So. Bevor sich dieser Text nun, Hilflosigkeit formulierend, in keck gewandete Larmoyanz einwickelt, werden sich Argumente in den Weg stellen – mehr oder weniger landläufige oder originelle Begründungen für Kulturförderung, bzw. im engeren Sinn für die Förderung bildender Kunst, die den Kern dieser Überlegungen darstellen soll und hierbei meist – wir leben in einer kapital-orientierten Gesellschaft – finanzielle Förderung meint. Mithin wird über Kunst und wird auch über deren Beförderung nur vermittelt geschrieben, zielt die Argumentation auf das ökonomische Rüstzeug.

Was sich kategorial in drei Begründungsbereiche gliedern läßt – in erstens die Förderung der Kunst um der Kunst willen, zweitens in die aus moralischer Haltung und drittens in die marktimmanente, marktkonforme. Klar, daß dabei die Honorierung der Kunst um ihrer selbst willen als die einzig wahre und integre erscheint, denn nur sie gewährte Kunst-Unabhängigkeit, nähme Kunst als Kunst, als in sich autonomes (und als solches utopisches) Gebilde ernst. Doch wer will das schon, wer will das unterstützen; alle nämlich schimpfen über die Parkuhr, und niemand beschwert sich über Zigaretten-, Bier- oder sonstige Produktautomaten, da jene unsinnig sind und nichts hergeben, nur ihren Platz verteidigen, und diese ausspucken, was man will (und en passant Beziehungen zerstören, lediglich eisernen Ersatz anbieten). Wenn man etwas reinsteckt, will man auch etwas rauskriegen (was noch die ökonomische Beziehung zwischen Mann und Frau regelt) – »do ut des« ist Basis unserer gesellschaftlichen Ordnung. Lohn für Leistung, Kunst als Funktion.

Kunst jedoch um ihrer selbst willen zu unterstützen, hieße ja, nicht nur zu akzeptieren, daß eine Künstlerin oder ein Künstler zur Preisvergabe zu spät kommt, ihr fernbleibt, sie ausdrücklich als störend wahrnimmt oder über Förderung sich empört und dennoch das Geld einsteckt (was zugegeben nie fern von infantilem Verhalten erscheint, dennoch immanent – siehe weiter im Text – notwendig ist und vielleicht ernstzunehmen wäre als Zorn über Akzeptanz, der, würde noch er selber akzeptiert, unausweichlich in neuen Zorn oder in Anpassung – und sei es »Widerstand durch Anpassung«, wenn das möglich ist – umschlagen müßte); vielmehr bedingte wirkliche Unterstützung (und Ehrung, Honorierung) von Kunst den Verzicht sowohl auf vorangegangene Leistung als auch auf Erwartung eines »output«: Einsicht in die Unmöglichkeit, Kunst zu messen, und Geltung unausgeführter und unausführbarer Werke, des Ephemeren und Marginalen, der leeren Leinwand, des flüchtigen Objekts, des unwichtigen Satzes, des überflüssigen Buchs, der Fälschung, der Verweigerung, der strukturellen und oft aufeinander angewiesenen Gegnerschaft zwischen Kunst und deren Förderung.

Eine Feindschaft, die von der Seite der Kunst nicht auflösbar ist, da Kunst – auf durchaus unterschiedlichen Argumentationsebenen – Aporien intendieren muß, um als Kunst zu bestehen: den Widerspruch zwischen Autonomie und Verwertung (gibt Kunst sich auch nur ein Quentchen preis, läuft sie unweigerlich Gefahr, sich im Dickicht vielfältiger Beschlagnahme zu verirren), den zwischen Identität und Verallgemeinerung, zwischen Aufstand und Einheimsen (der Künstler als Joker im Reihenhaus). Das prallt aufeinander, läßt den Künstler als potentiell ständigen Verlierer aufscheinen, gibt ihm deshalb das uneingestandene Recht, jederzeit die Auftraggeber zu übervorteilen, um am Ende – außengesteuerte Finalität – der Übervorteilte zu sein. Jene Legende, daß Dürer für teures Blau ungerechtfertigt viel Geld verlangte und erhielt, da er doch nur billiges Blau durch daneben gelegtes Braun erleuchtete, läßt den Künstler allein kurzfristig strahlen, denn in der Folge stellte sich diese Innovation als schlichtes ökonomisches Prinzip heraus, Quelle der weiteren Bereicherung für den Verwerter, Abbruch der sinnlichen Wahrnehmung (»doch das gehört beiläufig in die Glutenkiste«). Bleibt in dieser Blickrichtung lediglich die Hoffnung auf dem Weg durch die Verhältnisse hindurch, Beschädigungen dennoch vermeiden zu können oder gar durch diese und in Abwehrprozessen gegen diese zu lernen. Wenig genug.

Auf der anderen Seite des Dilemmas: die Förderer. Von ihnen wäre, wollten sie wirklich Kunst um der Kunst willen fördern, schier unfaßbare Empathie gefordert. Verzicht auf widerscheinende Resultate, auf Streicheleinheiten jeglicher Art und Verzicht auch auf elaborierte Kriterien der Auswahl. Statt dessen fiktive Kriterien oder Geschmacksurteile und sowohl anonyme Gelder als auch anonyme Auswählende und Förderer. – Was insgesamt zumindest unter herrschenden Gesetzen von Kunstförderung unrealistisch ist. Denn noch jede Jury munkelt und flunkelt, ein jeder stellt sich im Licht seiner Überzeugungen dar. Kunstförderung ist repräsentativ wie der Parlamentarismus – also in Form und Inhalt trotz diverser Ausbruchsversuche das Bündel des kleinsten gemeinsamen Nenners. Somit im Kern kunstfeindlich und in der Hülle eben doch und zumindest noch unausweichlich existent. Nur sollten – das ist die geringste Forderung – die, die fördern, und die, die beraten, nicht so tun, als ob sie Kunst als Kunst zu fördern beabsichtigten und in der Lage wären (Angriffe gegen Jurys, da diese parteilich oder nepotistisch agierten, sind immer richtig und deshalb ebenso überflüssig).

Jedoch führt diese – oft unbedachte – Einsicht meist zu einem anderen Mißverständis: Förderer und Berater bemühen moralische Aufschwünge. Die wiederum nach ihrer Ernsthaftigkeit erneut separiert werden müssen. Da gäbe es nämlich zum einen jene moralisch Aufrichtigen, die a priori Moralischen. Für sie stellt Kunst an sich einen Wert dar, sei es einen gesellschaftlichen (aufrüttelnd), sei es einen »allgemein moralischen« (beseelend); Kunst sei grundsätzlich erhaltens- und förderungswert, weil sie inkarnierte Menschlichkeit, letzte und integerste Äußerung des Subjekts sei und das Gewissen verkörpere (gegenüber einer elendigen Welt) oder auch das Irrationale (entgegen einer rationalistischen Welt) und das Unmittelbare (wider die gesellschaftliche Vermitteltheit aller Beziehungen) – weil Kunst also das andere guthin sei, Fixpunkt, utopische Perspektive. Mithin: weil sie eben doch Funktion habe. Kunst wird eine gesellschaftliche Aufgabe zugewiesen – mehr oder weniger aktuell auf Geschichte bezogen –, und erst aus dieser Aufgabe ergäben sich ihre Existenzberechtigung und Förderungswürdigkeit. Und schon wird Kunst – jubelnd oder widerwillig – hinterrücks von Verwertung ergriffen und in Funktionszusammenhänge gesteckt, wird ihr der Ort der Betätigung zugewiesen.

Damit aber ist der Zwist zwischen Moral und Autonomie kundgetan: ein unauflösbarer Zwist, gleichwohl so ineinander verdreht, daß er als Zwist (und nicht als dessen Auflösung) durch die Geschichte hindurch Grund für Kunst und für die Auseinandersetzung um Kunst ist (Korrektiv zum Beispiel einer auratischen Ansehung von Kunst oder schlicht konservierenden Preisung der Aura als Idylle und Korrektiv andererseits einer allemal dogmatischen, unbeweglichen und irrationalen Moral der »Werte und Normen«). – Nur kann man Zwist schlecht finanzieren (oder doch und nur ihn? aber wie?); außerdem sind solche a priori Moralisten kaum mehr anzutreffen und ist das, was sich heutzutage als Moral gebärdet (jene Attitüde für neue verbindliche Werte oder Zeichen), fast ausschließlich lächerliche Hülse, larmoyantes Selbstmitleid untergehender Politiker und Legitimationswissenschaft von Kunsthistorikern (nahezu jede kunsthistorische Dissertation behauptet ja im Vorspann die moralische Notwendigkeit des gestellten – und oft genug sehr äußerlichen – Themas) und von Bildungsbürgern, den Moralisten a posteriori.

Die Selbstveredelung durch den Besitz von Kunst als Ausdruck von Kultur ist bürgerlich beflissene Nachahmung adliger Geste; Lord Peter Wimsey als Schlüsselfigur: Nachdem die höfische Gesellschaft ökonomische und polizei-militärische Macht an die Bürger verloren hatte (dem Klerus erging es ähnlich), blieb ihr allein noch die in langer Geschichte aufgebaute und aufgehäufte Sammlung von Kulturgütern, Kunstschätzen. In ihnen demonstrierte und bewahrte sich der Rest legitimierbarer Arroganz, von kultureller Höhe auf den Bürger herabzuschauen. Was den Citoyen – selbstbewußt im Denken – nicht anfechten mochte, den lediglich aus Eigentum und dessen Folgen erstarkten Bourgeois aber notwendig schmerzte – mochte er auch noch so sehr (und bis heute) vordergründig mit Ignoranz seinen Makel des Nichteigentums an Kultur zu überspielen versuchen: er konnte ihn wahrhaftig nur durch Aneignung loswerden. Also suchte er verschrobene Adaption; und so, wie etwa in Frankreich daraus statt einer eigenen bürgerlichen Küche die Hypertrophie einer mißverstandenen, viel höfischer als höfischen »grande cuisine« entworfen wurde, so meinte man, sich ebenfalls in der Imitation höfischer Kultur erheben zu können. Opernhäuser, Staatstheater, Staatsgalerien und vor allem Eigentum: der Abonnements, der Bilder, der Bildung. Zwangsläufig geht es dabei immer – wie um »hohe Küche« – um »hohe Kultur«. Man entwerfe folglich eine isometrische Kulturlandkarte, auf der Höhen und Tiefen zu finden seien, Vermessungen von Kunst, Maßnahmen zur Qualitätsbestimmung, und heimse dann gesondert ein, bringe das Wichtige in Besitz und erkläre den Rest für Müll (man kann ja nicht alles kaufen).

Die Endzeit des Adels wurde zum bürgerlichen Dauerzustand: Kunst als Aushängeschild, Bildung als Statussicherung, Kultur als vorpolitisches Machtmittel, mit dem man sich absetzen, mit dem man den Klassenstolz verdeutlichen, mit dem man Unruhe besänftigen konnte. – Tatsächlich ein merkwürdiges Strukturmerkmal, auf das selbst noch mächtige Fabrikanten, Bankdirektoren, Diktatoren oder etwa die italienischen und (in anderer Weise) die deutschen Faschisten nicht verzichten mochten oder konnten – Beethoven, Goethe, Schiller, Wagner, Hölderlin . . .; lediglich die Form der Verdrehung oder der Durchsetzung, Mode oder Förderung stand historisch jeweils zur Debatte. Nicht jeden schickt jedes, die Zeiten ändern sich.

Selbstverständlich, daß bildungsbürgerliche Kulturpolitik jedweder Couleur nach der Imagination einer eigenen Kulturleistung giert (siehe das »Centre Pompidou« als exquisitem Ausdruck) und im Glanz der Besitzstandserweiterung sich sonnen mag. Klar auch, daß selten der Besitzwunsch schlechthin zur Legitimation des Ansinnens ausreichte, er vielmehr penetrant durch Moralisieren (Werte und »Anliegen« wurden allezeit mobilisiert) das Anwesen zu vergrößern trachtet; und fraglos, daß auch die Geschichte der Arbeiterbewegung vom möglichen Aufstieg durch Bildungs- und Kulturbesitz geblendet ist – Thalheimers »Schiller für die deutsche Arbeiterklasse« gehört ebenso in diesen Komplex wie sozialdemokratisch propagierte Bürgernähe (mögliche Umschreibung von »Bourgeois-Nähe«).

Immerhin: Bei den bildungsbürgerlich Moralischen gibt es Geld. Wenn man brav ist, wenn man Ideologeme stützt oder ihnen nicht widerspricht, wenn man mitlügt (wie einst Arno Breker), oder wenn man in Mode kommt (was meist auch nur innerhalb profitabler Sehnsüchte oder aus Distanz geschieht). Dennoch könnte man das Geld ja annehmen, in der Hoffnung, trotz allem integer zu bleiben. – Warum dann aber nicht gleich ins offene, nicht so schwülstige und allein deshalb fast ehrbare Geschäftsleben. Kritische Graphik, Pop Art, zerstörte Köpfe, wilde Rhythmen, Monochromie, mail art – der Markt ist da nicht zimperlich, er schluckt beizeiten alles.

Nicht nur hat der Markt mit einem Teil der Kunst gemein, daß auch in ihm ein Symbol – das Geld – materielle Gewalt wurde, und mit einem anderen Aspekt bildender Kunst, daß auch der Markt Kommunikation, Kreativität, Risikofreude, Spontaneität und wechselnde Moden liebt und begierig auf déjà-vu-Effekten beruht: vielmehr entdeckte er Kultur und darin die anschaulichste Form bildende Kunst als verwertbare Ware, als Propagandamaschine und als potentiellen Arbeitsplatzbeschaffer.

Wenn ich nun im folgenden eine längere Passage aus einem anderen Text von mir zitiere (abgedruckt in der Kunstzeitschrift »K«, Heft 2), so geschieht das nicht aus Eigenlob, sondern weil Neuformulierung hier unsinnig wäre:

»Neben der Währungsspekulation gibt es leicht prognostizierbar drei zukunftsträchtige Märkte, auf denen Nationaleinkommen, Profite, Arbeitsplätze und Warenzirkulation gesichert werden können: neue Technologien, kommunikative Medien und der gesamte Bereich dessen, was Kultur genannt werden kann.

Da der Elektronik- ebenso wie der Kommunikationsmarkt vor allem von Japan, den USA und auch der Bundesrepublik besetzt ist und da diese beiden Produktionszweige, weil vornehmlich militärisch gefördert, in Europa (noch) unter Legitimationsschwierigkeiten leiden, entbrennt seit einigen Jahren im immer noch kulturstolzen Europa ein vehementer Kampf um die Kulturhoheit, der nur vordergründig – eben zwecks Lösung von krisenbegründeten Legitimationsproblemen – chauvinistisch abläuft, tatsächlich jedoch rein ökonomisch gefaßt werden kann. Unter dem Siegel von Kultur verkaufen sich nämlich nicht nur andere Waren und der Tourismus gut, vielmehr wird bei international zunehmender arbeitsfreier Zeit und bei wachsender Schwierigkeit, einigermaßen haltbare Konsumgüter unter die gesättigten Käufer zu bringen, die Kulturindustrie mit einem hohen Beschäftigungsaufwand, mit großer Verbrauchsgeschwindigkeit und mit ungeahnten Verwertungsmöglichkeiten absehbar bedeutsam. Wehe dem Staat und wehe dem Privatkapital, das da nicht geschwind einsichtig wird und von hier aus investiert. Während aber bisher in Thesen über die Kulturindustrie diese gemeinhin mit ihrer Verwertung und damit Formveränderung hin zu vereinfachten, popularisierten Phänomenen gedacht wurde (und dies zu Recht), scheint gegenwärtig eine Form der ›Hochkulturindustrie‹ zu entstehen. Der tendenziell vorgestellte Weg wäre dann nicht mehr der der permanenten Dequalifizierung der Kunst, bis diese in beliebig allgemeiner Form für die angepeilte große Zahl verdaubar und somit verkäuflich würde, sondern der einer trügerischen Qualifizierung der eingebildeten Allgemeinheit, bis diese im auratischen Zirkel mit Kunst zusammenträfe. ... Dem entspricht auf der Verwertungsseite die schon angedeutete größere Distributionsgeschwindigkeit von Kulturindustrie. Der Markt dreht sich für viele Investoren gar nicht mehr um den Verkauf von Kunst, wenigstens nicht um den – im Graphikgewerbe der 60er Jahre noch anvisierten – massenhaften Verkauf, vielmehr verbirgt sich nun im Anschauen, im Augenkonsum mit all seinen Randerscheinungen die Profitrate. Die Ausstellungen selber sind das angebotene Ding, und deren Verzehr ist, weil quantitativ nicht bestimmbar, physisch endlos, nicht zu sättigen.«

Ausweitung der Freizeit, erhöhte Verkehrsgeschwindigkeit, Kulturhunger als Kompensation – dazu stoßen ferner die krisengesteuerte Wiederentdeckung von Kunst als möglicher Bereich von Innovation, von industriell verwertbarer Phantasie und Organisation und die gedachte Aufrüstung von Städten und Gemeinden als Standorte für Industrieansiedlungen oder die Aufwertung von Industriekonzernen und Banken als unternehmungslustig, liberal und adlig. Denn selbstverständlich darf auch hier und weiterhin die durch Kunst gewährte Legitimationsfähigkeit, die immer noch bildungsbürgerlich anziehende Ideologieproduktion (Kunst als geborgte Moral) nicht unterschätzt werden.

Was dann doch wieder traurig stimmt, da sich noch der Markt als eben nicht frei oder offen erweist, oder was sonst uns als Legitimität des Marktes verkauft wird. Auch hier verquaste Moral, auch hier muß ausgestellt werden, geht es nur sehr vermittelt um den Profit: Kunst als Werbemaßnahme. Weshalb selbstverständlich statt Stiftungen oder anderen Fonds, in denen mehrere Geldgeber versammelbar sind und in den Hintergrund treten, ohne die Fäden in der Hand zu behalten, immerfort Preise verliehen werden, entweder mit dem Namen des Finanziers oder mit dem eines dafür akzeptablen älteren Künstlers versehen. Da mag sich dann eine Jury noch so unabhängig wähnen – längst hat sie die Standards internalisiert (oft genug im Vorfeld der Zusammensetzung einer Jury ist dies das eigentliche Kriterium), und wenn nicht, dann wird immer noch irgendwo gekungelt. Schließlich wird durch solche Preise – man betrachte nur den Aufwand für adäquate Festakte, deren Kosten häufig die Honorierung des Preises übersteigen – vor allem der Spender, und weniger der Empfänger, geschmückt. Was dementsprechend dazu führen muß, daß – vergleichbar der Vergabe von Kunsthochschul-Professuren – der das Geld erhält, der es schon hat.

Nun ist das alles klarerweise nicht an sich ein Trauerfall, ist es nämlich Schmiermittel im Kunstbetrieb und eben üblich. Mögen also Künstlerinnen und Künstler den Scheck schnell einstecken und sich beglückwünschen, wenn mit ihm nicht auch noch ein Projekt verbunden ist. Muster unabhängiger Kunstförderung kann das nicht sein.

Bleibt der Staat, jenes abstrakte Gebilde, dem wir hierzulande so gerne trauen. Von ihm wäre ja – zumindest losgelöst von Regierungspropaganda, allgemein merkantilen Interessen und den privaten Schiebereien von Mandatsträgern – erwartbar, daß er desinteressiertes Wohlgefallen durch an der Sache selbst orientierte Kunstpolitik äußere (Staatsraison, so dachte einst zum Beispiel Hegel, sei die in sich alles aufhebende Vernunft). Und selbst wenn der Anschein uns oft das Gegenteil lehrt: Er bleibt zwangsläufig die einzige Instanz, an die Appelle sich lohnen. Zumal da auch noch der gesetzlich verbürgte Auftrag des Staates zur Kunstförderung zitiert werden kann.

Die Bundesrepublik Deutschland also: Im Vergleich mit dem Ausland steht sie, was die Förderung von Kultur betrifft, finanziell hintenan, strukturell aber – gerade wegen des Kunstfonds – nicht so schlecht da. Offensichtlich genug ist, daß die halbaufgeklärte Bundesrepublik zwischen den immer noch bestehenden mäzenatischen Formen Italiens und den großbürgerlichen amerikanischen Subventionen (per Steuerabschreibung) stillesteht; und ebenso zwischen dem höfischen österreichischen Sozialdemokratismus, der Literatur und Musik auf verschlungenen Pfaden und durchaus eigenbrötlerisch fördert, und dem protestantisch holländischen Lohnleistungsprinzip, das wie eine Gießkanne sich über die Künstler erstreckt, und dem aufgeklärten Absolutismus Frankreichs, in dem erst das eine und nun die vielen Zentren auf Teufel komm raus gebildet werden sollen. Die Bundesrepublik Deutschland steckt mithin im mittleren Mittelmaß, Durchschnitt, Mittelstandsküche. Konzeptionslos, ohne Perspektive, fahl, ohne Blickwinkel. Doch vielleicht zum Glück: die Konzeptionslosigkeit verhindert Schlimmeres, gibt zwar auf der einen Seite jegliche kulturelle Autorität und alle denkbare Authentizität auf und übereignet Kultur dadurch kurzfristigen Fraktions- oder Profitinteressen, scheinheiligen Provinzklüngeleien und kleingeistigen Ideologemen, läßt andererseits aber Lücken, Freiräume, die von Klugheit gefüllt werden könnten, im Interesse der Kunst, wenn delegiert wird. Lassen wir also dem Staat die Repräsentation (und da ist Repräsentation durch Kunst oder Kultur immer noch etwas besser als die durch Waffengeklirr – beides lag übrigens in der Geschichte und liegt noch heute recht nahe beieinander), und fordern wir von ihm die Delegation von Wesentlichem.

Demokratisch glänzen nun die Jurys; doch sie tendieren entweder zum notwendig kunstfernen Kompromiß oder zum Aushandeln: »mir 'nen Aal und dir 'nen Piesje – dir 'nen Piesje, mir 'nen Aal«. Unabweislich wird in Jurys, zumal wenn es um Geld geht, übervorteilt, werden clandestine Geschäfte abgeschlossen, persönliche Interessen und Freundschaften realisiert, kommt Bündelei zu Wort, werden Meinungen kundgetan. Das ist einfach so, da lohnt weder Geschrei noch Kritik am Zustand. Eher sollten die äußeren Angriffe auf den Zustand gestrichen werden, denn Kritik, die nicht verändernd eingreifen kann, führt nur zur bekannten Heuchelei. Statt nämlich zu ihrer strukturellen Schwäche zu stehen und die wirklichen – seien es private oder geschmackliche Gründe – zu veröffentlichen, werden aufgeblasene Ideologeme verbreitet und manifestiert. Deshalb sind Jurys so trügerisch und unglaubwürdig, und deshalb weiß man bald, auf welch perfidem Weg die Ideologeme so zu häufen sind, daß die Jury gezwungen ist, Geld in ausreichender Menge bereitzustellen.

Geld verträgt halt keine Moral, und die Redlichkeit der Motive bei der Vergabe von Geld kann einzig in der Rechenschaft über die wahren Motive bestehen. – Ein Aspekt, der zugleich (und nun endlich) einen Mythos oder wenigstens eine Sprachregelung zerstört und dadurch den Vorgang entlastet: Kunstförderung ist eigentlich Künstlerförderung (und ein Kunstfonds ist bestenfalls ein Künstlerfonds), und nicht mehr als das. Hier soll Künstlerinnen und Künstlern für erbrachte und unbezahlbare Arbeit Geld gegeben werden, und das ist nur gerecht, zumal ein jeder Mensch bekanntlich Künstler werden kann (Künstler und Kunst sind – ästhetisch betrachtet – zwei sehr voneinander geschiedene Gegenstände). Das brächte uns immerhin um den Antagonismus zwischen Kunst und deren Förderung herum, wäre wahrhaft demokratisch und gewährte relativ klare soziale Kriterien der Auswahl. Schmeckt aber sicherlich weder den professionellen Künstlern noch den um Ansehen bemühten Finanziers. Bleibt also alles wie bisher, sind letztlich alle Modelle mehr oder weniger gleich (die Nuancen sind nur Salz in den ministerialen und vereinigten Suppen) und wäre – sich denn am Ende doch dem Wunsch nach dem Positiven stellend – lediglich ein Abbau von Heuchelei und Ideologie zu fordern (und mehr Geld).

Aber: »Die Freude des Dompteurs an der Anhänglichkeit eines Löwen wird unter Umständen durch das Wissen getrübt, daß die Dummheit der Bestie dabei ein wichtiger Faktor ist. Weil das steigende Bewußtsein ihrer Kraft die Verbindung zerstören müßte, ist ihre gegenwärtige Zärtlichkeit nicht besonders viel wert.« (Max Horkheimer)

Werkstipendien

Diejenigen im folgenden aufgeführten Künstler und Künstlerinnen, die ohne Projektbeschreibung dokumentiert sind, finden im Beitrag »Künstler brauchen Geld – Projektförderung des Kunstfonds« von Stephan Schmidt-Wulffen (S. 169 ff.) projektbezogene Berücksichtigung.

Peter Josef Abels, »Die Tankstelle – Utopia, das Zentrum der Welt«, Modell nach einer unter Denkmalschutz stehenden Tankstellen-Ruine in Köln, Deutz-Kalker-Straße, ideal rekonstruiert und utopisch erweitert, 1984/85

Peter Josef Abels, »Die Tankstelle«, Durchmesser der mit Erde gefüllten Tonne 150 cm, Gesamtlänge (mit Brücke) 450 cm, Höhe 150 cm

Peter Josef Abels

1954	in Köln geboren
1974–80	Studium an der Kunstakademie Düsseldorf bei Fritz Schwegler
1984	Stipendium des Kunstfonds e. V., Bonn

Peter Josef Abels:

»Seit dem 18. 10. 82 arbeite ich an einem dreiteiligen Projekt:

1. Der Ofen und das Hochhaus
2. Der Bohrturm, die Bühne, die Sänger und die Sehnsucht (und die Bewegung der Null)
3. Die Tankstelle (ein Denkmal)

Die ersten beiden Arbeiten konnte ich bisher fertigstellen. Die dritte werde ich sobald wie möglich in Angriff nehmen.

In Weiterführung meiner früheren Arbeiten handelt es sich bei diesem dreiteiligen Projekt sowohl um eine konstruktive Arbeit als auch um eine inhaltliche. Es geht mir darum, sowohl eine Komplexität als auch eine grundlegende Einfachheit darin zu zeigen.

Dabei liegt der 1. Arbeit inhaltlich gesehen das ›Weltganze‹ bis hin zum Universum zugrunde. Das ›irdische Leben‹ wird nur in einer Etage des Hochhauses behandelt (Die Regel des Lebens).

Dieses ›irdische Leben‹ ist dann das Thema der 2. Arbeit, nämlich die Erde als Bühne, das Leben als Theater (Rolle und Aufgabe) und die Bühne als Arche Noah.

...

Die 3. Arbeit behandelt schließlich meinen ›persönlichen Bereich‹: Ich werde eine schon vorhandene, aber nur noch als Ruine stehende Tankstelle in Köln-Deutz, Deutz-Kalker-Straße, als Modell für ein (mein) Atelier im verkleinerten Maßstab wieder erstehen lassen. Die Stadt Köln hat diese Tankstelle wegen der kühnen Dachkonstruktion unter Denkmalschutz gesetzt und anschließend Künstlern als Atelier angeboten. Wegen Geldmangel konnte ich mich dazu aber nicht entschließen, obwohl es mich sehr gereizt hätte. Nun werde ich es als Modell ›idealer‹ bauen ...

Die Tankstelle (ein Denkmal) ist als ein Ort gedacht, den man auf seinem Weg besucht, um sich mit der Energie der Kunstwerke und des Disputs darüber für den weiteren Weg über die unvollendete Brücke ›vollzutanken‹: Die Freiheit tut ihre Pflicht!«

Lothar Baumgarten

Lothar Baumgarten, Vorbemerkung zu »Land of the Spotted Eagle«:

»Noch einmal den Discours von T'E-NE-T'E* aufnehmend, werden hier weitere indianische Geschichten über den ADLER erzählt. Sie spielen auf den Plains, der Hochebene zwischen Mississippi, Missouri und den Rocky Mountains, von Alberta im Norden bis in den Süden von Texas. Einst war es die Landschaft der Bison und gefleckten Adler, das Land der stolzen Prärieindianer – SARSI, BLACKFOOT, PLAINS CREE, GROS VENTRE, ASSINIBOIN, CROW, TETON, CHEYENNE, ARAPAHO, KIOWA, KIOWA APACHE, COMANCHE –

Das anschauliche Symbol der Kultur dieser zwölf Reiterstämme bilden die 12 markant gezeichneten Schwanzfedern des Goldadlers. Die Grundlage der gemeinsamen Kultur dieser Nomaden bildete die Bisonjagd. So folgten sie den weit ziehenden Bisonherden mit ihren Tepee, untereinander verbunden durch den Sonnentanz, die Kriegergesellschaften, die Tabakkollegien, die Altersbünde, die Adlerjagd und auch durch das Tragen der Adlerfeder als Zeichen ihrer ›Coups‹.

Die 4 kosmischen Farben der Sioux gliedern die aufgeführten Stämme und die vorgetragenen Geschichten nach Sprachfamilien. Ihrer geographischen Position folgend sind sie – von Norden nach Süden – angeordnet. Gelb steht für die *Athapasken,* Blau = *Algonkin,* Rot = *Sioux,* Schwarz = *Uto-Azteken (Shoshone).* Der Section TETON sind weitere Vertreter der großen Central Sioux-Familie eingegliedert, die Prärie-Indianervölker der MANDAN, HIDATSA, OMAHA und OSAGE. Sie waren keine Reiternomaden, betrieben vorwiegend Feldwirtschaft und lebten in festen Dörfern am Rand der Flußauen, ihre Namen sind in der hier entwickelten Ordnung blau wiedergegeben.

Die vorgelegte Sammlung von historischen Quellen und die Anordnung des ausgewählten Materials sind um das Monument für die indianischen Gesellschaften auf den Prärien, den klassischen Fries in der geschoßübergreifenden Galerie des Museums und den Adlerfederkasten zentriert, der für kurze Zeit seinen Platz in der Bibliothek verlassen hat, um hier noch einmal gezeigt zu werden.

Der Versuch, die in Zitaten gefangene archaische Welt der ›Rothäute‹ dem Betrachter aufzuschließen, reiht Mythen, in denen der Adler weiterhin seine Rolle spielt, an Beschreibungen der Adlerjagd, der sozialen Ordnung, der Gesänge und Rituale, der Dinge und Gerätschaften des Alltags, der Kosmologie und der Landschaft.

Der Adler, dessen Federn den Indianern ehrten und der, den Adler jagende wie verehrende Indianer, sind gleichermaßen fast vom Erdboden verschwunden und so muß man sich heute in die Bibliothek begeben um an ihrer Zwiesprache teilnehmen zu können.«

* T'E-NE-T'E, ein Buch über die Bedeutung des Adlers bei den nordamerikanischen Indianern bezog sich auf die Ausstellung ›Der Adler vom Oligozän bis heute‹ von Marcel Broodthaers und begleitete die ›Hommage à M.B.‹, den Adlerfederkasten. Sie entstand in Zusammenarbeit mit Michael Oppitz in den Monaten von 1972–74 und wurde von Konrad Fischer herausgegeben.

Gold Eagle *Aquila chrysaëtos* L. [1758]

▪ ▪

LAND OF THE SPOTTED EAGLE

LOTHAR BAUMGARTEN

MÖNCHENGLADBACH

1983

Detlef Birgfeld, »Teutonia«, Detail aus »Ship to Europe«, 1981–83, Ausstellungsprojekt, 240 × 250 × 340 cm

◁ Lothar Baumgarten (in Zusammenarbeit mit Walter Nikkels), »Land of the Spotted Eagle«, 1983, Frontispiz und Titelseite der Buchpublikation (160 Seiten, 7 Abbildungen, Format 24 × 17 cm, Auflage 600 Exemplare), herausgegeben anläßlich der Ausstellung des Künstlers im Städtischen Museum Abteiberg, Mönchengladbach

Detlef Birgfeld

1937	in Rostock geboren
1957–59	Studium an der Universität Hamburg (Medizin, Philologie)
1958–63	Studium an der Hochschule für Bildende Künste, Hamburg, bei Hans Ruwoldt, Gustav Seitz, Eduardo Paolozzi
1967	Erster Preis für Bildhauerei der V. Biennale de Paris
1968–69	Stipendium »Cité Internationale des Arts«, Paris
1973	Arbeitsstipendium des Kulturkreises im Bundesverband der Deutschen Industrie
1974	Stipendium der Akademie der Künste, Berlin
1980	Edwin Schorff-Preis der Stadt Hamburg Villa Romana-Preis, Florenz
1981	Stipendium des Kunstfonds e. V., Bonn

Detlef Birgfeld:

»Projekt

SHIP	TO	EUROPE
Amerika	nach	Europa
Schiff	für	Kontinent
Fähre	gegen	Kultur
Bewegung	auf	Konsum
Behälter		
Ladung		
Cargo		
Waffen		
Verbindung		

hin und her

Kreuz	fahrt
Schiffs	friedhof
Kriegs	schauplatz
Schräg	lage
Kriegs	schiff
Gang	way
Land	gang
Mann	schaft
Kreuz	fahrer
Aus	rüstung
Kreuz	fahrt
Landungs	steg
Europa	panorama

Gruppierung
von Arbeiten«

Anna und Bernhard Johannes Blume

Anna Blume
1936 geboren

Bernhard Johannes Blume
1937 geboren
1983 Stipendium des Kunstfonds e. V., Bonn, für beide Künstler

Anna und Bernhard Johannes Blume, »Spaziergang«, aus »Er & Sie, Fotogamie«, 1981/82, Fotoaktionsserie, 200 × 130 cm ▷

Klaus vom Bruch, »Das Alliiertenband«, 1982, Farbvideo, Länge 10 Min.

Klaus vom Bruch

1952	in Köln geboren
1975–76	Studium am California Institute of the Arts, Valencia/Kalifornien
1976–79	Studium an der Universität Köln (Philosophie)
1980	Stipendium des Deutsch-Französischen Jugendwerkes
1981	Förderstipendium der Stadt Köln
	Stipendium des Kunstfonds e. V., Bonn

Johannes Brus (vgl. Farbtafel S. 161)

1942	in Gelsenkirchen-Buer geboren
1964–71	Studium an der Kunstakademie Düsseldorf
1976	Stipendium des Kulturkreises im Bundesverband der Deutschen Industrie
1979	Villa Romana-Preis, Florenz
1981	Stipendium des Kunstfonds e. V., Bonn
1983	Defet-Preis des Deutschen Künstlerbundes

Christel Burmeier

1951	in Schötmar bei Lippe/Westfalen geboren
1971–77	Studium an der Hochschule für Bildende Künste, Hamburg, bei F. E. Walther und Bazon Brock
1982	Arbeitsstipendium der Freien und Hansestadt Hamburg
1985	Stipendium des Kunstfonds e. V., Bonn

Christel Burmeier, »Das Modell geht zum Maler«:

»Ich rufe den Künstler an. Der Prozeß vom ersten Gespräch am Telefon bis zur gemeinsamen Arbeit im Atelier des Künstlers und die darauffolgende Notation des Erlebten bilden das Werk. Der Maler/Künstler sieht das Modell – das Modell/ich sehe den Maler. Er wird zu meinem Modell. Ein Weg, den Maler zu finden, zu fordern, um mit ihm Objekt und Subjekt des Werkes zu sein. Ich stelle mich dem Künstler wie er sich mir zur Verfügung stellt. Ich sehe etwas, was er nicht sieht. Ich tue etwas, was er nicht kann. Er tut etwas, weil er mich sieht. Die Situation in der leibhaftigen Begegnung schafft den Inhalt. Mehrere Ansichten eines Themas, von einem Mittelpunkt ausgehend. Die Umkehrung, daß das Modell zum Maler wird, indem es sich selbst zeichnet, wird fortgeführt.«

Christel Burmeier, »Das Modell geht zum Maler«, Atelierbesuch bei F. E. Walther, 8. 9. 1984 ▷

Christel Burmeier, »Stehend, an mir heruntergesehen«, 1985

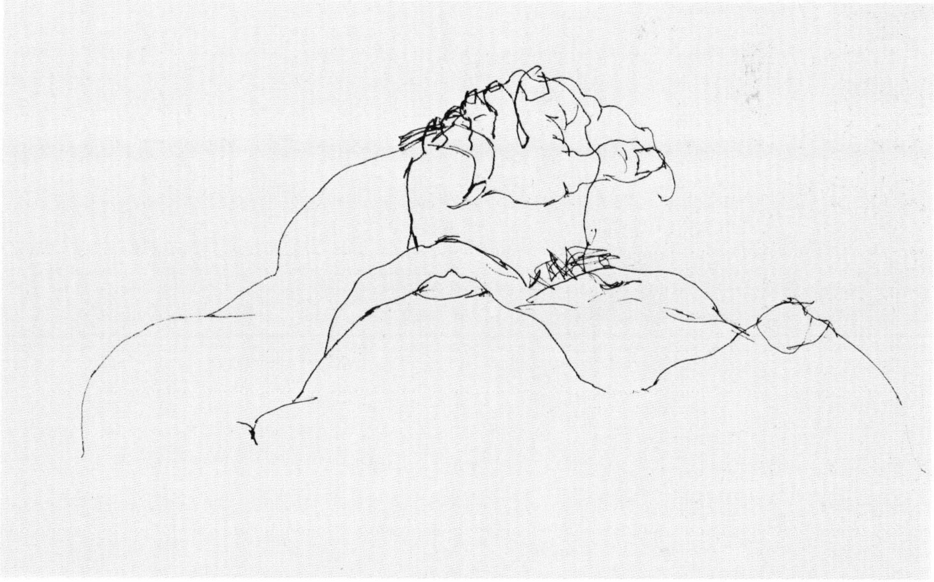

Jürgen Claus (vgl. Farbtafel S. 162)

1935	in Berlin geboren
1954–55	Studium an der Universität Marburg (Theaterwissenschaft, Kunstgeschichte, Philosophie)
1955–60	Studium an der Universität München
1983	Stipendium des Kunstfonds e. V., Bonn
	Stipendium der »Artist in Residence«, Aspen/Colorado, und des Fellow Center for Advanced Visual Studies, Cambridge/Mass.

Helmut Dirnaichner (vgl. Farbtafel S.163)

1942	in Kolbermoor/Oberbayern geboren
	lebt in München und Mailand
1970–76	Studium an der Akademie der Bildenden Künste, München, bei Günter Fruhtrunk
1978	DAAD-Stipendium
1985	Stipendium des Kunstfonds e. V., Bonn

Helmut Dirnaichner:

»Ich bereite für das Jahr 1985 ein Arbeitsprojekt in Mexiko vor.

Ich beschäftige mich ausschließlich mit der Sichtbarmachung der Materialität, mit allen Formen der Erde, Mineralien und ihrem Umfeld.

Mexiko habe ich gewählt, weil Erde und Gestein dort nicht nur einen farbigen Reichtum und geologisch interessanten Querschnitt bieten, sondern durch das Erbe der präkolumbianischen Kultur einen kosmischen und kultischen Bezug haben, wie er im europäischen Kulturkreis nicht anzutreffen ist und um dessen Sichtbarmachung es mir in dieser speziellen Arbeit in Mexiko geht. Die Naturmaterialien in den Funden, die uns von der präkolumbianischen Kultur erhalten sind, wurden nicht künstlerisch eingesetzt, sondern einem Kult oder Gott dienend oder sind praktischer Hinweis auf die Lebensform. So hatte es eine Bedeutung, daß z. B. der göttliche Jaguar von Necaxa aus meergrünem Jade, die Opferschale von Tenochtitlàn aus Lavagestein, die Grabmaske aus dem Gebiet Guerrero aus Türkissteinen gefertigt wurde.

In unserer Zeit bedecken und verändern in Deutschland Staudämme, breite Autobahnen, Flugplätze und Überlandleitungen die Kulturlandschaft, herrschen Beton und industrielle Technik auch in der Landwirtschaft vor. Erde und Gestein werden nur als ›geringfügiges‹ Material betrachtet, und der Umgang mit ihnen findet nur in Randbereichen statt.

Deshalb bin ich der Ansicht, daß der Bezug zur präkolumbianischen Kultur für unser Verhältnis zu diesen Materien eine Bereicherung ist, und verfolge mit diesem Projekt die Absicht, Erde und Gestein zusammen mit ihrem Umfeld wieder bedeutungsvoll zu machen und ihnen einen künstlerischen und kulturellen Stellenwert zu geben.«

Michael Engler (vgl. Farbtafel S. 164)

1942 geboren
Studium an der Hochschule für Bildende Künste, Hamburg
1983 Stipendium des Kunstfonds e. V., Bonn

Michael Engler, »Wunden«:

»Die Menschen, wir, haben den Landschaften und Städten Wunden zugefügt. Wir beeinflussen unsere Umwelt. Nun gibt sie es zurück. Unsere Umwelt beeinflußt uns. Sie verwundet uns.

Wunden, die in Vergangenheit und Gegenwart in unsere Lebensräume geschlagen wurden, die unser Leben bestimmen, unser Denken und Handeln beeinflussen, möchte ich in Bildern einfangen, auf einer Reise durch unsere Republik, durch Westdeutschland und Berlin fotografieren.

Wunden, die in unsere Landschaften geschlagen wurden aus agrarwirtschaftlichen und verkehrstechnischen Überlegungen und Zwängen.

Wunden, die in unsere Städte geschlagen wurden durch Fehlplanungen, Profitsucht und Machtprotzerei.

Wunden, die im Alltagsleben der Menschen sichtbar werden.

Eine fotografische Bestandsaufnahme möchte ich schaffen, frei und unabhängig von allen Zwängen und nur für die Bilder und die Klarheit ihrer Aussage verantwortlich sein. Mich treiben lassen durch die BRD und Westberlin und aufzeichnen, was uns verletzt.

Nicht die Vordergründigkeit aktueller politischer Auseinandersetzungen, sondern die stille Beobachtung des Geschehens soll im Mittelpunkt meiner Arbeit stehen. Die Zeit festhalten, die all dies ermöglichte und erlaubt, was um uns herum kaputt geht und uns zerstört.

Eine Bildsprache finden, die diesen Ungeheuerlichkeiten Ausdruck verleiht. Aber keine Negativschau, denn dafür ist keine Zeit. Die Wunden schließen Heilungen ein. Am Rande der Bilder, inmitten einer Bildfolge blitzt Hoffnung auf, Heilung. Insgesamt aber eine Darstellung der Entfremdung von Heimat.

Fotografie als Medium schafft eine deutliche, bei aller Subjektivität immer auf Dokumente beruhende Darstellung. Medium aber auch selbst ist der Fotografierende, denn durch ihn hindurch muß, was auf dem Film, der Platte, erscheint.

So möchte ich als Medium, als Katalysator, unser Land bereisen, um eine Aussage über die Zeit, in der wir leben, zu schaffen.

Ich verstehe mein Vorhaben in der Tradition von Fotografie, die durch die Auswahl der Sujets die subjektiven Standpunkte widerspiegelt, die aber ohne Tricks, weder bei der Aufnahme noch in der Dunkelkammer, das Gesehene darstellt...

Ich glaube, daß die Fotografie gerade dann eine Kunstform ist, wenn sie sich selbst als Fotografie versteht. Die Geschichte der Fotografie und die Kunst unseres Jahrhunderts belegen dies sehr deutlich.

So wird bei allem thematischen Engagement auch ein Statement zur modernen Fotografie entstehen.«

Lili Fischer

1947	auf dem Priwall/Travemünde geboren
1966–73	Studium an der Hochschule für Bildende Künste, Hamburg, bei D. Helms, G. Graubner und F. E. Walther
1970–73	Stipendium der Studienstiftung des Deutschen Volkes
1978–80	Schmidt-Rottluff-Stipendium
1981	Stipendium des Kunstfonds e. V. Bonn
1981–82	Stipendium der Barkenhoff-Stiftung, Worpswede

Lili Fischer, »Kraut & Zauber, Drehbücher in 4 Teilen«:

»Die Drehbücher ›Kraut & Zauber‹ enthalten eine Sammlung verschiedener Animationen mit Heilpflanzen, gegliedert u. a. in ›Geheimproben‹, Auflegen (›Farnrast‹), Baden (›Senfbad‹), Schlagen (›Haselhiebe‹), Trinken (›Teekonvent‹), Riechen (›Kissensinn‹), Befragen (›Apfelorakel‹), Deuten (›Rutenlesung‹).

Jedes Kapitel enthält: Animations-Ideen (in Schrift und Zeichnung) mit Personen- und Zeit-Angaben; Protokolle und Fotos aus Altenkreisen, Kunstvereinen, Botanischen Gärten oder weiten Horizonten des Wattenmeeres bieten Einblicke in stattgefundene Animationen.

Alle 4 Drehbücher à 44 Seiten (DIN A 4 groß) liegen in einer Gesamtmappe, zu der ein ›Animationsblock‹ gehört, der dem Leser die Möglichkeit bietet, seinerseits die Animations-Ideen auszuprobieren und zu kommentieren.«

Lili Fischer, »Wanderpredigt mit Kienäppelkiepe«, 1984

Es geht um
Duft
Farbe
Form
Blüten
Aroma
Blätter
Geschmack
Bitterstoffe
ätherische Öle
Vitamine
Wuchs
Aufbau
Stärke
Würzwerte
Wurzel
Standort
Nährstoffe
Atmung
riechen
finden
entdecken
gesammelt
fühlen
getrocknet
beobachten
gelagert
anfassen
zerkleinert
einatmen
gekocht
schmecken
aufgegossen
schlucken
zugesetzt
empfinden
verrieben
aufnehmen
aufgetragen
verarbeiten
eingenäht
atmen
angezündet
beleben
bezeichnen
durchschauen
ausdrücken
vergleichen
umsetzen
umdenken
entwickeln
entfalten

schleimlösend

geheimnisvoll

entzündungshemmend

durchdringend

magenstärkend

beunruhigend

blutreinigend

öffnend

schweißtreibend

ängstigend

gefäßanregend

anziehend

auswurffördernd

abstoßend

abführend

ermutigend

galletreibend

wärmend

brechreizfördernd

entspannend

reizlindernd

klärend

kräftigend

belebend

beruhigend

inspirierend

richtungsweisend

verwandelnd

aufbauend

erweiternd

bildend

verändernd

Passanten
Zugreisende
Urlauber
Altenkreise
Schüler
Lehrer
Hausfrauen
Museumsbesucher
Künstler
Studenten
Arbeitslose
Politiker
Unternehmer
Kranke
Eltern
Angestellte
Manager
Pensionäre
Lehrlinge

Sabine Franek-Koch

	in Potsdam geboren
	lebt in Berlin (West)
	Studium an der Hochschule für Bildende Künste, Berlin
1981	Stipendium des Kunstfonds e. V., Bonn
1984	Arbeitsstipendium des Landes Niedersachsen

◁ Lili Fischer, Aus »Kraut & Zauber«, Drehbücher in 4 Teilen, jeweils 44 Seiten, Format DIN A4, Teil 1, Hamburg 1980. Foto: Ille Oelhaf

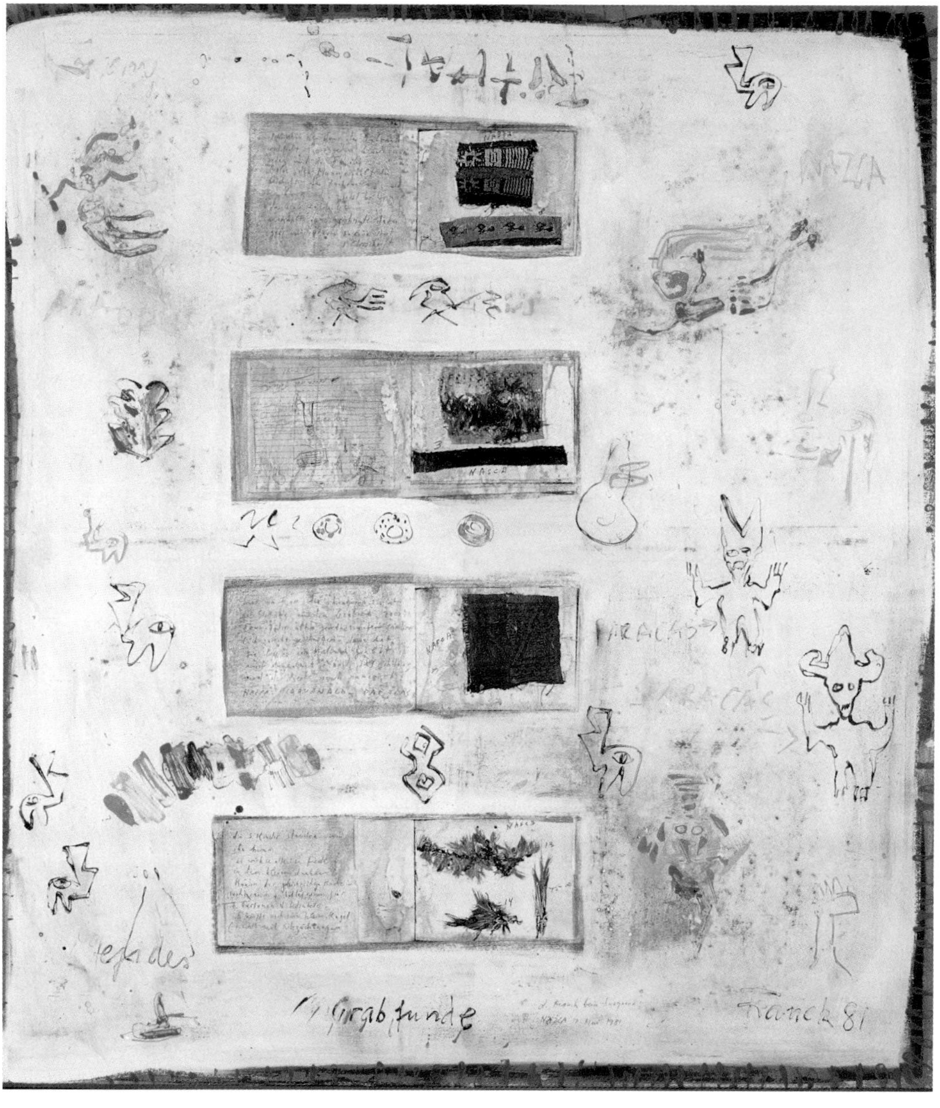

Sabine Franek-Koch, »Grabfunde«, aus »Nazca-Projekt«, 1981, Mischtechnik, Leinwand, 140 × 120 cm

Fritz Gilow

1945 in Süddeutschland geboren
lebt in Berlin (West)
1963 Studium in Nürnberg und Berlin (Malerei, Bildhauerei)
1980 Villa Romana-Preis, Florenz
1983 Stipendium des Kunstfonds e. V., Bonn

Fritz Gilow:

»Im Frühjahr 1982 beendete ich vorläufig nach einem dreiviertel Jahr in Italien und auf Sardinien das umfangreiche Projekt unter dem Arbeitstitel ›CHRISTOFORO COLOMBO‹.

Bei der Verwirklichung der zweiten Hälfte meiner Konzeption auf Sardinien begleitete mich der Schriftsteller Walter Aue. Er beschrieb dabei tagebuchartig, vor Ort, in Dialogen und Beobachtungen die sich entwickelnde imaginäre Geschichte.

Grundlage der Konzeption waren in diesem Falle literarische Quellen wie: Salvador de Madariaga, ›Kolumbus, Entdecker neuer Welten‹; Wassermann, ›Christoph Kolumbus‹; Juan de la Cosa, ›Tagebuchaufzeichnungen der ersten Überfahrt‹, Bordbuch des Cristoforo Colombo, Weltkarten um 1500, Versionen der Baupläne der vermutlich benutzten Schiffe und anderes dokumentisches Material.

Im Laufe dieser Arbeit entstanden, neben Objekten, etwa 1300 Fotografien, von denen ich ca. 10% zur endgültigen Präsentation auswählte. Diese Fotos und die ›Ereignisobjekte‹ konnte ich in einer Genueser Galerie als Installation bzw. Environment ausstellen. Zur Eröffnung fand eine Performance statt, bei der ich, wie oft, auch Video einsetzte. D. h., ich suche bei allen Konzeptionen eine Synthese der unterschiedlichen, mir verfügbaren Medien herzustellen. Als Endprodukt verstehe ich vor allem das Buch (Bild – – – Text) in Zusammenarbeit mit einem Schriftsteller, der in mein Denken und meine Arbeitsweise Einsicht genießt.

Walter Aue und Fritz Gilow planen ein Buch, in dem sich diese imaginäre Kolumbusreise zur Aufschlüsselung der Erfindung der Neuen Welt verwirklichen soll. (Superform: Bildunterschriften sind Bordbuchzitate von Cristoforo Colombo, Assoziation: Bild/Text.) Unserem Zeitverständnis und unserer Sehweise entsprechend, ist dies ganze Vorhaben natürlich keine historische ›Nacherzählung‹, sondern Interpretation aufgrund literarischer und subjektiver Quellen, also: imaginär. Legende.

Der Verlag Frölich & Kaufmann (Berlin), dem ich das Projekt vorgeschlagen habe, plant dieses Buch herauszugeben. Dort liegen auch die Fotografien. Frölich & Kaufmann sucht aber noch eine Institution, die Teile der Mittel übernimmt, um dieses Werk zu realisieren. Ich stelle mir einen Zuschuß vor, der verlagsseitig zum Teil und projektseitig die Kosten abdeckt. Man könnte natürlich auch an eine Ausstellung denken, um dadurch das Buch noch stärker zu aktualisieren.

Herr Aue verfügt über das Foto- und bisherige Textmaterial des Kolumbusprojektes und würde gerne mit Ihnen in Verbindung treten, Sie weiter informieren. Ich selbst bin im Moment in Italien, um Neues vorzubereiten, und möchte es auch nicht riskieren, Ihnen über die Grenze Fotomaterial zukommen zu lassen (es gibt die Fotoauflage nur 4mal).

Es würde mich freuen, wenn Sie dieses Projekt positiv beurteilten und ich bald von Ihnen hören könnte.«

CHRISTOPH COLUMBUS
Buch- und Ausstellungsprojekt von FRITZ GILOW/1982

FRITZ GILOW, der Berliner Konzept-Künstler, der 1980 das Stipendium für die »VILLA ROMANA« in Florenz erhielt, arbeitet seit einigen Monaten an der Realisierung seines CHRISTOPH COLUMBUS-Projekts. Ein Projekt, dem das Leben und die Entdeckungsreisen von Christoph Columbus zugrunde liegen. GILOW versucht in einem fiktiven Nachvollzug die phantastische Wahn- und Traumwelt von Columbus zu erfassen und diese in Form einer BILD-OBJEKT-LEGENDE darzustellen. Handlungsort und Arbeitsplatz war für GILOW die Nordostküste von Sardinien, die stellvertretend für die optische und atmosphärische Stimulanz der Columbus-Küsten eingesetzt wurde. GILOW wurde bei dieser Reise (wie bei seinen Arbeiten »L'HOMME OCRE«, 1978, und »REISE NACH TAHITI«, 1979) von WALTER AUE begleitet. Ein Autor, der seit Jahren mit den Konzept-Künstlern »vor Ort« arbeitet und sich an dem jeweiligen Arbeitsprozeß beteiligt und diesen in einer literarischen Tagebuchaufzeichnung zu beschreiben versucht. Bild- und Sprach-Sequenzen wurden übereinstimmende Ergänzungen, die die Entstehungsabläufe der »Legende« im Augenblick ihrer Entwicklung beobachteten und chronologisch festhielten. Ein Projekt, das von Anfang an als Buch UND Ausstellung konzipiert wurde. Inzwischen liegen 200 bis 300 ausgewählte Fotografien vor. Die Textmenge erstreckt sich auf acht bis zehn Seiten. Dazu kommen noch eine Anzahl Original-Zitate aus dem Bordbuch von Christoph Columbus, die den entsprechenden Foto-Darstellungen hinzugefügt werden sollen. Die Art des Buches wird so konzipiert, daß es auch als Ausstellungskatalog eingesetzt werden kann.

CHRISTOPH COLUMBUS wurde von seinen Biographen als der DON QUICHOTE des Ozeans bezeichnet. Ein ruheloser, in sich gewendeter Wegesucher, der zum Entdecker der zweiten Erdhälfte wurde und doch nur nach einem imaginären Paradies gesucht hatte. Ein Suchender, dem seine Entdeckung wie eine Fata Morgana erschien, die jederzeit wieder zerstäuben konnte. Ein Mann, im tödlichen Zwiespalt zwischen Phantasie und Wirklichkeit lebend. Von Aufbruch zu Aufbruch getrieben, gegen Süden bergauf und gegen Norden bergab segelnd. Eine unbekannte, grenzenlose Wasserwüste durchquerend, während die Rundheit der Welt sein Auge rasend machte. Ein DON QUICHOTE der Sehnsüchte und Irrtümer. Der in Cuba das asiatische Festland und im amerikanischen Kontinent nur die Küste einer Insel zu erkennen glaubte. Ein Revolutionär der Phantasie. Ein Phantast, dem es um die Sprengung der eigenen Grenzen ging. Der die Grenzen der Alten Welt überschritt und unwissend alte Kulturen durch Besitzergreifung zu zerstören begann. CHRISTOPH COLUMBUS, der die Wirklichkeit leugnete und im Wirrsal der schönen kleinen Eilande sein Indien zu entdecken glaubte.

Friedrich Gräsel, »Schiffsketten«, 1970/71, dreiteilig, Teil 1, AC XII Röhrenmontage, grau, 80 × 250 × 80 cm, Ausstellung im Germanischen Nationalmuseum, Nürnberg 1985

Friedrich Gräsel

1927	in Bochum geboren
1952–56	Studium an den Kunsthochschulen in München und Hamburg und an der Universität Hamburg
1967	Förderpreis für Bildhauerei zum Cornelius-Preis, Düsseldorf
1970	Stipendium des British Council, London
1970	Conrad von Soest-Preis des Landschaftsverbandes Westfalen-Lippe
1978	Junior-Preis für Kunst im öffentlichen Raum
1985	Stipendium des Kunstfonds e. V., Bonn

In der Reihe »Präsenz der Zeitgenossen« werden im Germanischen Nationalmuseum elf Plastiken von Friedrich Gräsel vorgestellt. Die ausgewählten Arbeiten entstanden in den Jahren 1966–70. Sie gehören einer Werkgruppe an, in der die künstlerische Umsetzung industriell erzeugter Formen und Materialien anschaulich wird.

Es lag nahe, gerade diesen Schwerpunkt im Œuvre Gräsels herauszugreifen, um zugleich auch eine Verbindung zur derzeitigen Ausstellung »Leben und Arbeiten im Industriezeitalter« herzustellen. Gräsels Plastiken sind Beispiele dafür, welche Gestaltfindungen für den Künstler heute im Umgang mit Erscheinungsformen zeitgenössischer Technik möglich sind ...

... Friedrich Gräsel gehört zu den deutschen Plastikern, die sich während der 60er Jahre gezielt mit technologischen Prozessen vertraut machten, um daraus weiterführende Erkenntnisse für ihre künstlerische Arbeit zu gewinnen.

Für Gräsel bedeutete dies zunächst eine aktive Teilnahme an technischen Produktionsverfahren, die ihn u. a. auch auf Material- und Funktionsästhetik von Industrieformen aufmerksam machten. So interessierte ihn vor allem die kombinatorische Vielfalt von Halbfabrikaten, d. h. von technischen Erzeugnissen, die zur industriellen Weiterverarbeitung bestimmt sind.

Gräsels Formenrepertoire besteht aus Rohrkörpern mit unterschiedlichem Durchmesser. Als Einzelobjekte sind sie ihrer eigentlichen Funktion, z. B. Leitungen für Ab- und Druckluft, Be- und Entwässerung zu bilden, enthoben. Dem industriellen Produktionsvorgang, bei dem Teile für eine bestimmte technische Anwendung präpariert werden, setzt Gräsel seine Arbeitsweise der funktionalen Verfremdung entgegen.

Scheint die technisch produzierte Ware in erster Linie auf einen Gebrauchswert zu zielen, so will Gräsel die räumliche, plastische wie auch ästhetisch-funktionale Realität technischer Gebilde erweitern. Hierbei bedient er sich technoider Formelemente, denen Kraft ihres Materials und ihrer äußeren Erscheinung besondere Eigenschaften anhaften. So sind die Rohrkörper serienmäßig hergestellte Objekte, deren Präzision und Perfektion bereits auf die künftige Beanspruchung in technischen Bereichen verweisen. Gräsel verändert ihre eigentliche Bestimmung dadurch, daß er sie als Bausteine für seine plastische Umsetzung benutzt. Das Technikfragment erhält so eine neue konstruktive Aufgabe, die durch die gestalterische Montage des Künstlers definiert wird.

Marianne Thesing

Birgit und Wilhelm Hein, »Superman and Wonderwoman«, 1979/80, Film- und Live-Show. Fotos: Lothar Schnepf, Köln ▷

Birgit und Wilhelm Hein

Birgit Hein
1942 in Berlin geboren
1962 Studium an der Universität Köln (Kunstgeschichte)

Wilhelm Hein
1940 in Duisburg geboren
1962 Studium an der Universität Köln (Soziologie)
1981–82 New York-Stipendium der Stadt Köln
Stipendium des Kunstfonds e. V., Bonn, für beide Künstler

Birgit und Wilhelm Hein:

»Seit 2½ Jahren arbeiten wir an unserer Filmperformance mit dem derzeitigen Titel ›Superman und Wonderwoman‹. Wir haben hier mit Film- und Diaprojektionen und Live-Auftritten eine völlig neue Darstellungsform entwickelt, in der Kunst in der Form von Unterhaltung vermittelt wird.

Es geht um das Kino von den Home Movies bis zu Hollywood: Ferienaufnahmen an südlichen Stränden, alte Testaufnahmen für einen Amateurporno, Revuezauber, Frankensteins Monster tanzen Boogie live, Kinowerbung und Spielfilmtrailer, Rasierschaum statt Sahne live, dazu Micky, Donald und Goofy, Ben Turpin mit den Bamberger Symphonikern und so weiter. Eine Mischung aus Kunst und Gefühl, Kitsch und Sentimentalität, Witz und Agression.

Durch die neue Präsentationsform haben wir auch ein neues Umfeld für die Vorführung unserer Arbeit erobert: Musikklubs, kleine Theater und regelrechte Kneipen, die mit einer kleinen Bühne ausgestattet sind. Hier treffen wir auch auf ein junges Publikum, das nicht in Ausstellungen und Museen geht und zum ersten Mal mit einer solchen bildnerischen Arbeit konfrontiert wird.

Bei unseren Auftritten haben wir eine Menge Erfahrungen gesammelt, die wir dringend in unsere Arbeit einbringen möchten.

Unsere ökonomische Situation zwingt uns jedoch dazu, ständig weiter aufzutreten und noch dazu mit anderer Arbeit (Artikel-Schreiben etc.) Geld zu verdienen.«

Thomas Huber (vgl. Farbtafel S. 165)

1955 in Zürich geboren
Studium an der Kunstgewerbeschule Basel, dem Royal College of Art, London, und der Kunstakademie Düsseldorf
1982–83 Stipendium »Cité Internationale des Arts«, Paris
1985 Stipendium des Kunstfonds e. V., Bonn

Anna Jacquemard, Ohne Titel, 1985, ca. 120 × 320 cm

Anna Jacquemard

1949	in Hamburg geboren
1972–78	Studium an der Hochschule der Künste, Berlin (Freie Kunst)
1985	Arbeitsstipendium der Freien und Hansestadt Hamburg
	Stipendium des Kunstfonds e. V., Bonn

Anna Jacquemard:

»Eine meiner ersten veröffentlichten Photoserien zeigte ein Kind, das im Sandkasten spielt. Erst wenn man genau hinsah, konnte man erkennen, daß das Kind behindert war. Die Serie war ein Beispiel dafür, daß die Bilder trügen. Denn die mit einiger Wahrscheinlichkeit zu erwartende Lesart der Serie, daß sie eine Sandkastenidylle wiedergab, wurde enttäuscht. Das behinderte Kind auf den Photos konnte die ihm durch die Gewohnheit des Sehens zugeordnete soziale Rolle, glücklich und unbeschwert zu sein, nur unzulänglich erfüllen. Ich stellte fest, daß dem herkömmlichen Sehen von Photos Bedeutungen impliziert waren, Interpretationen, die die Photographen gewöhnlich zu bestätigen trachten. Der Hauptstrom der herkömmlichen Photographie zielt darauf, vorgefaßte, aber anders als im fertigen Bild kaum faßbare Bildvorstellungen zu affirmieren. Der konventionelle Photograph macht ein imaginäres Rollenspiel, ein in den Köpfen der Betrachter manchmal nur in Ansätzen vorhandenes Rollenverständnis anschaulich. Die Jagd nach solchen Rollenvorstellungen, ihre Verankerung, Verstärkung und Verwertung vollzieht sich in den Zeitungen, Zeitschriften und – einigermaßen vergröbert – in der Werbung. So, wie mein eigenes Rollenverständnis in die herkömmlichen Schemata nicht paßte, gaben auch meine Bilder einen anderen Begriff von Schönheit und Häßlichkeit. Sie zeigten kontingente Zustände, die sich einer Idealisierung entzogen. Sie zeigten historische Vorgänge in eigenartiger Spannung zu den kulturellen Idealen, die üblicherweise gelten.

In einer Reihe über Handwerker erschien diese Unzulänglichkeit, ein schmerzliches Diesseits in den photographierten Haltungen und Gesten, in der Raumaufteilung und -ausstattung, die keiner denkbaren Ästhetik jemals genügt hätten. Die Photos davon aber konnten – ohne in ihrer künstlerischen Aussagekraft Schaden zu nehmen – Zeugnisse der menschlichen Unzulänglichkeit sein. Es kam darauf an, die Lücken zu finden, die die herrschenden Rollenvorstellungen freiließen. Entstanden ist dann eine Photographie scheinbar unbedeutender Objekte, die die in den konventionellen Rollenvorstellungen unterdrückten Empfindungen und Stimmungen, die meiner Meinung nach wahren, aber vom Sehen verworfene Zustände offenbart. Verworfen wird in der traditionellen Sehweise die kontingente Wirklichkeit, die hinter den Idealen des Erwünschten zurückbleibt.

Touristen, die in Spanien am Strand in der Sonne lagen, waren keineswegs schön. Sie entsprachen aber auch nicht der Negativvorstellung der ›häßlichen Deutschen‹, die in den Zeitschriften veröffentlicht wurde. Sie waren existent, aber in ihrer Erscheinung waren sie ästhetisch ausgesondert. Vielleicht würden sie sich selbst ungern sehen, wie sie auf meinen Photos erschienen. Durch technische Tricks, vor allem durch die Fetischisierung des Ausschnitts, ist die herkömmliche Photographie dieser Wirklichkeit ausgewichen.

Ich glaube, daß die Photographie als Kunst nicht leidet, sondern gewinnt, wenn sie sich solcher Verleugnung verweigert. Verleugnet, so beobachtete ich, wird vor allem das Altern der Rollen. Mein Entertainer versucht zu unterhalten. Besser als ein Platz im Publikum erlaubte das Photo, zwischen Wollen und Können zu unterscheiden. Es verlor dabei allerdings seinen virtuellen Gehalt, sein künstliches Bedeuten-Sollen, aber es gewann als Zeugnis der Zeit. Die Voraussetzungen dafür waren quasi geheime Beobachtungen, die eine zusätzliche bewußte Stilisierung von seiten der Photographierten ausschlossen. Die Form wurde sichtbar, die eine Situation definierte, aber das Photo stand nicht mehr dafür ein, daß sie erreicht war. Es geht dabei nicht um eine zynische Betrachtung. Es geht um ein Maß für das Reale, um eine Distanz zum Ideal, um eine annehmbare, nicht moralisierende Kritik.

Der nächste Konflikt begann mit der Vergrößerung. Wollte ich groß machen, was ich sah, so stieß ich erneut an die Privilegien der Ideale. Die Photographie, sagt Pierre Bourdieu, ist eine illegitime Kunst. Näher an der Realität angesiedelt, tritt sie in Konkurrenz zu den legitimen Gattungen, der Skulptur beispielsweise und der Malerei. Allerdings sind diese Ideale angreifbar: das Bismarck-Denkmal, der Zentaur am See: Das waren Zitate einer pathetischen so eindrucksvoll gealterten Monumentalkunst. Meine Photographie funktioniert hier als Erinnerung, die einen anderen Kontext herstellt, eine, wie ich glaube, desillusionierte Betrachtung. Die Vergrößerung dient dabei nicht nur den besseren Sichtbarkeiten, sie korrespondiert mit der Größe des inneren Bildes, die man von den Dingen mit sich herumträgt.

Mein Ziel ist ein vielfältiger Vorgang; Vergrößern und Vervielfältigung, eine Umwertung der photographischen Ideale mit Hilfe monumentaler Bildflächen. Eine Sensibilität gegen das Gewöhnliche, die ein verändertes Rollenverständnis und eine Erkenntnis der unzulänglichen Wirklichkeit beschleunigt.

Geplant sind eine Reihe monumentaler Bilder. Um die anzustrebenden Formate zu realisieren, sie nebeneinander zu sehen und kritisch zu betrachten, erbitte ich das Arbeitsstipendium für 1985.«

Angelika Janz/Uwe Meier-Weitmar

Angelika Janz

1952	in Düsseldorf geboren
	Studium (Germanistik, Philosophie, Kunstgeschichte)
1978	Arbeitsstipendium des Landes Nordrhein-Westfalen
1981	Erster Preis für Experimentelle Literatur der Stadt Düsseldorf
1982	Arbeitsstipendium des Deutschen Literaturfonds
	Stipendium »Cité Internationale des Arts«, Paris

Uwe Meier-Weitmar

1952	in Bochum geboren
	Studium an der Folkwangschule, Essen (Malerei)
1981	Stipendium »Cité Internationale des Arts«, Paris
	Stipendium des Deutsch-Französischen Jugendwerkes
1985	Stipendium »Künstlerhaus Bethanien«, Berlin
1985	Stipendium Studiogalerie, Münster
	Stipendium des Kunstfonds e. V., Bonn, für beide Künstler

Angelika Janz/Uwe Meier-Weitmar, »Aus der isolierten Wildnisszene«:

»Das Unerzählte vor allem Anfang ist das neu zu Erzählende, Überlieferungen inbegriffen.

Bild und Text zeichnen sich gleichermaßen zuständig, wobei der Text den Bildbestand aufarbeitet. ›Das Herausbringende ist allein das Thema‹, so Ernst Bloch in seiner ›Philosophischen Ansicht des Detektivromans‹. Das Sichtbare und Glaubwürdige beginnt vielleicht da, wo die erkennbare Absicht aufhört. Eine erfüllbare Erwartung soll schließlich in der einfachsten Korrespondenz von Foto und Text nicht restlos eingelöst werden...

Unsere Recherchen in der ›isolierten Wildnisszene‹ Berlins, der Hauptstadt der Auseinandersetzung mit dem Heimatbegriff, schließen szenische Protokolle, Installationen und plastische Arbeiten an ausgezeichneten Stellen/Stationen, (kultur-)philosophische Erörterungen, lyrische Fragmente, Pläne, Gebrauchsanweisungen für Handhabungen und Verhalten, Fahrpläne, Ortspläne, historische Fakten etc. mit ein – entworfen, vorbereitet und inszeniert entlang einer festzulegenden Route durch die Stadt Berlin.

Diese ›Eingriffe‹ werden fotografisch festgehalten und bilden das Material für Projektion und Aufarbeitung einer handlungs- bzw. erlebnislogischen Geschichte – eine Forschungs-Verfolgungs-Detektiv-Überlieferungs-Geschichte.

Voraussichtlich werden vor allem die Installationen und am Ort verbleibenden plastischen Arbeiten bereits einige Tage später nur noch als Relikte vorhanden sein.

So ist unser Projekt ›Aus der isolierten Wildnisszene‹ tatsächlich erst dann realisiert, wenn es im gedruckten Zustand, als Publikation in der Hand des ersten Lesers, zur Begehung, zu Nachforschungen auffordert. Dieses ›Vademecum‹ wird aber auch dann ›funktionieren‹, wenn der Leserbetrachter, der Reisende in gemachten Sachen, sich nicht in concreto auf den Weg macht, sondern ein Verfolger des Lesbaren wird.

Er muß Überwindungen nach rückwärts und Rückschritte auf versäumte Utopien hin riskieren wollen.«

Von uns unbewies en, grenzen sich die Tatgesten, nicht die
Ge genstände als Zeugen prämoderner
Bilder ab, sondern vermischen sich diese
durch Präzision im Detail — ausserhalb wollen
sie des Betrachters neue Tathinter- und Vor-
relikte bilden. Phantasierten wir
auch die Dinge, mit denen
wir nie erzogen sind; denn jene An- kettung
ermitt elter Gegenstände hat kei- ne
Wirkung, die man sich von Bildern erzählt.
. Sie weckt vielmehr die nerhaft
erg rauten Dingen und Gegen- Teilern
die erweiterte Geschichte zu früh.

Angelika Janz/Uwe Meier-Weitmar, »Aus der isolierten Wildnisszene«, 1985
450 × 270 × 250 cm

Dieter Jung (vgl. Farbtafel S. 166)

1941	in Bad Wildungen geboren
1962–63	Studium an der Kirchlichen Hochschule, Berlin (Theologie)
1962–64	Studium an der Hochschule für Bildende Künste, Berlin, bei Prof. Schrieber (Kunstpädagogik)
1964	Studium an der Hochschule für Bildende Künste, Berlin, bei Prof. Trier (Malerei und Graphik)
1965–66	Paris-Stipendium des Institut Français de Berlin
1967	Stipendium der Studienstiftung des Deutschen Volkes
1968–69	DAAD-Stipendium
1971–74	Studium an der Deutschen Film- und Fernsehakademie, Berlin
1978	Stipendium des Cabin Creek Center for Work and Environmental Studies, New York
1984	Stipendium des Kunstfonds e. V., Bonn

Edmund Kuppel

1947	geboren
	Studium an der Kunstakademie Karlsruhe (Bildhauerei)
	Studium an der Universität Karlsruhe (Kunstgeschichte)
1971	Stipendium der Studienstiftung des Deutschen Volkes
1974	DAAD-Stipendium für Paris
1975	Stipendium des Deutsch-Französischen Jugendwerkes für Paris
1982	Stipendium des Deutschen Studienzentrums, Venedig
1984	Ergänzungsstipendium des Deutschen Studienzentrums, Venedig
1985	Stipendium des Kunstfonds e. V., Bonn

Edmund Kuppel, »San Giorgio« / »Le tour de la tour Eiffel«:

»An die Wand ist eine Farbpostkarte von San Giorgio gepinnt. Die Karte zeigt die Kirche und den westlichen Teil der Insel.

3 bis 4 m von der Wand entfernt steht ein Gerät. Formal aufwendig ganz aus Aluminium konstruiert, ähnelt es einer Laser-Kanone. Dieser Eindruck wird durch das sehr harte, fast nicht abgeschirmte Halogen-Licht verstärkt. Die offenliegende elektrische Verkabelung und der unverkleidete starke Transformator lassen das Objekt gefährlich erscheinen, und ein Schild: Nicht berühren! erübrigt sich.

Diese Mischung aus Maschine und Skulptur ist ein Projektor.

Er projiziert in der einen Phase nur sich selbst, d. h. die Wendel seiner Halogenlampe. Das BILD dieser Lichtquelle beleuchtet die an die Wand gepinnte Postkarte.

Über eine Fernbedienung kann der Betrachter die Maschine(rie) in Gang setzen. Mit einem unheimlichen grr-grr-grr... bewegt sich das Objektiv aus dem Schärfe-Bereich der Projektionslampe in den des sich im Projektionsstrahl befindenden Diapositivs. Diese Dia zeigt die Gesamtansicht der Bucht von San Marco, die nun verhältnismäßig langsam (10 sec) um die Postkarte von San Giorgio rum-wächst, bis das Zentrum der Projektion

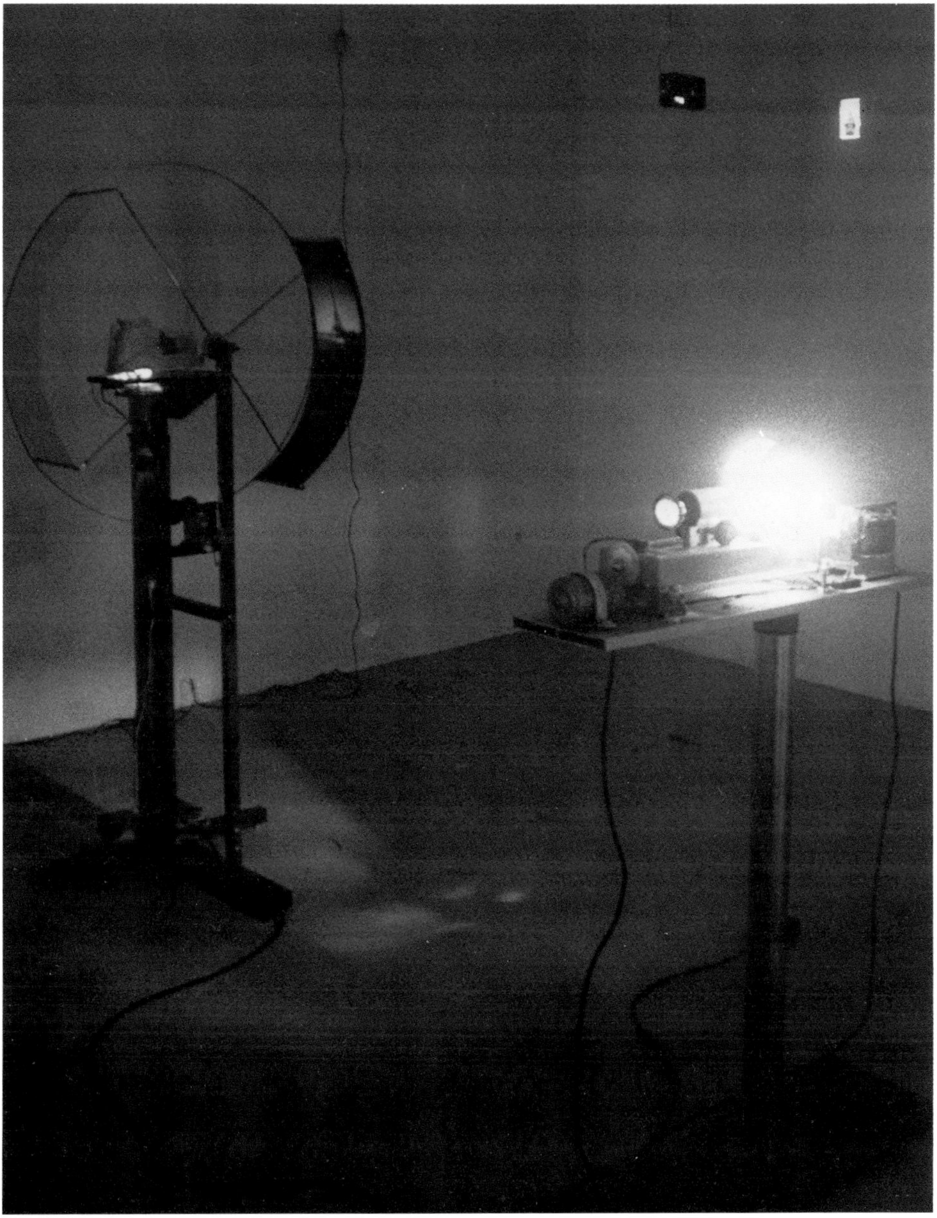

Edmund Kuppel, »Bildwerfer«: »San Giorgio«/»Le tour de la tour Eiffel«, aus »Vom schönen Schein und meiner Wirklichkeit«, 1985, Installation

deckungsgleich ist mit der Teilansicht auf der Postkarte. Das ist auch der Moment, in dem das Dia scharf erscheint und die Maschine stoppt. Der Betrachter kann durch Umschalten dieses Bild wieder verschwinden lassen und die Ausgangssituation herstellen.

In etwas über 2 m Höhe hängt eine colorierte Postkarte von der Spitze des Eiffelturms an der Wand. Sie wird von einem Strahler rechteckig genau in ihrem Format angestrahlt und wirkt fast wie ein Diapositiv.

In etwa 3 m Entfernung davon steht ein ca. 180 cm hohes Objekt frei im Raum. Schwer zu beschreiben (deshalb siehe Abbildung). Aus technischer Sicht handelt es sich um einen Dia-Projektor mit einer überdimensionalen Umlaufblende.

Nach der Phase, in der nur die angestrahlte Eiffelturmspitze zu sehen ist, erscheint knapp 2 m darunter ein schmaler horizontaler Lichtstreifen an der Wand. Er wächst zu einer Farbskala an, die sich nach einiger Zeit als das Deck eines Lastkahns entpuppt. Die Umlaufblende gibt langsam das Bild der Seine frei, auf der der Kahn schwimmt, und zeigt dann den Fuß des Eiffelturms am andern Ufer. Und langsam schiebt sich der Hals des Turms in die schon immer sichtbare Spitze.

Die Gesamtansicht ist etwa 2 Min. lang zu sehen, bis die andere Hälfte der Blende das Bild wieder wegnimmt – außer der Postkarte. Die Bewegung der Blende ist so langsam, daß sie, betrachtet man die Maschine ohne das projizierte Bild, fast nicht sichtbar ist. Man hört nur ein fremdartiges Surren des Antriebs. Die ›Skulptur‹ wirkt statisch auf den ersten Blick.«

Barbara und Michael Leisgen (vgl. Farbtafel S. 167)

Barbara Leisgen

1940	in Gengenbach geboren
1963–69	Studium an der Staatlichen Akademie der Bildenden Künste, Karlsruhe, bei den Professoren Antes und Förderer (Malerei; interdisziplinäre Arbeiten)

Michael Leisgen

1944	in Spital a. Pyhrn geboren
1965–69	Studium an der Staatlichen Akademie der Bildenden Künste, Karlsruhe, bei den Professoren Meistermann, Förderer und Klemm (Malerei; interdisziplinäre Arbeiten)
1982	Stipendium des Kunstfonds e. V., Bonn, für beide Künstler

Hilmar Liptow

1943	in Hamburg geboren lebt und arbeitet in Hamburg
1963–65	Studium an der Werkkunstschule Hamburg
1965–71	Studium an der Hochschule für Bildende Künste, Hamburg
1981	Stipendium des Kunstfonds e. V., Bonn
1983	Arbeitsstipendium der Freien und Hansestadt Hamburg

Hilmar Liptow, »Autobiographie«, 1981–84

Hilmar Liptow:

»Bei der Arbeit, die ich dokumentieren möchte, handelt es sich um ein für meine Arbeitsweise typisches sehr umfangreiches, achtteiliges Projekt, ›Autobiographie‹, das im Förderungszeitraum entwickelt und bis 1984 fortgeführt worden ist. Ich dokumentiere den 3. Teil (Nordschleswiger Straße 55). Zum besseren Verständnis: die Adressen der verschiedenen Wohnungen, in denen ich gelebt habe, ergeben die Titel der acht Werkteile:

1. Teil: Schwenkestraße 117 (Hamburg-Eimsbüttel) und Schmidtmühlen (Bayern), 1943–1946
2. Teil: Schillighörner Stieg 4 (Hamburg-Finkenwerder), 1946–1950
3. Teil: Nordschleswiger Straße 55 (Hamburg-Barmbeck), 1950–1959
4. Teil: Tilsiter Straße 61c (Hamburg Wandsbek), 1959–1967
5. Teil: Lilienstraße 17 (Hamburg-Innenstadt), 1967–1972
6. Teil: Rostocker Straße 2 (Hamburg-St. Georg), 1972–1975
7. Teil: Mölenwisch 3 (Hamburg-Niendorf), 1975–1979
8. Teil: Eppendorfer Landstraße 102 (Hamburg-Eppendorf), 1979–1984

Die Arbeit besteht neben den erhalten gebliebenen Gegenständen, Möbeln usw. aus den Wohnungen, aus vielen Gesprächen und Interviews mit Familienangehörigen, Schulkameraden, früheren Freunden und Freundinnen usw.«

Hilmar Liptow
Autobiographie (1981–84)
Interviews, Objekte, Fotos, Dokumente

3. Teil: Nordschleswiger Straße 55, 1950–1959

Interview mit Eva Liptow (Ausschnitt)

E: Mein Lieblingsspiel war, mit dir Puppenstube zu spielen. Ich hatte eine Puppenstube, die hatte ich zu Weihnachten geschenkt bekommen.
H: Weißt du genauer wann? 52/53 rum?
E: Das muß vor meinem sechsten Geburtstag gewesen sein. Du hast abrupt aufgehört, mit mir zu spielen, das war der erste Schock in meinem Leben, an den ich mich erinnern kann. Und zwar spielten wir eben in der Puppenstube, wir nähten gemeinsam Kleidung für die Puppen, die in die Puppenmöbel paßten, machten die Zimmereinrichtungen, kneteten dazu, machten kleine Essen, aus Brötchen, die geknetet wurden, machten wir Essen, Puppenessen. Das war mein schönstes Spiel. Wir haben uns dazu immer Geschichten ausgedacht, die Puppen agierten, es wurde Familienleben gespielt. Es war so, daß Ulrich und Manfred ausgeschlossen waren, die spielten nicht mit. Ulrich war sieben Jahre älter, also elf, zwölf, und Manfred zehn Jahre älter, vierzehn, fünfzehn, also völlig out. Die fingen an, dich zu hänseln, dich zu ärgern, daß du mit Mädchen spielst. Die Schwester war eben ein Mädchen, das in einem Alter war, mit dem man nicht spielte.
H: Du hast gesagt, daß ich schlagartig aufgehört habe, mit dir zu spielen.
E: Ja, daran kann ich mich genau erinnern. Wir spielten wie gesagt Puppenstube zusammen, und ich wollte dir irgendwann mal eine Freude machen und habe Brötchen vorgeschnitten und habe etwas vorbereitet, um Essen herstellen zu können. Du fingst plötzlich an, was du vorher nie gemacht hattest, darüber zu meckern und sagtest, das wäre ganz unmöglich, das wäre viel zu groß geschnit-

ten, damit könne man gar nichts mehr anfangen. Du meckertest und hast das zum Anlaß genommen, nicht mehr mit mir zu spielen. Ich saß fassungslos da und wußte nicht, was los war. Es war wirklich so, daß von dem Tag an die Puppenstube passé war. Du hast nie wieder mit mir gespielt. Ich hab dann irgendwann angefangen, mit den Mädchen der Umgebung zu spielen und spielte draußen, während ihr drinnen bliebt. Ihr seid ja nicht mehr rausgegangen.
H: Ist das wörtlich zu nehmen? Wir gingen dann buchstäblich nicht mehr raus?
E: Ihr gingt nicht mehr raus. Ihr habt Kinoprogramme gesammelt, Filmpostkarten, Sportnotizen, Sportartikel und die ausgeschnitten. Ich hatte kein Interesse daran und habe mich abgesondert, war aber tief enttäuscht und habe dann meinen Kreis gesucht und habe im Hof Verstecken und Kriegen und in der schmutzigen kleinen Sandkiste gespielt.
H: Wie war das mit dem Zeichnen, hab ich in der Zeit noch gezeichnet?
E: Da hast du gezeichnet, da hast du mir die eine Tuschzeichnung zum Geburtstag gemacht, du mußt zwölf gewesen sein, eine Bauernhofzeichnung, die werd ich dir wohl wieder zurückgeben, die ist wunderschön. Ich weiß nicht, ob du die freiwillig gemacht hast, zu bestimmten Anlässen wurde ja gezeichnet. Ich bekam noch zu der Zeit die vorgedruckten Zeichenblöcke, wo man nur ausmalen mußte. Zu der Zeit fing das an, diese hoffnungslose Unterlegenheit.
H: Während ich ganze Bauerhöfe malte...
E: ... zeichnete ich ein paar Blümchen. Das war natürlich nichts gegen deine Zeichnungen, und das wurde auch immer wieder erwähnt. Ich habe es immer deutlich empfunden und gespürt: Ja, ja *auch* ganz schön.

Interview mit Ulrich Liptow (Ausschnitt)

U: Es gab ja ein echtes Konkurrenzverhältnis zwischen uns: wer kauft die meisten und die besten Zeitungen, Sportmagazine, Hefte von Leichtathletik-Meisterschaften, Filmprogramme...
H: Denk mal an die Filmpostkarten, wie wir zu den verschiedenen Papiergeschäften hingefahren sind, die Postkarten hingen doch so in Plastikhüllen im Schaufenster...
U: Jeder hatte seinen eigenen Star, Gary Cooper war deiner, Manfreds war Burt Lancaster und meiner Robert Ryan. Ich fand aber Cooper auch ganz gut, aber nicht mehr so sehr in seinen letzten Filmen, wie er da einmal tauchte, mit ganz langen dünnen Haaren da unter Wasser schwamm und mit fünfzig, sechzig Jahren noch den Liebhaber spielte, das gefiel mir gar nicht, das war mir sehr peinlich. Aber wie kam's mit Robert Ryan? Da lag zu Hause ein Programm rum von einem Film, der hieß Gangster, auf Englisch The Rackett, und ich schaute mir das Bild an von dem Mann und sagte mir: der Mann gefällt mir.
H: Von wem stammte das Filmprogramm? Von Manfred?
U: Ich glaube, Manfred hatte den Film gesehen. Das war sein Filmprogramm, er hatte schon damit begonnen, Filmprogramme zu sammeln.
H: Und wir haben den Film damals nicht gesehen?
U: Nein. Ich könnte mir denken, daß wir beide, als wir noch keinen Fernsehapparat hatten... Wir beide gingen an einem Sonntag durch die Straßen, wo in einem Schaufenster ein Fernsehgerät lief und sahen den Film Gangster ohne Ton durchs Schaufenster. Als ich mal in Paris war, zeigte ein kleines Kino eine Robert-Ryan-Retrospektive und ich hatte gehofft, den Film dort zu sehen, aber den haben sie ausgerechnet nicht gezeigt. Das soll ein ganz schlechter Film sein übrigens, voller Klischees usw., das hab ich gelesen, aber das heißt ja überhaupt nichts...
H: Ulrich, ich hab den Film im Fernsehen gesehen vor einigen Jahren, ich fand ihn gar nicht schlecht. Aber was gefiel dir vor allem an Robert Ryan so gut?
U: Seine Falten in der Stirn. Häufig hielt er den Kopf so etwas gesenkt und hatte die Augenbrauen hochgezogen. Ich glaube, auf dem Filmprogramm Gangster vorne hat er dann auch eine Pistole – für mich war das ein gehetzter Mann, gutaussehend, aber gehetzt, nicht der schöne Errol Flynn, und ich weiß, es war ja lange Zeit mein Ideal, sagen wir mal Bankräuber zu sein, das war ein Phantasiege-

bilde, das hatte niemals was mit der Realität zu tun, aber der Mann, der ein Außenseiter der Gesellschaft ist, der allein ist, und der eben illegale Sachen macht, gefiel mir sehr gut. Mein Interesse an ihm hat wohl auch viel damit zu tun, daß ich mich ein bißchen ausgestoßen fühlte in der Familie.
H: Wie war das eigentlich – hast du damals auch mal Schulkameraden zu uns nach Haus eingeladen? Hattest du da irgendeinen Freund?
U: Ich hatte Freunde oder einen Freund, Volkmar Kindt, das war mein bester Freund.
H: Kam der auch mal zu Besuch?
U: Wenn er kam, höchstens ein Mal. Das Problem war: wir schämten uns wegen unserer Wohnung und deswegen hatten wir nie Freunde bei uns in der Wohnung.
H: Warum schämten wir uns?
U: Weil wir keine Couch hatten, weil wir eine Bank hatten. Besonders weil wir keine Couch hatten, in den ersten Jahren in der Nordschleswiger Straße hatten wir keine Couch, anfangs auch, weil wir keinen Stoffteppich sondern einen Linoleumteppich hatten.
H: Wo?
U: In der ganzen Wohnung, auch im Wohnzimmer hatten wir Linoleum, später vielleicht hatten wir eine Sisal- oder Haargarnteppich oder wie sich der nannte. Wir hatten also nicht das, was man in der lower middleclass, was man da so hatte, was vielleicht Frau Geick hatte, Couch war sehr wichtig, besonders Couch, Teppich. . .
H: Hatten wir nicht lange Zeit im Wohnzimmer ein Bett stehen, mit abgesägten Bettpfosten, das immer so gemacht wurde, mit einer großen Wolldecke drüber, daß dann eine Art Liegecouch oder so etwas Ähnliches entstand.
U: Ja.
H: Das war der Grund, daß wir uns schämten.
U: Bei mir war das klar, ich schämte mich. Und wahrscheinlich schämte ich mich erstens wegen der Einrichtung und dann auch, um es ganz klar zu sagen, wie Mutti den Freund empfangen haben würde: Ah, mein kleiner Junge, nun komm doch mal rein usw., da hätte ich mich auch geschämt. Einmal, das war später, da war ich schon siebzehn, da kam Klaus Witt, das war ein guter Freund aus der Albrecht-Thaer-Schule, der inzwischen abgegangen war, der kam mal vorbei und hat angeklingelt, und da hab ich ihn vor der Tür stehen lassen, da haben wir uns vor der Tür unterhalten, ich hab nicht gesagt, komm doch mal rein, das war klar, der kommt nicht rein, niemand kommt rein.

Geerd Moritz

1947	in Essen geboren
1966–73	Studium an der Kunstakademie Düsseldorf bei Karl Bobek und Erwin Heerich
1979	Preisträger des Kulturkreises im Bundesverband der Deutschen Industrie
1984	Stipendium des Kunstfonds e. V., Bonn

Geerd Moritz, »10× Stadtstücke I, flach und gewinkelt«, 1984, Foto-Installation ▷

Geerd Moritz:

»Neben meinem Bestreben, den einfachen Illusionsraum Photo zu verlassen, also zweischichtig zu arbeiten: den Photoillusionsraum zu konfrontieren mit einem konstruktivistischen Bildraum, steht das Prinzip Serie.

In der Abfolge der Photographien baue ich zusätzliche mehrdeutige Raumschichten auf, dynamisiere und verschmelze.

Ich möchte über das Photobild hinausgehen, das Photobild als Architekturteil in eine neue Einheit mit dem umgebenden Raum setzen.

Mein erster neuer Plan ist, Ausstellungsräume mit Großphotos (ca. 3 × 4 m) als Kulissenstücke so zu verstellen, daß der Betrachter zwischen den Photos labyrinthisch hindurchgeht. Als Inszenierungsbeispiel mag das ›metaphysische Interieur‹ von G. Chirico dienen: einen Raum in dieser Art zu zersplittern und neu zu konzipieren, mit Photozitaten des Raumes selber und Architekturphotos der umgebenden Stadt, ist mein Wunsch.

Mein zweiter Plan ist, an monotonen Hausfassaden Großphotos zu placieren, die in sich Räumlichkeiten mehrdeutig vortäuschen und durch eine das Fassadenraster aufbrechende ›Quer‹placierung ein neues Raumerlebnis ermöglichen.«

Marianne Pohl

1930	in Düsseldorf geboren
1972–79	Studium an der Kunstakademie Düsseldorf bei Gerhard Richter und Klaus Rinke
1981	Stipendium des Kunstfonds e. V., Bonn
1982	Stipendium der Barkenhoff-Stiftung, Worpswede

Marianne Pohl, »Gewächshäuser«:

»Zerstörte Gewächshäuser fand ich in Ringenberg, in einem kleinen Dorf in der Nähe von Wesel am Niederrhein.

Scherbenhäuser, eine Fülle von Formen aus zerbrochenem Glas. Einsammeln und mitnehmen, aber wie?

Ich fotografierte und zeichnete sie ab, nicht alle, aber doch eine Menge, ganze Giebel, halbe Dächer.

Und ich baute sie mir auf, zuhause, aus Papier, aus Leinwand, mit Farbe, mit Bleistift.

Natürlich hätte ich sie mir aus Eisen und Glas neu erstellen können, nachbauen und verfremden, aber wo sollte ich hin mit so viel Material, wo damit arbeiten, wo es lagern?

So konstruierte ich auf der Fläche, legte Fenster neben Fenster und klappte die Dächer über die Giebel. Ich erfand Positiv- und Negativformen und multiplizierte durch Überlagern. Ich bin damit zu keinem Ende gekommen, ich habe nur aufgehört und könnte morgen neu beginnen.«

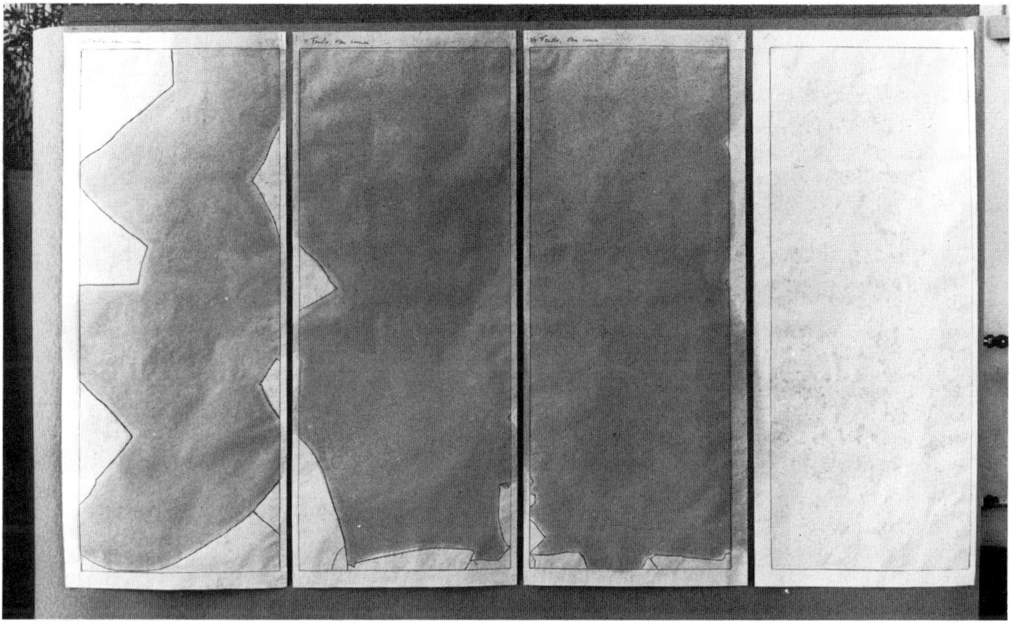

Marianne Pohl, »Gewächshäuser«, 1981

Neun Gotische Tänze
Ulrike Grossarth
Musik: Danses Gotiques/Erik Satie

Zu meiner Arbeit

Seit Beendigung meines Tanzstudiums vor 7 Jahren
beschäftigt mich die Frage »Was ist Bewegung?«
Ende der Beliebigkeit.
Der Körper als Organ des Denkens und Handelns

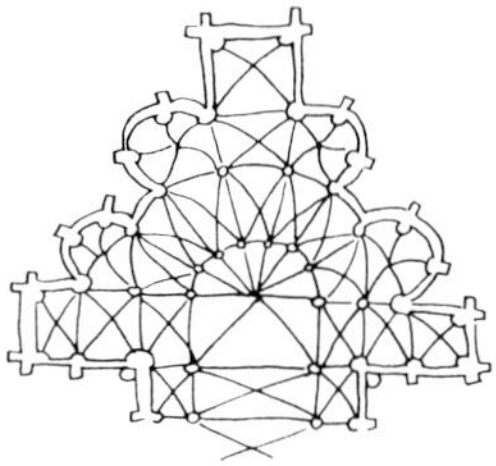

Das Lebensgefühl des Gotikers steht unter dem Druck einer dualistischen Zerrissenheit und Friedlosigkeit. Um diesen Druck auszulöschen bedarf es höchster Steigerungszustände, höchster Pathetik.

Der Gotiker baut seine Dome ins Unendliche, nicht aus spielerischer Freude an der Konstruktion, sondern damit der Anblick dieser über allen menschlichen Maßstab weit hinausgehenden Vertikalbewegung in ihm jenen Empfindungstaumel auslöst, in dem allein er seine innere Disharmonie betäuben kann.

Wer den gotischen Formwillen erkannt hat, bis hin zu dem kunstvollen Chaos steinerner Kraftentfaltung, dem zerbrechen vor der Größe dieses Ausdrucks die klassischen Maßstäbe in der Hand und er begreift ahnungsvoll die gewaltige, von Extremen zerrissene und darum übernatürlicher Kraftanstrengungen fähige Empfindungswelt des Mittelalters.

Das gotische Kunstwollen dient einem übersinnlichen Ausdrucksstreben, das den Begriff der Harmonie nicht kennt. Nicht um einen Ausgleich tragender und lastender Kräfte, aktiver und passiver Kräfte, vertikaler und horizontaler Kräfte ging es, sondern die Aktivität, die Vertikale sollte allein den künstlerischen Ausdruck tragen.

Die Überwindung der Last durch eine frei emporsteigende Aktivität, ist das Ziel, die Überwindung der Materie durch einen Immateriellen Bewegungsausdruck.

aus: Wilhelm Worringer, Formprobleme der Gotik

Gruppe PURR PURR, Ulrike Grossarth/Rainer Borgemeister

1982 Stipendium des Kunstfonds e. V., Bonn

Gruppe PURR PURR, Ulrike Grossarth/Rainer Borgemeister:

»Die bisherigen Darstellungen der Gruppe PURR PURR haben sich aus einer dem Tanz nahestehenden Arbeit in die Nähe der Performance hin entwickelt. Tatsächlich besteht doch ein starker Unterschied zu dieser Aktionsform, da zwar einerseits bildhafte und plastische Elemente in die Gestaltungsform eingehen, andererseits aber der Körper als Arbeitsmaterial benutzt wird, d. h. er steht selbst als strenge Form den anderen Darstellungselementen gegenüber (vgl. hierzu Katalog PURR PURR, Februar 80).

Im kommenden Frühjahr wollen wir eine neue Arbeit verwirklichen: 9 gotische Tänze, anhand der gleichnamigen Klavierstücke von Eric Satie. Da für diese Arbeit die Anschaffung einiger Arbeitsmaterialien unerläßlich ist, fragen wir nach der Möglichkeit eines Werkstipendiums zur Realisierung dieses Projekts.«

Bernhard Sandfort

1936 in Köln geboren
1961 Studium an der Technischen Hochschule Stuttgart
1982 Stipendium des Kunstfonds e. V., Bonn

Bernhard Sandfort, »Das Rüstungspanorama«:

»Seit zehn Jahren veranstalte ich im Augenladen Ausstellungen mit der Absicht eines kreativen Angebots an Nachbarn und Mitbewohner meiner Stadt, ihr eigenes schöpferisches Denken und Verhalten in Bewegung zu bringen. Im Zusammenhang dieser sich gegenseitig austauschenden Ausstellungspraxis arbeite ich nun an dem Projekt: ›Das Rüstungspanorama‹. Geplant ist, daß diese Ausstellung im Frühjahr dieses Jahres im Augenladen stattfinden wird.

◁ Gruppe PURR PURR, Ulrike Grossarth/Rainer Borgemeister, »Gotische Tänze«, 1983. Foto: Elke Grevel

Bernhard Sandfort, »Das Rüstungspanorama«, 1982

Die Ausstellung zeigt an den Wänden des Augenladens (nebeneinander als Fries, als Panorama) ca. 50 Stück großformatig reproduzierte Fotografien von Rüstungsgütern (Panzer, Raketen, Flugzeuge . . .). Die Fotos waren in öffentlich zugänglichen Publikationen (Zeitungen, Illustrierten) veröffentlicht – als einzelnes Bild, nicht jedoch in ihrer Gesamtheit jedermann bekannt (Aspekt: verstärkende Erinnerung).

Die Rüstungsbilder sind nicht nach Nationen und auch nicht nach Waffentechniken geordnet, sondern zufällig auf Augenhöhe arrangiert (Aspekt: alles ist bedrohlich). Qualität und Kosten der verschiedenen Rüstungsprodukte werden in kurzen begleitenden Texten und Objekten/Bildern dargestellt. (60 Tonnen Sprengstoff TNT auf jeden Bewohner Europas, das heißt auf 225 Menschen eine Atombombe der Hiroshima-Qualität. In meiner Ausstellung heißt das: auf die 307936 Einwohner Mannheims kommen 1368 Atombomben der Hiroshima-Qualität, – also auf fast jede Straße eine Bombe, – 1368 rote Stecknadelköpfe auf den Stadtplan meiner Heimatstadt.)

Im Augenladen hängen an Fäden von der Decke ca. 40 Bilder des zerstörten Mannheim von 1945 (Aspekt: belebende Erinnerung).

Gegenwart wird mit Vergangenheit und Zukunft verbunden.

Vergangenheit wird mit Zukunft verbunden.

Zahlen werden in sinnliche Qualitäten übertragen, und in verschiedenen Untersuchungen und Vergleichen, die ich für die Ausstellung herstelle, will ich die Besucher anregen, ähnliche Vergleiche herzustellen.

Die Außenwände des Augenladens werden zur Straße hin mit Kreide zum Thema bemalt und beschriftet.

Der Mannheimer Kunstbrief (die Zeitung des Augenladens) wird in 1000 Exemplaren verschickt, verteilt und in der Stadt angeklebt. In ihm formuliere ich die Einladung an jedermann, Qualität und Umfang der militärischen Rüstung mit eigenen Erfahrungs- und Phantasiewerten vergleichend zu begreifen.

Auch mit meiner täglichen Arbeit in der Ausstellung möchte ich in Rede und Gegenrede ein assoziatives/rationales Gespräch über die Rüstungsproblematik fördern.

Das Projekt Rüstungspanorama ist eine Bemühung, auf dem für das gesellschaftliche Leben so entscheidenden Gebiet wie der Rüstung auch eine künstlerische Methode zu entwickeln, unüberschaubare Komplexe von Fakten sinnlich erfahrbar zu machen.«

Claus Scheele

1943	geboren
	Ausbildung zum Schreiner und Keramiker
	Kunstpreis des Schwäbischen Bezirkstages
	Förderpreis der Stadt Augsburg
1982	Stipendium des Kunstfonds e. V., Bonn

Claus Scheele, »Architekturspiel«:

»Ein Spiel mit Räumen und Formen, mit Licht und kinetischen Reizen, ein Spiel in architektonischer Größenordnung mit einem Anspruch einer künstlerischen Aussage und architektonischen Beweisführung.

Ein Spiel aus unserer Zeit, mit genormten, gleichförmigen Bauelementen, die, jeden Tag aufs neue zusammengesetzt, eine Form, ein architektonisches Gebilde ergeben. Am Abend wieder eingerissen, stellt sich das Tagesobjekt selbst in Frage. Zurück bleibt kein verknöcherter architektonischer Anspruch, sondern eigene Erfahrungen, unterschiedliche Gesprächs- und Gedankengänge, auf jeden Fall farbige Fotos.

In Kassel auf der Bundesgartenschau bekam das Spiel die erste Chance, durch Vermittlung des BBK, zu starten und sich publikumswirksam zu erproben. NATUREINMISCHUNG war der erste Arbeitstitel. Es war ein spielerischer erzählender Anfang, der das

Claus Scheele, »Architektureinmischung«, 16-Eck-Kuppel, aus »Architekturspiel«, Kiel 1982. Foto: Bulach

kritisierende Moment stark herausstrich und vermittelte, wie Formen, architektonische Einheiten entstehen oder entstanden.

Für den hier in Kiel zu realisierenden Spielabschnitt drängt sich der Untertitel ARCHITEKTUREINMISCHUNG auf. Das Spiel verläßt das Erzählende, Kulissenhafte und erobert sich den Bereich der großen Volumen. Auf der Form des Vielecks aufgebaut, wird erforscht, welche Möglichkeiten sich ergeben. Es entstehen allein schon aus der Größenordnung architektonisch benutzbare Einheiten. Hier mischt sich das Spiel in das architektonische Heute und will bewußt Alternativen aufzeigen. Der herausgeforderte Beobachter des Spiels, der sich hier selbst üben kann im Gestalten seines architektonischen Wunsches, muß allerdings sein angelerntes Formempfinden über Bord werfen.

Der dritte und bisher letzte Teil des Architekturspiels, geplant für nächstes Jahr, wird die reine ästhetische und formgebende Komponente berücksichtigen. Der Abschluß wird ein ausgereiftes, gestaltetes und befestigtes Bauwerk sein, das seinen zugewiesenen Zweck erfüllen wird. Die Gesamtheit des Projekts, angereichert mit Architekturaufnahmen, wird eine Aussage unter dem Titel ZAUBER DER ARCHITEKTUR ergeben.«

Annegret Soltau

1946	in Lüneburg geboren
1967–72	Studium an der Hochschule für Bildende Künste, Hamburg
1973	DAAD-Stipendium
1983	Stipendium des Kunstfonds e. V., Bonn

Annegret Soltau, Aus »Schwanger sein«, 1983, Foto-Video-Installation ▷

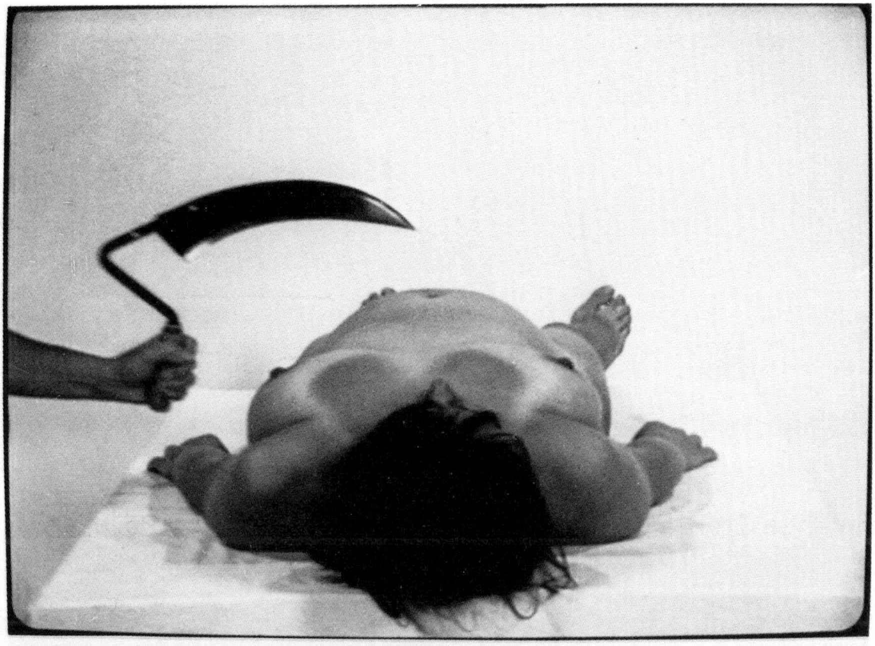

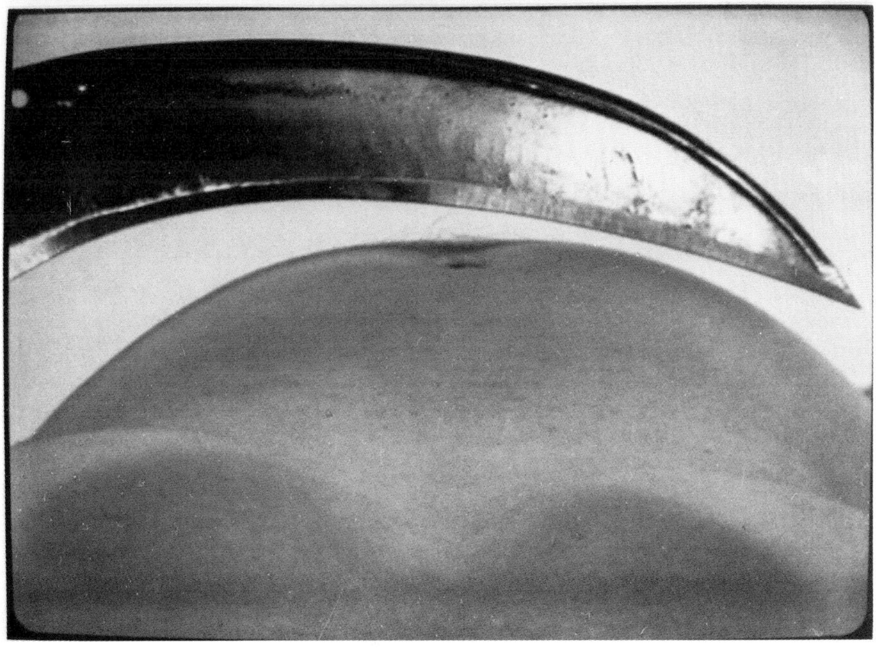

Norbert Stück/Silke Kramer

Norbert Stück

1952	in Hamburg geboren
	lebt in Berlin (West)
1976–83	Studium an der Hochschule der Künste, Berlin
1981	Stipendium des Kunstfonds e. V., Bonn
1984–85	Stipendium der Karl Hofer-Gesellschaft, Berlin

Silke Kramer

1954	in Kiel geboren
	lebt in Berlin (West)
1981	Stipendium des Kunstfonds e. V., Bonn

Norbert Stück/Silke Kramer, »Kunstcamp Rudower Höhe Berlin 1981«:

»Norbert Stück und Silke Kramer setzen sich einer fremden Umgebung am GROSSSTADTRAND BERLIN aus, errichten in dieser OFFENEN SITUATION ein MAUERCAMP und suchen den direkten KONTAKT zur unbekannten Nachbarschaft. Im Vordergrund steht das Bemühen, künstlerische Äußerungen und Arbeitsprozesse direkt im ÖFFENTLICHEN RAUM zu entwickeln und SITUATIONSBEZOGENE AKTIONEN in Zusammenarbeit mit kooperationsbereiten Anwohnern zu realisieren. Alltagsverbundenes Wirklichkeitsstudium und umfeldbezogene Materialsammlung als MILIEUSKIZZEN für OBJEKTE, INSTALLATIONEN und PERFORMANCES vor Ort, GARTENZWERGKULTURFORSCHUNG.«

Norbert Stück, »Hühnerstallvernissage, Performance für Hennen und Hahn im Auslauf der Familie N.«, Berlin-Rudow 1981, Aktionsbild in Original-Eitempera ▷

Silke Kramer, »Monukulares Objekt, Aktion unter Einbeziehung der Öffentlichkeit«, Berlin-Rudow 1981 ▷

Denken Sie
immer
daran,
mich zu
vergessen!
Timm Ulrichs

Regrets

Timm Ulrichs

1940	in Berlin geboren
	lebt in Hannover und Münster
1959–66	Studium an der Technischen Hochschule Hannover (Architektur)
1968	Förderpreis für Literatur des Niedersächsischen Kunstpreises
1977	Kritikerpreis für Bildende Kunst des Verbandes der Deutschen Kritiker
1979	Niedersächsisches Künstler-Stipendium
1980	Kunstpreis der Stadt Nordhorn
1982	Stipendium des Kunstfonds e. V., Bonn
1983	Kunstpreis der Nord/LB, Hannover-Braunschweig
1985	Karl Ernst Osthaus-Preis der Stadt Hagen

Timm Ulrichs:

»Seit zwölf Jahren befasse ich mich mit der ›Friedhofs-Ästhetik‹; mein Grabstein ist bereits – zu Lebzeiten und vorsorglich – produziert; ich habe verschiedentlich zum Thema Aufsätze publiziert, unter anderem im Katalog zur Ausstellung ›Monumente – Denkmal‹ im Kölnischen Kunstverein und im Badischen Kunstverein Karlsruhe (s. ›Kunstforum International‹, Bd. 37, 1980). Damit im Zusammenhang habe ich auch ein recht großes Archiv von fotografierten Stein-Büchern angelegt, wie sie als Grabbeigaben vornehmlich in romanischen Ländern benutzt werden; diese Reihe umfaßt bislang über 100 Bildbeispiele; hinzu kommen noch Ergänzungen aus der Literatur und Kunstgeschichte. Diese Arbeit möchte ich gern abschließen, würde gern noch einmal dazu eine Frankreich- und Italien-Reise machen und dann das Ganze in einem Buch vorlegen, etwa 100 Abbildungsseiten, dazu eine längere Einführung, an der ich seit langem schon schreibe bzw. Material sich anfügen lasse.«

◁ Timm Ulrichs, »Versteinerte Texte und Bilder«, 1982. Foto: Ulrike Köcher, Hannover

Timm Ulrichs, »Versteinerte Texte und Bilder«, 1969/72/75/78, Poesie- und Foto-Alben als Grabbeigaben, einschließlich des Marmor-Objektbuches »Denken Sie immer daran, mich zu vergessen!«

Dennis Weiler, »Geschichte und Kunst«, 1982–84, Video-Film

Dennis Weiler

1953	in Düsseldorf geboren
	Studium an der Hochschule der Künste, Berlin (Kommunikation)
	Studium an der Freien Universität Berlin (Theaterwissenschaft)
1983	Stipendium des Kunstfonds e. V., Bonn

Dennis Weiler, »Geschichte und Kunst«:

»Geschichte und Kunst werden in unserer Gesellschaft selten in einen direkten Zusammenhang gebracht. Kunst bleibt somit elitär und weltfremd, während Geschichte gemacht wird und real erscheint. Der Film ›Geschichte und Kunst‹ will versuchen, am Beispiel des Amerikaners Edward Kienholz, der sich in vielen seiner Werke immer wieder mit konkreter Geschichte befaßt hat, diese Lücke zu schließen.

In drei Teilen unterteilt, werde ich Kunstwerke, Künstler, Geschichte, in Form von vorgefundenen Filmen, und Menschen, die Geschichte erlebt haben bzw. gemacht haben, zusammenbringen. Zusätzliche Kommentare wird es nicht geben – es soll dem Betrachter überlassen werden, ob er die gezeigten Bilder als Zusammenhänge oder als Konglomerat ansieht.

Kienholz sagt: ›Ich stelle mir meine Arbeit oft als eine Spur vor, einen gedachten Pfad, wie ihn ein Tier bricht, wenn es durch den Wald streift. Und den Betrachter als Jäger, der dem Pfad folgt. Irgendwann verschwinde ich als der, der die Spur gelegt hat. Dann ist der Betrachter in der Klemme, was Ideen und Orientierung angeht. Er hat die Möglichkeit weiterzugehen, indem er Fragen stellt und Antworten findet, hin zu einem Ort, den ich mir nicht einmal vorstellen kann. Er kann aber auch umkehren an den alten, sicheren Platz, von dem er kam, beides ist immerhin eine Entscheidung. Ich mag diese Vorstellung, weil ich – indem ich diese Spur lege – meinen eigenen Weg finde, meine eigenen Formen, Lösungen für mich.‹

Der Film greift diese Einstellung auf – er sucht diese Spuren.

Der Film soll kein Film über den Künstler Kienholz sein, auch wenn Kienholz redet, die Kunst liefert und mich sicherlich inspiriert hat, doch dies ist verständlich, denn ich war in den letzten sieben Jahren der Assistent des Herrn Kienholz und habe einige seiner Werke mitgebaut. Dennoch möchte ich betonen, daß ich einen losgelösten Film machen werde, so wie ich es schon mit anderen Künstlern gemacht habe.«

Ben Willikens (vgl. Farbtafel S. 168)

1939	in Leipzig geboren
1962–67	Studium an der Staatlichen Akademie der Bildenden Künste, Stuttgart, bei Heinz Trökes (Malerei)
1964	Stipendium der Studienstiftung des Deutschen Volkes
1965–66	Stipendium der Studienstiftung des Deutschen Volkes für London
1968	Stipendium der Akademie der Künste, Berlin
1970	Villa Romana-Preis, Florenz
1972	Villa Massimo-Preis, Rom
1972	Erster Preis der BRD, Grafik-Biennale, Florenz
1982	Stipendium des Kunstfonds e. V., Bonn
1983	Hans Molfenter-Preis, Stuttgart

Dorothee von Windheim
Auszug aus: A Ten Years' Afterplay. Florenz 1983

Am 30. März besuche ich das neu eingerichtete Museum in Santa Maria Novella. Ich schlendere durch mehrere Kreuzgänge, bis an einer Stelle eine vergitterte Glastür den Zutritt zum nächsten Innenhof versperrt. Wie alle Touristen gucke ich hindurch und blicke geradewegs auf eine Wand, auf ein Loch in der Wand, das ich bei meinen Gedanken an die Florentiner Arbeitsstätten nicht mit einbezogen hatte, weil mir diese Ausnahmesituation hier völlig entfallen war: In meiner "Lehrzeit" bei den Freskorestauratoren hatten wir in diesem Kreuzgang, der zur Unteroffiziersschule der Carabinieri gehört, die Sinopien, die Vorzeichnungen, die unter den abgehänteten Fresken zum Vorschein gekommen waren, abgenommen.
Als "Lehrstück" für mich hatten die Restauratoren damals einen Quadratmeter des Cinquecento intonaco oberhalb einer Zeichnung abgelöst und mir geschenkt.
In fast alle Wandungen sind inzwischen die Fresken wieder eingesetzt worden, "meine" jedoch ist als eine der wenigen so roh geblieben, wie wir sie damals verlassen haben.

Am 2. Mai um 10[10] Uhr betrete ich die Unteroffiziersschule. Ich zeige dem Carabiniere am Tor das Genehmigungsschreiben der Superintendenz – und er steht erstmal stramm. Ich werde in den Eingangsbereich hineingelassen, der nächste Carabiniere, an den ich verwiesen werde, steht ebenfalls stramm – und sofort. (Vor mir ist vorher noch nie jemand strammgestanden.)
Gegen Abgabe des Briefes und meines Personalausweises erhalte ich dann einen sichtbar zu tragenden gelben Besucherausweis; ich bin der visitatore No. 20 und werde zunächst in einen Warteraum geführt. Nach kurzer Zeit erscheint der Kommandant, begrüßt mich und gibt mich in die Obhut eines jungen Mannes in Arbeitsanzug.
Jetzt darf ich in den Kreuzgang. Dort begegne ich als erstem dem Besucher No. 12, ebenfalls mit Fotoausrüstung und Begleiter; er grinst mich verständnisvoll an.
Noch ehe ich an meiner Wand bin, sehe ich durch die Glastür, durch die ich selber kürzlich in diesen Innenhof schaute, Herrn Dr. Arnold aus Hamburg hindurchblicken – und ich deute enthusiastisch in die fragliche Richtung.
Dann bin ich angelangt. Um einen besseren Überblick zu haben, trete ich zurück, bzw steige über eine niedrige Brüstung. Mit einem Satz ist der junge Mann neben mir; in einer Kaserne ist jede Bewegung verdächtig.* Daß mich gerade eine Mauer ohne Fresko interessiert, kann trotz meiner Erläuterung einem Carabiniere ja auch nicht besonders plausibel erscheinen.
Jetzt nehme ich das Wandstück in Augenschein.
Was ich neulich als das "meine" erkannt zu haben glaubte, ist es gar nicht. Zwar sind darauf Umrisse auszumachen, die ich für die Arbeitsspuren hielt, die ich von meiner Wand im Gedächtnis hatte. Aber der Mörtel ist völlig intakt, hier ist nie etwas herausgelöst worden, ist kein Loch, wie ich dachte; die Spur rührt lediglich von einer Verfärbung des Putzes her.
Mir ist, als sei meine Arbeit nachträglich rückgängig gemacht worden, ungeschehen.
Ich bin ganz durcheinander und fotografiere bloß noch ein bißchen herum, weil ich ja sonst keinen (offiziellen) Grund mehr habe, weiterhin im Kreuzgang herumzustehen.
Fast jede der anderen Wandungen könnte "diejenige" sein – ich erinnere mich beim besten Willen nicht: diese oder die nächste oder auch die über- oder überübernächste, mit wieder eingesetztem Fresko, ohne, mit...
Zerknirscht verlasse ich die Unteroffiziersschule.

*(Auf dem Nachhauseweg werde ich von einem Amerikaner angesprochen. Er deutet auf mein Stativ und fragt, ob das das Untergestell eines M.G. sei. Sehe ich wohl doch gefährlich aus?)

Dorothee von Windheim

1945	in Volmerdingen/Kreis Minden geboren lebt in Köln
1965–71	Studium an der Hochschule für Bildende Künste, Hamburg
1971–72	DAAD-Stipendium
1975	Villa Romana-Preis, Florenz
1977–78	Stipendium »Cité Internationale des Arts«, Paris
1978	Kunstpreis der Böttcherstraße, Bremen
1982	Stipendium des Kunstfonds e. V., Bonn

◁ Dorothee von Windheim, Aus »Ten Years' Afterplay«, 1983

Johannes Brus, »Tempelchen mit vier Tieren, nach den Himmelsrichtungen ausgerichtet«, 1983, Höhe ca. 330 cm

Jürgen Claus, »Planet Ocean«, 1984, Video-Tape

Helmut Dirnaichner, »Grüner Stein und Feuerstelle«, 1985, Zellulose, 65 × 80 cm

Michael Engler, »Hildesheim«, aus »Wunden«, 1983, Fotografisches Projekt

Thomas Huber, »Wasserschüssel«, aus »Zwölf Gedecke für ein geplantes Hochzeitsmahl«, 1985, Öl, Leinwand, jeweils 60 × 85 cm

Dieter Jung, »Gegenwarts-Räume«, 1984, Transmissions-Hologramm, 42 × 32 cm ▷

1982

Ben Willikens, »Weseler Altar«, 1981–83, Gesamtansicht der Innentafeln, Gesamtgröße des eingeklappten Altars 276 × 348 cm. Foto: Andreas Freytag

◁ Barbara und Michael Leisgen, »Pink Depression«, 1981/82, 150 × 100 cm

Künstler brauchen Geld – Projektförderung des Kunstfonds

Von Stephan Schmidt-Wulffen

Herbst 1981: Die Zeitungen stellen den Kunstfonds und sein Programm vor. In den »Düsseldorfer Nachrichten« liest Ilona Weber, daß der Bundestag fünf Millionen Mark aus den einst für eine Deutsche Nationalstiftung vorgesehenen Haushaltsmitteln entsperrt hat, um sie der zeitgenössischen Kunst zugute kommen zu lassen. Anträge sind ab sofort möglich.

Die Düsseldorferin sieht einen Wunsch Wirklichkeit werden: Mit vier anderen Künstlern hatte sie während der Ausstellung »Happy Chaos« im Kunstverein der Rheinlande und Westfalen so gut zusammengearbeitet, daß die kleine Gruppe ein weiteres Projekt gemeinsam durchführen wollte. Den jungen Teamgeist hätten sie gern in Japan auf die Probe gestellt, in einer fremden Kultur, die eine zusätzliche Herausforderung bedeutet. Aber nicht einmal die Künstler selbst wußten, wie ihr Experiment ausgehen würde. Wer sollte also in diese kostspielige Fahrt investieren? Natürlich sollten auch Arbeiten entstehen, aber vor allem ging es um den Brückenschlag zwischen deutschen und japanischen Künstlern. Das paßte nicht ins Raster von Angebot und Nachfrage. Eine dikke Akte mit Arbeitsproben der fünf Künstler und einer Projektbeschreibung des »Tokio Express« ging an den Bonner Kunstfonds. 150000,– DM wünschten sie sich für ihren dreimonatigen Japan-Aufenthalt. Obwohl sie nur wenig mehr als ein Fünftel der Summe, 35000,– DM, erhielten, brachen Wolfgang und Ilona Weber, Fujio Akai, Dieter Hiesserer und Wolfgang Kliege im September 1981 in den Fernen Osten auf. Am Flughafen von Osaka wurden sie von japanischen Freunden empfangen, die mittlerweile einen kleinen Raum besorgt hatten, der mit dem Nötigsten ausgerüstet war. »Wir haben sofort angefangen zu arbeiten, weil wir unheimlich unter Druck standen«, sagt Wolfgang Weber. Nicht nur die Zeit war knapp, sondern auch das Geld. Ausstellungen sollten Entlastung bringen.

Die Fünf waren ohne alles Material aufgebrochen. Der Kauf von Farbe und anderen Arbeitsmitteln war schwierig, »weil die keinen großen Bock hatten, Englisch zu sprechen«. Aber Material und die fremde Lebensform hinterließen Spuren in den Arbeiten der deutschen Künstler. Wolfgang und Ilona Weber zum Beispiel faszinierte die fremde Sprache. Sie loteten die traditionelle Weltanschauung der Japaner aus, indem sie sich Begriffe – »Anarchie«, »Chaos« und »Harmonie« – übersetzen ließen.

Die Gelehrten taten sich schwer mit dem abendländischen Gedankengut. »Harmonie«, meinte ein befragter Tempelweiser, solle man gar nicht in Schrift fassen, weil sie immer wieder hergestellt werden müßte. Die drei Schriftzeichen, die dem Sinn nahekamen, ordneten die Webers zu einem großen Schrift-Bild. Außerdem entstanden Installationen wie »Everybody is feeling all right«, die die fremde Materialwelt nutzten.

Auch die anderen Künstler traten mit ihren Arbeiten in einen intensiven Dialog mit der japanischen Kultur. Nach Monaten traf ein 3,5 Tonnen schwerer Container voller Arbeiten in Düsseldorf ein. Doch das eigentliche Ereignis für alle war das Zusammentreffen mit der kleinen japanischen Kunstszene. Mit großer Neugier beobachteten die Japaner die Arbeit der fünf Gäste. In Osaka, in Kioto und Tokio fanden Gruppenausstellungen statt. Vor allem aber kümmerte sich ein Team von 40 Japanern selbstlos um die Reisenden. Es entstanden Kontakte, die noch heute bestehen.

Die »Spaziergänger in den Osten« sind nur ein Beispiel für die Projektförderung des Kunstfonds, die nicht nur der Kooperation deutscher und ausländischer Künstler zugute kommt, sondern auch hilft, ein einzelnes, kostspieliges »Vorhabens« zu verwirklichen.

Der Begriff »Projekt« ist so allgemein wie der des »Vorhabens«. Künstler haben immer etwas vor.

Als Papst Julius Michelangelo 1508 dazu bewegte, die Decke der 40 m langen Sixtinischen Kapelle zu bemalen, schreckte den Meister die ungeheure Aufgabe. 14 Jahre widmete er dem »Projekt«. Die Kosten übernahm der Papst: 15000 Dukaten.

Werke wie dieses, die die übliche Arbeitsdimension eines Malers oder Bildhauers überstiegen, gehörten zum Alltag großer Künstler vergangener Epochen. Sie erprobten damit die Grenzen ihres Können, prüften ihre Fähigkeiten angesichts einer nach gewohnten Maßstäben nicht zu bewältigenden Aufgabe. Ein Finanzierungsproblem gab es nicht. Die Kirche oder der Adel fungierten als Auftraggeber.

Erst im 19. Jahrhundert, mit der beginnenden Moderne, entstand ein Konflikt zwischen Vorhaben, die aus dem üblichen Rahmen künstlerischer Praxis fielen, und ihrer Finanzierung. Gerade die Erweiterung des Kunstbegriffs ließ neue Ausdrucksformen entstehen, die allerdings unter Marktgesichtspunkten keine »Ware«, nicht verkäuflich waren. Die Geschichte der Emanzipation der Kunst, weg vom Tafelbild und der Skulptur, hin zur reinen Idee, realisiert auch als Buch, als Film oder Aktion, beginnt mit dem »Flaschentrockner« von Marcel Duchamp, einem Gebrauchsobjekt, bei dem der einzig gestalterische Eingriff in dem Einfall besteht, ihn vom Kaufhaus ins Museum zu verpflanzen. In eine kleine Historiographie des Künstlerprojekts gehört aber genauso das dadaistische Kabarett, das Hans Arp, Hugo Ball und Tristan Tzara 1916 in Zürich gründeten, oder die Ideologie des Bauhauses, das künstlerische Gestaltungsprinzipien über eine Serienproduktion in den Alltag übertrug.

Doch die Künstler, die heute ihre verschiedenen Projekte dem Kunstfonds unterbreiten, stehen vor allem in der Tradition eines Kunstverständnisses, das in den 60er Jahren formuliert wurde. Weil sie den Illusionismus der Malerei überwinden wollten, eroberten sich die Künstler damals den Raum. Die Realisten benutzten Wirklichkeitsfragmente, Möbel, Nahrung, Licht, um Installationen als »Raumbilder« zu errichten. 1964 baut Claes Oldenburg in der New Yorker Sidney Janis Gallery sein »Schlafzimmer« auf. Daniel Spoerri lädt 1965 Besucher in sein New Yorker Hotelzimmer, das er als »Werk« ausstellt. Als das Geschehen in diesen Umgebungen selbst als Kunst begriffen wird, ist das »Happening« geboren, eine Kunstform zwischen Theater und Musik. Die abstrakten Künstler dieser Zeit bauen minimale Strukturen, die nicht mehr bedeuten, als sie zeigen, Kuben, Netze, Reihen, eine nüchterne Darstellungsform, die alsbald den Widerspruch provozierte: Die Arte Povera nutzt im Gegensatz zur kostbar wirkenden Minimalkunst ärmliche Materialien wie Sand, Lehm oder Reisig zur Darstellung der Konstellationen. Land-artists errichten mit Baggern und Bulldozern monumentale Werke in der freien Natur. Der Interessierte erfährt von ihnen meist durch Fotografien, die bald auch als »Spurensuche« Biographisches, Historisches dokumentieren. Die Kunst der Konzepte reduziert die künstlerische Arbeit auf den Gedanken. Er kann als Text, als Zeichnung, als Video oder per Foto vermittelt werden. Die Kluft zwischen Einfall und Ausführung hat sich im Laufe der 70er Jahre wieder geschlossen. Dennoch, auch wenn die Arbeit mit dem Material wieder größeres Gewicht gewonnen hat, so sind die vielfältigen Medien als Ausdrucksrepertoire erhalten geblieben. Heute kann eine Reise genauso als Kunstwerk verstanden werden wie ein Buch, das sie in Wort und Bild veranschaulicht.

Galten bis in die 50er Jahre das Tafelbild und die Skulptur als Kunstwerk, vervielfachte sich danach die Zahl der Gestaltungsmittel.

Aber nicht nur technisch gesehen meint »Projekt« eine solche Verbindung unterschiedlichster Momente. Die Erweiterung des Kunstbegriffs stellt auch für die Arbeitsweise der Künstler eine besondere Herausforderung dar. Schon der Begriff »Projekt« verrät, daß es sich dabei um ein Vor-Haben handelt, um etwas also, was der Künstler sich für die eigene Zukunft vornimmt, plant, kalkuliert und verwirklicht. Das setzt eine gewisse »buchhalterische« Geisteshaltung voraus, die im Gegensatz steht zur schöpferischen Intuition, der die Künstler bekanntlich eher folgen, als daß sie sie planen. Dieses intuitive Empfinden für die Richtigkeit des Zufalls scheint letztlich das Definiens von »Kunst« überhaupt auszumachen. Der Künstler, der dagegen ein Projekt im Kopf hat, läßt sich offenbar als Sachwalter seiner Phantasien auf ein wagemutiges Doppelspiel ein.

Aus der Sicht des künstlerischen Arbeitsprozesses sind sicherlich solche Projekte am unproblematischsten, bei denen sich ein Künstler in die Rolle des Verwerters eigener Produkte begibt. Das ist der Fall, wenn ein abgeschlossenes Ereignis Buchform annehmen soll, oder wenn bereits vorliegende Fotografien zu Wandgröße vergrößert werden müssen. Heikler schon sind Reisezuschüsse: Immerhin hat der Künstler dann einen Teilhaber, der ein seinen Investitionen entsprechendes Ergebnis erwartet. Bedrohend wirkt nicht die Sorge, mit leeren Händen zurückzukehren, hat doch die Kunstentwicklung der letzten Jahrzehnte Argumente geliefert, die erlauben, bereits die Fahrkarte als Kunstwerk zu deklarieren. Aber beinahe unbemerkt kann sich der Investor als stiller Teilhaber in den Realisierungsprozeß einmischen. Der Künstler arbeitet nicht mehr nur für sich, sondern auch für eine Öffentlichkeit, die nach seiner Rückkehr »etwas geboten« haben will.

Aus diesen Gründen genießen Projekte in der Kunstöffentlichkeit keine allzu große Resonanz. Die Megalomanie der großen Geste leidet häufig an einem Problem, das aus der Fototechnik geläufig ist: Die Vergrößerung wird zu grobkörnig, das Bild verliert an Kontur. Aber es gibt Ausnahmen. Es sind diejenigen Vorhaben, deren Gelingen gänzlich davon abhängt, ob sich die künstlerische Intuition auch in den Zwängen von Organisation und Finanzierungsplänen, von Verwaltungsordnungen und Public Relations behauptet. Derartige Großprojekte bilden die eigentlich utopische, soziale Dimension der Kunst ab. Gesellschaftliche Beziehungen ordnen sich hier der künstlerischen Imagination unter. Großmeister dieser Projektemacher ist Christo, der es geschafft hat, seinen Visionen ein ganzes Unternehmen dienstbar zu machen. Obwohl Firmen zu annehmbaren

Preisen Tücher weben, Geldgeber bei ausgiebigen Abendessen gewonnen werden müssen, obwohl Ordnungsämter Bewilligungen erteilen und Heere von Helfern aufgestellt werden müssen: Der »Running Fence« schluckt alle sozialen Fährnisse und erscheint nach dem organisatorischen Hickhack um so stärker als reine Umsetzung einer künstlerischen Idee. Ähnliches gilt für den »Macher« H. A. Schult, der ganze Städte zum »Realtableau« werden läßt und keine Kosten scheut, um etwa ein Stück der Berliner Mauer nach New York zu verpflanzen oder den Markusplatz von Venedig in einem Papiermeer ertrinken zu lassen.

Doch hier hat »Projektförderung« nichts mehr zu melden. Die Künstler haben sich aus den begrenzten Bereichen staatlicher Subventionen schon befreit. Millionenbeträge sind ihre Herausforderung, die sie bewältigen wie Reinhold Messner die Fünftausender. Die Förderung des Kunstfonds nimmt sich dagegen eher aus wie ein Mittelgebirge. Vor allem aber geht es um das, was der Kunstfonds-geförderte Bildhauer Johannes Brus auf die schlichte, sachliche Formel bringt: »Künstler brauchen Geld.«

Was erlaubt, noch eine Bestimmung von »Projekt« nachzureichen, die allerdings auch recht provisorisch ist. Die Projekte, die dem Kunstfonds vorgeschlagen werden, sind meist solche, deren Dimensionen materielle Unterstützung nötig machen. Das bedeutet natürlich nicht, daß die geistige Dimension ihnen nicht entsprechen würde. Allein: Das Vorhaben, ein Gemälde zu malen, das alle Weltgesetze in sich aufnehmen würde, ließe sich innerhalb dieser Institution allerhöchstens unter der Rubrik »Arbeitsstipendium« abhandeln. Die Projektförderung wird nämlich, anders als ein Zuschuß zum Lebensunterhalt, vor allem auch danach bemessen, ob der Mittelaufwand die Möglichkeiten eines einzelnen übersteigt. Philipp Otto Runge, auch Piet Mondrian hätten mit ihrer Transzendentalmalerei bei der Projektförderung kaum eine Chance gehabt, ließen sich doch die Mittel, ihre Gedanken Form werden zu lassen, mit nicht allzu großem finanziellem Aufwand herbeischaffen.

Die Initiatoren des Kunstfonds besaßen die Feinfühligkeit, unter der Rubrik »Projektförderung« eine Leerformel anzubieten und damit den Künstlern einen Joker zuzuspielen, den sie setzen können, wie sie wollen. Hierin liegt das Außergewöhnliche dieses Fonds: Er begibt sich aller Möglichkeiten zu regulieren, Einfluß zu nehmen, zumal Künstler, neben Vermittlern, in der Jury selbst entscheiden, welchem Projekt sie den Zuschlag geben wollen. Dieses Gremium übernimmt also jedes Jahr die Aufgabe, den Begriff »Projekt« durch die Wahl der Stipendiaten neu zu definieren. Aus diesem Grunde läßt sich das Vorhaben »Projektförderung« auch nur am Beispiel verständlich machen.

Seit 1981 arbeiten Bernhard Johannes Blume und seine Frau Anna an einer Bilderreihe unter dem Titel »Er & Sie, Fotogamie« (vgl. Abb. S. 107). »Er« und »Sie« inszenierten den millionenfach vergleichbaren Ehe- und Familienalltag, vor allem seine Überlebens- und Verdrängungsrituale. »Unsere Arbeitsform ist aber überhaupt eine Alternative zur herkömmlichen fotografischen Ausbeutung von Lust und Elend anderer«, schrieb Blume in seinem Antragsbrief. So wird das Foto nicht dokumentarisch verwendet, sondern beide Blumes parodieren die gesellschaftlichen Rollen und transzendieren dadurch die gewohnten Verhaltensmuster.

Die Aufnahmen werden, um eine adäquate Bildwirkung zu erzielen, als Großfotos ausgestellt. »Das geht erheblich ›ins

Geld‹«, schreibt Bernhard Johannes Blume, »und kostet einen Teil der ansonsten für den Broterwerb benötigten Arbeitszeit. Ein nicht lange durchzuhaltendes Risiko und eine Zumutung für meine Familie.«

Der Zuschuß des Kunstfonds ermöglichte dem Künstlerpaar, aus dem Projekt die Sequenz »Spaziergang« als Großfotos zu realisieren. »Wie nämlich ein Ehepaar mittleren Alters des Sonntags die Natur besucht, wegen des Erholungswertes derselben. So trotten sie denn durch unseren deutschen Wald, Vertreter der Besinnungslosigkeit, das Auge fest auf's Schöne nur gerichtet. Derweil der Wald schon sauer wird und die Natur als innerliche Triebtötung im äußeren Desaster sichtbar wird.« So steht es in dem Text, der eines der Fotos, das Ehepaar posiert in naivem Stolz im Sonntagsstaat, begleitet. »Ohne die Mittel des Fonds hätten wir diese Serie nicht realisieren können«, sagt Anna Blume. »Diese Bilder sind zu groß und zu schrecklich, die will keiner in seinem Wohnzimmer hängen haben.«

Auch die Fotografien von Barbara und Michael Leisgen (vgl. Farbtafel S. 167) finden nicht leicht einen Kaufinteressenten, obwohl sie, zumindest auf den ersten Blick, weniger provokativ sind. Die beiden Künstler setzen sich seit Jahren mit der Natur auseinander, die sie »zum Sprechen« bringen. Der mechanische Reproduktionsprozeß dient hier dazu, dem Menschen sein ursprüngliches Verhältnis zur Umwelt wieder bewußt zu machen. Ihre Aufnahmen versuchen die »Handschrift« der Naturgesetze festzuhalten, denen auch der Mensch unterliegt. In den »Sonnenschriften« hält die Aufnahme im Zeitraffer die Bewegung des Planeten fest, der einen Buchstaben ans Firmament schreibt. Aber die Kameraperspektive erlaubt auch einen Akteur in beredte Beziehung zur Natur zu bringen. Barbara Leisgen scheint die Sonne unter dem Arm zu tragen; liegt sie neben einer dunklen Felsspalte, so sieht der dunkle Schatten plötzlich wie ihr vergrößertes, verkehrtes Bild aus.

Auch wenn diese Fotografien kleiner sind als die von Bernhard Johannes und Anna Blume, ihr Herstellungsprozeß ist ebenso kostspielig. »In Zusammenarbeit mit einem Farb-Fachlabor sind bei unseren Fotos Versuche mit Farbauszügen notwendig, um Entscheidungsprozesse analog zur Malerei zu ermöglichen«, schreiben die Leisgens in ihrem Antrag. So kostet ein einzelner Abzug rund 800,– DM. »Diese Kosten können wir neben unserem Lebensunterhalt nicht aufbringen. Aus diesem Grunde bitten wir um Unterstützung.«

Noch schwieriger ist die Situation für Künstler, die ausschließlich mit kostspieliger Technologie umgehen, wie zum Beispiel der Holografiekünstler Dieter Jung, der mit ausgeklügelter Technologie abstrakte Farbräume entwirft (vgl. Farbtafel S. 166). Um sein Vorhaben einer durch Sonnenenergie zum Leuchten gebrachten »Sonnenpyramide« zu realisieren, mußte Jürgen Claus noch einmal am Center for Advanced Visual Studies am M.I.T. in Cambridge/USA die Schulbank drücken. Die benötigte Fotovolatik, mit der das natürliche Licht in Energie umgewandelt wird, erhielt der Künstler von einer Firma aus Bergisch-Gladbach, so daß er 1984 seine Skulptur aus acht Argongas-Leuchtröhren bauen konnte. Modernste Computertechnologie nutzte Claus in den USA für seinen Videofilm »Planet Ocean« (vgl. Farbtafel S. 162).

Klaus vom Bruch hatte auf einer Reise nach Tahiti eine Materialsammlung von zwölf Stunden Videofilm angelegt (vgl. Abb. S. 108): Naturstudien, Interviews mit Tahitianern, Reflexionen auf Gauguin, Skizzen zu den Nuklearversuchen der französischen Armee, Treffen mit deutschen Fremdenlegionären. Um dem Material eine für den Künstler aussagekräftige Form zu geben, mußte ihm eine professionelle Gestalt gegeben werden. Klaus vom Bruch benötigte ein Studio, um die Dokumente »aktionistisch zu manipulieren«, das heißt, mit experimentellen Aufnahmen zu mischen. Der Kunstfonds ermöglichte dem Videokünstler die Verwirklichung seines Vorhabens.

Die Veranschaulichung einer komplexen Erfahrung, die Monate umfassen kann, gelingt mit Mitteln von Video und Fotografie besonders eindrucksvoll, weil mit diesen Medien die Zeit gerafft werden kann. Allerdings übersteigt eine solche Inszenierung dann häufig die finanziellen Möglichkeiten eines einzelnen, denn Monitore und Recorder müssen gemietet werden, manchmal ist es sogar nötig, eine Produktionsfirma für die Aufzeichnungen zu gewinnen.

Annegret Soltau wollte ihre Erlebnisse während der Schwangerschaft festhalten und sie dann, im Frankfurter Kunstverein, in einer sowohl inhaltlich wie auch technisch komplexen Installation vorführen. »Mit diesen elektronischen Mitteln kann ich direkter arbeiten«, erklärt Annegret Soltau. »Diese Instrumente objektivieren meinen subjektiven Ausdruck. Der Prozeß wird festgehalten, ohne daß ich ihn, wie es bei einer Zeichnung oder der Malerei der Fall wäre, abbilden, das heißt reflektieren muß.«

Annegret Soltau hat die Videoaufzeichnung benutzt, um die neun Monate ihrer Schwangerschaft zu protokollieren. Weil vor allem die psychischen Belastungen, die Frage nach dem Wandel des eigenen Selbstverständnisses, die innere Annäherung an das ungeborene Kind in die Arbeit eingeflossen sind, ist »Schwanger sein« jedoch weit mehr als ein wissenschaftliches Dokument (vgl. Abb. S. 149).

Ohne die 12000,– DM Subvention des Fonds wäre diese Arbeit, die für die weitere Entwicklung der Künstlerin eine entscheidende Bedeutung hat, nicht entstanden, auch nicht die Installation, die die Ergebnisse im Frankfurter Kunstverein zusammenfaßte. »Der Aufwand ist sehr groß. Das ist schwer zu realisieren ohne öffentliche Unterstützung.« Entstanden sind neun Großfotos während der neun Monate Schwangerschaft, von der ganzen Figur bis zur Teilansicht. In den Bauch der fotografierten Schwangeren ist jeweils ein Monitor eingelassen. Hier laufen Videoaufzeichnungen ab, die die Künstlerin während ihrer zweiten Schwangerschaft gemacht hat. Sie erzählen von ihren psychischen Zuständen zwischen Panik und Hoffnung. Die Ängste resultieren aus der Einengung der Unabhängigkeit, die sich die Frau in ihrem Beruf erkämpft hat und die jetzt durch das Kind verlorenzugehen droht. Andererseits ist die Geburt ein metaphorisches Bild der künstlerischen Schöpfung. Mit Symbolen, die sie schon in früheren Arbeiten verwandte – Sichel, Häute, Hüllen, Schnüre, Salben, Abtreibungsinstrumenten –, verbildlicht Annegret Soltau die Phasen der Schwangerschaft. Texte und Spielszenen, unterlegt mit dem Herzgeräusch des Kindes, geben Verständnishilfen. »Es geht um den schwierigen Versuch, Identität, Zweifel, Ängste, Freude durch derart komplexe Zusammenhänge wie Bilder, Texte und Töne darzustellen«, schreibt Gislind Nabakowski über dieses »intime Tagebuch zur Schwangerschaft« in ihrem Katalogvorwort.

Aber auch traditionelle Medien wie das Buch können Künstler vor unlösbare Schwierigkeiten stellen. »Cristoforo Colombo« hieß das Projekt, an dem der Multimedia-Künstler Fritz Gilow, begleitet von dem Schriftsteller Walter Aue, ein dreiviertel Jahr in Sardinien gearbeitet hatte. Entstanden waren 1300 Fotos, waren Texte, die an das Leben und die Entdeckungsreisen von Christoph Columbus assoziativ erinnerten. In einem fiktiven Nachvollzug versuchte Gilow die Vorstellungswelt des Entdeckers zu erfassen und darzustellen.

»Ich suche bei allen Konzeptionen eine Synthese der unterschiedlichen, mir verfügbaren Medien herzustellen«, schrieb er in seinem Brief an den Kunstfonds. »Als Endprodukt verstehe ich vor allem das Buch (Bild – – – Text) in Zusammenarbeit mit einem Schriftsteller, der in mein Denken und meine Arbeitsweise Einsicht genießt.« Einen Verlag, der die Bild-Legende publizieren wollte, hatten die beiden schon gefunden. »Frölich & Kaufmann sucht aber noch eine Institution, die Teile der Mittel übernimmt, um dieses Werk zu realisieren.«

Fünf Monate später erhielt Fritz Gilow ein Anschreiben, in dem es hieß: »Ich freue mich, Ihnen mitteilen zu können, daß der Kunstfonds auf seiner Sitzung am 20./21.01.1983 beschlossen hat, Ihnen DM 20000,– als Projektförderung zur Verfügung zu stellen.« Es entstand ein knapp 150 Seiten starkes Buch mit Fotos und Texten (vgl. S. 120/121).

Erkrankt an Malaria und Hepatitis, mußte Lothar Baumgarten seine Feldforschung bei den Yanomami-Indianern am oberen Orinoco 1980 abbrechen. Auch er realisiert seine künsterische Arbeit häufig als Buch, das einen Zugang zu anderen Kulturen in einer einzigartigen, suggestiven Mischung aus Dokumenten, Berichten und literarischen Skizzen vermittelt (vgl. S. 101 bis 103). Um sein Buch über die Yanomami verwirklichen zu können, mußte Lothar Baumgarten noch einmal zu den Indianern zurückkehren. Wichtige, verlorengegangene Fotografien mußten wiederholt werden, Mythen übersetzt und zwei Alukisten voller Material geborgen werden. Die Förderungsgelder wurden in die Vorbereitung für ein neues Buch investiert, das noch nicht abgeschlossen ist.

Wie für Lothar Baumgarten liegt auch für Sabine Franek-Koch der Gegenstand ihres künstlerischen Interesses weit entfernt. Sabine Franek-Koch wollte sich die riesigen, nur aus der Luft überschaubaren Figuren – Kolibri, Hund, Doppelspirale – künstlerisch aneignen, die die Indianer in der Nazca-Wüste Perus in die Steineinöde gezeichnet haben. Anhand der mythischen Bilder sucht sie, sich auf den Mythos des eigenen Ursprungs zu besinnen. 1981 ist sie vor Ort und beginnt ihre Spurensicherung, unterstützt von der Mathematikerin Maria Reiche, die seit Jahren schon die Gesetzmäßigkeiten dieser in die Erde gesetzten Bilder zu ergründen sucht.

Die Arbeit beginnt mit dem Abschreiten der Zeichen. Wo das Auge vor den weiten Dimensionen versagt, eignet sich die Imagination die Figur durch die Bewegung an. Die Maße werden wiederholt, der Grundriß der Idee prägt sich ein. Dann, am 12. Mai, wird das 60 km große Gebiet der Zeichen mit der Propellermaschine überflogen. Das Buch liegt mit einemmal überschaubar da. Die größte Bildergalerie der Welt besteht aus Affe, Vogel, Fisch und Spinne, Hund und Eidechse. Der Leib eines Reptils ist allein 188 Meter lang. Dann die Filmarbeit, das Zeichnen. Franek-Koch filmt den Fußmarsch aus der Doppelspirale heraus. Aus dem Flugzeug verfolgt eine andere Kamera die Aktion. Fotos und Skizzen halten die Zeichenkonstellationen vor Ort fest. Zur Demonstration stellt Sabine Franek-Koch eine eigene, kleine Spirale her.

Zurückgekehrt beginnt die schwierige Aufarbeitung. Die Grabfunde, Zauberstein oder kleine Stoffetzen, Fotos und Federschmuck werden in Gouachen integriert, die wie in Kapiteln aus Erinnerung und Dokument die Vergangenheit zur Gegenwart machen (vgl. Abb. S. 119). Die Summe ist der »Nazca-Plan«, ein Triptychon, das alle Zeichen versammelt.

Nicht immer bemißt sich die Größe eines Projektes an der Zahl der zurückzulegenden Kilometer. Oft löst eine Anfangsidee ein ganzes »Forschungsprogramm« aus, das einen Künstler über Jahre beschäftigt. Thomas Huber zum Beispiel denkt mit seinen Arbeiten über eine Definition von Kunst nach. Wenige monumentale Gemälde fassen die Ergebnisse enzyklopädisch zusammen. Eines dieser großen Bilder heißt »Rede in der Schule«. In einer hohen Aula, es ist die der Düsseldorfer Kunstakademie, stehen säuberlich aufgereiht leere Stuhlreihen und warten auf die Zuhörer der Rede, die hier, vor reichhaltigem Demonstrationsmaterial, stattfinden soll. Dort sagt der Künstler: »Das Bild muß Sinnbild des Versammelns werden...« Beim Kunstfonds meldet sich Thomas Huber 1984, denn »ein Fest soll stattfinden«.

Schon immer hat der Künstler mit seinen Arbeiten die scheinbar so klare Grenze zwischen Realität und ihrer Darstellung zu überwinden versucht. Bisher diente eine bildliche und sprachliche Rethorik dazu, den Betrachter in seiner Vorstellung ins Bild zu setzen. Jetzt plant Thomas Huber, die Transformationsrichtung umzukehren. »Das Fest ist ein Bild« heißt die Arbeitsmaxime. In seinem Brief formuliert der Künstler ein umfangreiches Arbeitsprogramm: »Ich schaffe einen Ort für das Fest: d.h. ich male ein Bild. Ich werde den Ort festlich schmücken, das meint: ich male ein schönes Bild. Ich werde jedem Gast seinen Platz zuweisen. Das ist die Komposition des Bildes. Ich bin der Gastgeber: Ich werde die Gäste ins Bild setzen. Das Bild malen ist die Vorbereitung des Festes ... Dann kommen die Gäste zahlreich, um dieses Bild im Fest dann einzulösen.«

Mit der Unterstützung des Fonds realisiert Thomas Huber sein Vorhaben. Die Arbeit an den Entwürfen, die Entwicklung des ausgeklügelten Konzepts braucht Monate. Von den Gedecken, die mit Schlüsselbildern geschmückt sind, bis hin zum Tischtuch, das selbst zu einem Äquivalent der Bildoberfläche wird, vom Raum, der einem Tachyskop ähnelt, jenem büchsenartigen frühen Filmgerät, in das man durch schmale Schlitze hineinsah und auf der Gegenwand springende Pferde wahrnahm, bis zu den Gemälden an den Wänden wird alles in Einzelstudien mit mehr und mehr Bedeutungsbezügen aufgeladen, bevor die einzelnen Bildformulierungen wie ein Mosaik zu dieser Installation, dem »Fest«, zusammengefügt werden (vgl. Farbtafel S. 165). Thomas Huber faßt dabei den Begriff der Malerei neu. »Ein Fest vorbereiten heißt ein Bild entwerfen.«

Gelegentlich ist das Geld des Kunstfonds nicht nur für die Künstler eine Hilfe. Bei Arbeiten im öffentlichen Raum zehren auch die Bürger einer Gemeinde vom Bonner Geldsegen. Da der Fonds in solchen Fällen nur einen Teil der Aufwendungen trägt, entsteht ein mäzenatischer Impuls, der auch andere Geldgeber auf den Plan ruft, oft sogar knauserige Stadtväter provoziert, ausnahmsweise einmal in die eigene Tasche zu greifen.

1980 entdeckte der Weseler Kulturreferent in einem Auktionskatalog zwei kleine Altartafeln des älteren Barthel Bruyn (1493–1555). Die Tafeln wurden für das Städtische Museum angekauft, nicht zuletzt weil Wesel durch den Krieg beinahe alle seine alten Kunstschätze verloren hatte.

Im Jahr darauf wurde der Niederrheinische Kunstverein gegründet, der im Städtischen Museum von Wesel Gastrechte genießt. So kamen seine Mitglieder auf den Gedanken, der Stadt zur Gründung des

Vereins ein Geschenk zu machen. Gerade zu dieser Zeit sollten die beiden Tafeln Bruyns der Öffentlichkeit vorgestellt werden, aber die Mitteltafel blieb verschollen. Die engagierten Kunstfreunde kamen auf den Gedanken, einen zeitgenössischen Künstler mit einem Ersatz zu beauftragen.

Ben Willikens hatte mit seinem Abendmahlbild nach Motiven Leonardos, mit Studien zum »Tod des heiligen Nikolaus« von Derick Baegert den Dialog mit dem Spätmittelalter bereits aufgenommen. In seinem Skizzenbuch findet sich der Eintrag: »Thema nach dem Abendmahl – Flügelaltar«.

Schon in den ersten Gesprächen stellt sich heraus, daß Willikens nicht einfach die Mitteltafel nachempfinden wollte. Allzu sehr haben sich die geistigen und künstlerischen Ausgangspunkte verändert. Die neue, umfassendere Lösung des Künstlers sieht einen größeren Flügelaltar vor, in dessen Seitenflügel die alten Bruyn-Tafeln eingehängt werden.

Der Zuschuß des Kunstfonds im Frühjahr 1982 ist der entscheidende Impuls zur Realisation des Projekts. Zwar reicht das Geld gerade, um die Holzkonstruktion des Schreins zu bauen, aber damit ist eben ein erster Schritt gemacht. 276 × 348 cm mißt das fertige Altarbild, das – inspiriert vom Isenheimer Altar Grünewalds – in kühlen Blautönen einen menschenleeren Raum, halb Kirchenschiff, halb steriler Krankenhausflur, zeigt (vgl. Farbtafel S. 168).

»Das Projekt ist eine Art vorgeschobener Begründung, um einfach Geld zu kriegen«, weiß der Bildhauer Johannes Brus. »In der Zeit war es auch bei mir noch ein bißchen kritisch, und da kam mir das gerade recht.« Auch wenn die zeitgenössische Kunst häufig Techniken nutzt, die die finanziellen Möglichkeiten des einzelnen übersteigen, auch wenn Künstler sich gelegentlich Aufgaben vornehmen, die nur durch Mäzene zu finanzieren sind, oft fehlen auch die Mittel, um den Lebensunterhalt zu sichern. Hier leistet der Kunstfonds eine entscheidende Hilfe, wenn er jungen Künstlern die Möglichkeit schafft, sich weiterhin auf ihre kreativen Aufgaben zu konzentrieren, wenn er mit seinen Zuschüssen verhindert, daß eine Kneipe, eine Baustelle oder das Taxi zum kräftezehrenden Arbeitsfeld werden.

Johannes Brus realisierte 1983 mit Hilfe der Projektförderung seine Skulptur »Tempelchen mit vier Tieren, nach den Himmelsrichtungen ausgerichtet« (vgl. Farbtafel S. 161). Die Arbeit besteht aus vier nackten Holzstämmen, die Säulenschäfte andeuten und jeweils kulissenhaft wirkende korinthische Kapitelle aus Gips tragen. Sie sind Plattform für vier unterschiedliche Tierfiguren, die für vier verschiedene Himmelsrichtungen stehen: Der Adler ist dem Norden, das Pferd dem Westen, der Ibis dem Süden und das Nashorn dem Osten zugeordnet.

Die genannten Elemente schaffen ein Feld für Assoziationen, ohne daß ein literarischer Gehalt festgeschrieben wäre. Gefühlsmäßig können die einzelnen Tiere mit den Kontinenten verbunden werden, das Pferd mit Amerika, der Ibis mit Afrika. Die Kapitelle deuten auf eine eurozentrische Perspektive. Durch ein strahlendes Blau wird das Pferd herausgehoben. Das ist nicht nur eine Anspielung auf die blaue Blume der Romantik, auf die blauen Pferde von Franz Marc oder das immaterielle »Yves Klein-Blau«. Brus ging es mit dem Motiv des Blauen Pferdes auch immer um die Bildhauerei selbst, die einen immateriellen Topos Wirklichkeit werden lassen kann. Die Verbindung einer realistischen Figur mit der surrealen Farbe schafft ein Bild, das figurativ ist, ohne erzählerisch zu sein, und findet dadurch einen sprachlosen, kunstspezifischen Bedeutungsraum für die Skulptur.

Das Material für diese Arbeit hat nicht viel Geld verschlungen. Die Installation wäre auch ohne die Unterstützung des Kunstfonds entstanden, allerdings unter erheblichen finanziellen Schwierigkeiten. Das Geld, rund 10000,– DM, diente vor allem dazu, eine Zeitlang unbelastet arbeiten zu können.

»Ich hatte meinen Job verloren und konnte meinen Arbeitsraum nicht mehr halten«, erzählt Detlef Birgfeld. »Ohne diese Hilfe hätte ich nicht weiterarbeiten können.« Birgfelds Handikap ist außerdem, daß seine komplexen Arbeiten kaum für den Kunsthandel geeignet sind.

Neben der Malerei entstanden seit 1958 auch Skulpturen, modelliert in Ton und Wachs, die teilweise mit gefundenen Gegenständen kombiniert wurden. Birgfeld ist ein Sammler nicht nur von Gegenständen, sondern auch von Notizen und Zeitungsausschnitten. Im Laufe der Jahre wuchsen die verschiedenen Tätigkeiten – Zeichnen, Malen, Sammeln, Skulpturen Bauen – immer mehr zusammen. Der Künstler arbeitet unter einem Leitmotiv. Die Kollektion von Aufzeichnungen seiner Gedankenkonstruktionen und Zeitungsausschnitten nennt er »Scenarios«, eine Art Zitatenschatz, aus dem immer neue »Drehbücher« für seine Installationen entstehen. Mit dem »Profilierungskarussell« entstand zwischen 1973 und 1980 das erste Großprojekt, 11 m Durchmesser, 3,40 m Höhe, mit dem Birgfeld seinen eigenen künstlerischen Werdegang reflektiert. Seit 1978 arbeitete er an dem Projekt »Ship to Europe«, zu dem die Mittel des Kunstfonds einen Beitrag lieferten (vgl. Abb. S. 104).

Tatsächlich gibt es in diesem Werkkomplex auch ein »echtes« Schiff, die »Teutonia«. Zusammengesuchte Teile machen aus dem Bug einer vor dem Verschrotten geretteten alten Schute ein nostalgisches Schlachtschiff, dem die Zeit arg mitgespielt hat. Objektzitate, Gegenstände, die Birgfeld von Reisen mitgebracht oder bei Entrümpelungen gefunden hat, dramatisieren die Fundstücke und geben ihnen eine erzählerische Dimension. Das Namensschild, »Teutonia«, liefert das gußeiserne Teil einer alten Nähmaschine. Mit diesem Namen, mit »Europa« und mit der Idee des Schiffs ist der Horizont der Assoziationen abgesteckt, ein Diskurs, den Birgfeld forschend durchstreift. Zeichnungen versichern sich Themen wie »Landgang«, »Oldsmobil«, »Freibord«, dann »Westernheld« und »Europa und der Stier«, »Kriegsteilnehmer«, »Führungskräfte«, »Schreibtischtäter«, »Emigranten«. Birgfeld sammelt Zeichnungen, Zeitungsausschnitte und Aufnahmen von seiner Objektesammlung in einem schwarzen Fotokopierbuch, das sich wie ein Fahrplan durch seine Begriffs- und Vorstellungswelt ausnimmt.

Künstlerexistenzen wie die von Detlef Birgfeld zeigen am deutlichsten die Notwendigkeit eines Fonds, der fördert, ohne zu fordern, der ohne Auflagen zeitgenössische Kunst am Leben erhält, gerade wenn sie außerhalb des Kunsthandels steht. »Das war für mich die Rettung in letzter Minute«, sagt Detlef Birgfeld.

Fragen an vier Juroren des Kunstfonds e. V.

Der Kunstfonds ist – wie die übrigen Fonds – zunächst als Notlösung, nicht aber als Erbe der geplanten Nationalstiftung geboren worden. Inzwischen wird die Nationalstiftung in der ursprünglichen Vorstellung nicht mehr verfolgt. Die Fonds haben sich zu einem wichtigen Instrumentarium der Förderung der Gegenwartskunst entwickelt.

Anfänglich hat der Kunstfonds mit einem limitierten Auftrag leben müssen, was Geld und Zeit betraf.

1. Hat die Hoffnung zu überleben die Vergabepraxis beeindruckt, sprich: war man zur Zukunftssicherung darauf bedacht, möglichst »sichere«, schon etablierte Künstler zu fördern und in bezug auf Experimente eher zurückhaltend?

2. Im für die Vergabe der Mittel zuständigen Kuratorium sitzen die meisten Mitglieder ja nicht nur als Personen, sondern als Vertreter von Verbänden. Beeinträchtigt die wie auch immer feste oder lockere Bindung an eine Klientel die Entscheidungsfindung?

3. Es hat ja nicht nur interne Auseinandersetzungen im Kuratorium über Qualitätsfragen gegeben, sondern auch öffentliches Aufmucken bis hin zu dem Vorwurf, hier werde oft nach dem kleinsten gemeinsamen Nenner entschieden. Hat sich das Modell Kunstfonds als demokratisches bewährt? Ist diese Konstruktion geeignet, eine profilierte Förderungspolitik zu betreiben?

4. Die Unabhängigkeit vom geldgebenden Staat ist eine bedeutsame Errungenschaft. Wie aber kann der Kunstfonds sich gegenüber dem eigenen Kunstbetrieb und seinen Moden unabhängig machen?

5. Wie innovativ bzw. wie verhindernd ist eine Institution wie der Kunstfonds?

6. Die Mittel sind begrenzt. Wie und wo würden Sie andere Schwerpunkte als in der bisherigen Vergabepraxis setzen?

7. Welche Bereiche leiden besonders an Unterförderung durch Geldmangel?

Antworten

Anatol Buchholtz
(Künstler, langjähriger Vorsitzender des BBK)

1. Natürlich hat das Überleben des Kunstfonds eine Rolle gespielt. Aber nicht im Hinblick auf die Auswahl der Künstler, sondern eher so, daß möglichst viele und möglichst unterschiedliche Bereiche berücksichtigt wurden.

Außerdem konnte man nur auswählen zwischen denen, die sich beworben haben, und gerade in der ersten Zeit war der Fonds nur den Etablierteren und den Verbänden bekannt.

2. Für mich kann ich sagen: bestimmt nicht! Das hängt aber auch davon ab, wie die Stellung des einzelnen innerhalb der Gruppierung ist, die er vertritt.

Natürlich sind hier Probleme denkbar. Doch scheint mir, daß eine Demokratisierung, sprich: indirekte Einbeziehung möglichst vieler in den Entscheidungsprozeß auch Vorteile bringt. Durch die Verschiedenartigkeit der Zielsetzungen der vertretenden Verbände ist ohnehin gewährleistet, daß eine reine Funktionärsstruktur verhindert wird, da jeder den anderen ständig kontrolliert.

Auf die Dauer wären die Verbände aber gut beraten, für die jeweiligen Jurierungsschwerpunkte Persönlichkeiten zu benennen, die keine Vorstandsfunktionen haben, aber den höchstmöglichen Informationsstand in dem jeweiligen Bereich besitzen.

3. Die Qualitätsfrage ist so alt wie die Jurierung überhaupt und hat schon viele Künstlergenerationen beschäftigt.

Karl Hofer hat einmal gesagt: Die Kunst ist wie ein Kobold. Sie springt von einer Schachtel in die andere, und wer mit Stempel und Etikett kommen will, dem hat sie sich noch immer entzogen. Das heißt also, wir können immer nur wieder neu zu definieren versuchen, was in der gegenwärtigen Situation an wichtigen Strömungen vorhanden ist, und danach gemeinsam immer wieder neue Maßstäbe finden. Der kleinste gemeinsame Nenner ist allerdings ein großes Problem dabei. Doch dies ist nicht das Problem des Kunstfonds alleine, sondern das jeder Jury. Damit müssen wir umgehen lernen, sonst gibt es nur den Kommissar, der einsame Entschlüsse faßt, die er mit seinem jeweiligen Kunstverständnis rechtfertigen muß.

Ich denke darum, daß das Modell Kunstfonds sich bewährt hat, trotz vieler Schwierigkeiten, die aber in der Persönlichkeitsstruktur der Mitglieder liegen und nicht so sehr im System. Aber auch dies ist normal und nicht kunstfondsspezifisch.

4. Hierzu nur soviel: Der Kunstfonds kann sich ebensowenig vom Kunstbetrieb und den Moden unabhängig machen. Das wäre eine Illusion. Er sollte aber versuchen, gerade die Künstlerpersönlichkeiten oder auch Richtungen, die gerade nicht in Mode sind, besonders sorgfältig zu beobachten, um einen Ausgleich zu finden, auch im Sinne der begrenzten Förderungsmittel; denn der Teufel macht sowieso immer auf den größten Haufen.

5. Daß der Kunstfonds behindernd für künstlerische Entwicklungen sein könnte, kann man wohl ausschließen. Auf jeden Fall gibt es durch ihn für viele eine Chance mehr. Wie innovativ er zur Zeit ist, muß man in der Tat noch mit einem Fragezeichen versehen. Doch scheint mir auch hier eine gute Möglichkeit zu liegen, weil durch die gleichzeitige freie Bewerbung gerade auch vieler junger Künstler aus allen Bundesländern die frühzeitige Zusammensicht neuer künstlerischer Entwicklungen zumindest gegeben ist.

6. Andere Schwerpunkte zu setzen, scheint mir immer nur möglich anhand der eingegangenen Bewerbungen. Dies vorab durch Quoten festzulegen, scheint mir genauso ungünstig wie der Versuch, eine Art Kunstlenkung zu betreiben, indem man sich auf das absolute Neue bzw. die Avantgarde, was immer man darunter versteht, festlegen würde. Gerade die Flexibilität des Kunstfonds ist seine große Chance.

7. Die Bereiche zu nennen, die besonders an Unterforderung und Geldmangel leiden, hängt natürlich immer davon ab, welchen Maßstab man für die Vergabe der Mittel setzt. Dies hängt von der Haltung der den Fonds tragenden Verbände ab, aber auch von den Einzelkünstlerpersönlichkeiten, die mindestens genauso eingebunden sind durch ihre persönlichen Vorstellungen von Kunst und Qualität. Darum wäre für mich immer nur der Standpunkt einzunehmen, gegen den jeweils herrschenden Trend etwas Vertretbares entgegenzusetzen, um im Konzert der verschiedenen Förderungseinrichtungen eine eigene Position für den Kunstfonds zu finden, aus der erkennbar würde, daß mehrheitlich Künstler entschieden haben.

Margarethe Jochimsen (Kunstvereinsleiterin)

1. Ich habe nicht den Eindruck, daß die Hoffnung zu überleben die Vergabepraxis des Kuratoriums beeinträchtigt hat. Das Kuratorium ging bei jeder Auswahlsitzung davon aus, die interessantesten Projekte und die besten Künstler aus der Flut von Anträgen herauszufiltern. Daß dabei junge, bereits bekannte Künstler oft zum Zuge kamen, liegt wohl daran, daß diese Künstler auch in den Augen des Kuratoriums Wichtiges zu sagen haben.

2. Im Prinzip wohl nicht. Natürlich kann es sein, daß ein Kuratoriums-Mitglied sich für einen Künstler bzw. ein Projekt, mit dem es besonders vertraut ist – vielleicht durch Kontakte über seinen Verband –, besonders einsetzt. Bei einer neunköpfigen Jury allerdings gibt es immer genügend Kräfte, ein den gesetzten Ansprüchen nicht standhaltendes Projekt zu Fall zu bringen. Engagierte Plädoyers für einen Künstler bzw. ein Projekt müssen erlaubt sein. Der beste Weg, Versuche des »Klüngelns« zu vereiteln, dürfte eine breit gestreute Zusammensetzung des Kuratoriums sein. Eine Dominanz von Künstlerverbänden ist sicherlich ebenso fragwürdig wie die von Kunstvermittlern – angenommen es gäbe sie.

3. Auseinandersetzungen über Qualitätsfragen gibt es vermutlich in jeder Jury. Ich finde das gut so, denn diese Diskussio-

nen zwingen nicht nur zu kritischer Sicht des eigenen Standpunktes, sondern verhindern einseitig orientierte Entscheidungen. Man stelle sich das Unding vor, in einer Jury wären immer alle einer Meinung! Daß es Leute gibt, die Entscheidungen der Jury nicht gutheißen, liegt in der Natur der Sache. Was heißt hier, es würde nach dem kleinsten Nenner entschieden? – Die Mehrheit entscheidet.

Grundsätzlich ist das jetzige Verfahren geeignet, eine profilierte Förderungspolitik zu verfolgen, allerdings nur, wenn zwei Bedingungen erfüllt sind: wenn zum einen die Jury sich ausweist durch Fachkompetenz, die – und das ist wichtig – sämtliche gegenwärtigen künstlerischen Ausdrucksmöglichkeiten umfaßt, und zum andern, wenn diejenigen Künstler, die prägnante Akzente in der Entwicklung der heutigen Kunst setzen, auch von der Möglichkeit der Antragstellung wissen und davon Gebrauch machen, was bisher nicht unbedingt der Fall war. Der Rahmen, innerhalb dessen sich die Jury bewegen kann, wird abgesteckt durch die Anzahl und das künstlerische Niveau der eingereichten Anträge.

Hat sich das Modell des Kunstfonds als demokratisches bewährt? – Ja, vor allem was den Entscheidungsprozeß des Kuratoriums angeht, wo nach Mehrheiten entschieden wird und jeder Verband mit einer Stimme vertreten ist.

Seit in der Mitgliederversammlung vom 29. 11. 1985 per Satzungsänderung die Stimmenungleichheiten – der Deutsche Künstlerbund und der BBK hatten in der Mitgliederversammlung zunächst je zwei, die übrigen Verbände nur je eine Stimme – beseitigt worden sind, das heißt, nun alle Verbände zwei Stimmen haben und auch Vertreter aller Verbände in den dreiköpfigen Vorstand wählbar sind, was bisher nur für Künstlerverbände möglich war, dürften auch hinsichtlich dieser beiden Vereinsorgane mögliche Vorbehalte ausgeräumt sein. Daß der Sprecher/die Sprecherin des Vorstands ein Künstler/eine Künstlerin sein soll, betrachten die Vertreter der Kunstvermittlerverbände als durchaus vertretbar angesichts der starken Dominanz von Künstlerverbänden insgesamt (5 Künstlerverbände, 2 Kunstvermittlerverbände) im Kunstfonds.

Die Praxis hat gezeigt, so meine ich, daß die Mitwirkung der Kunstvermittlerverbände, des Galeristenverbandes und der Arbeitsgemeinschaft deutscher Kunstvereine, besonders hinsichtlich der Berücksichtigung von Kunstaktivitäten außerhalb der Künstlerverbände, sich auf vielfältige Weise als Korrektiv von Einschätzungen und Anschauungen bestens bewährt hat.

4. Natürlich können sich auch Jury-Mitglieder solchen Trends, die sich auch in den eingereichten Anträgen widerspiegeln, nicht ganz entziehen. Es ist meiner Meinung nach schon viel gewonnen, sich dessen bewußt zu sein, um sich bei der Beurteilung von Arbeiten von solchen »Zwängen« so weit wie möglich freimachen zu können. Ansonsten gehört zu der geforderten Fachkompetenz auch die Fähigkeit, eigenständige Urteile zu fällen.

5. Er kann beides sein, sowohl innovativ als auch verhindernd. Was er in welchem Maße ist, hängt davon ab, ob er jene Projekte fördert, die Impulse versprechen sowohl für die Entwicklung der Kunst als aber auch für die Bewußtseinsbildung der Gesellschaft. Das Kuratorium kann jedoch nicht unbedingt, wie es will, da – wie erwähnt – seine kunstpolitischen Möglichkeiten begrenzt und bestimmt werden durch die künstlerische und gesellschaftspolitische Relevanz der beantragten Projekte.

6. Den bisherigen Schwerpunkten – Arbeitsstipendien, Werkstipendien zur Realisierung eines bestimmten Projekts, Kunst im öffentlichen Raum, Kunstvermittlung in Institutionen, Erweiterung künstlerischer Arbeitsfelder, Ausstellungs- und Vermittlungsförderung – sind schwerlich weitere hinzuzufügen. Wünschenswert wäre es, wenn es gelänge, jener Kunst mehr Aufmerksamkeit zu widmen, die sich mit der Erprobung und der Entwicklung neuer Medien bzw. Wege befaßt.

7. Die Kategorie »Großprojekte«, deren Finanzvolumen die 100000,– DM-Marke überschreiten. Vor die Entscheidung gestellt, zu klotzen oder zu klekkern, tendiert das Kuratorium zu letzterem, sicherlich auch deswegen, weil für Großprojekte sich in der Regel leichter andere Finanzierungsquellen (Länder, Banken, Industrie) erschließen lassen als für Stipendien junger Künstler und ausgefallene künstlerische Aktionen kleineren Umfangs.

Philomene Magers (Galeristin)

1. Das Selbstverständnis des Kunstfonds und seine Vergabepraxis sind weniger geprägt durch die zunächst zeitliche Befristung des Budgets als durch die Tatsache, daß die zur Verfügung gestellten Gelder aus der Nationalstiftung stammen. Die Herkunft der Mittel findet ihren Ausdruck in der Satzung des Kunstfonds, wonach sich die Förderung auf zeitgenössische Kunst zu beschränken hat, »soweit diese für die deutsche Kulturentwicklung insgesamt von Bedeutung ist«. Der zeitlichen Begrenzung glaubten wir nur durch eine Förderungspraxis begegnen zu können, die den Kunstfonds unverzichtbar machte und potentielle andere Geldgeber zu einer Unterstützung veranlassen könnte. Dabei wurde allerdings nicht unbedingt auf »sichere« Künstler gesetzt, sondern auf solche, deren Arbeit und Entwicklung eine positive Nutzung der bereitgestellten Mittel versprach, das heißt, Experimente auch von unbekannten Künstlern waren willkommen und wurden gerne unterstützt, wenn man auf gute Ergebnisse hoffen durfte.

2. Generell kann man wohl sagen, daß sich die verschiedenen Gruppierungen nach anfänglich nicht unbeträchtlichen Differenzen im Laufe der Jahre ganz gut zusammengerauft haben. Aber leider gibt es immer noch Fälle, bei denen ganz offensichtlich die eigene Überzeugung Verbandsinteressen geopfert wird, das heißt, qualitative Kriterien in den Hintergrund treten.

3./4. Ich meine schon, daß sich das Modell des Kunstfonds grundsätzlich bewährt hat, und würde sagen, daß die meisten Entscheidungen von einer großen Mehrheit der Kuratoriumsmitglieder getragen wurden. Gerade dadurch, daß in diesem Gremium die unterschiedlichsten Positionen zu Worte kommen und sich gegenseitig in Frage stellen, ist eine lebendige Diskussion gewährleistet, die dazu beiträgt, daß die Beurteilungskriterien und Maßstäbe nicht in festgefahrene Bahnen geraten.

Wirklich demokratisch geregelt waren die Verhältnisse im Kunstfonds bisher jedoch nicht: Während BBK und DKB mit je zwei Stimmen in der Mitgliederversammlung vertreten waren, hatten die anderen Verbände und Gruppierungen nur je eine Stimme. Hinzu kam, daß nur Künstler in den Vorstand gewählt werden konnten, was bedeutet, daß die Vertreter der Kunstvereine und Galerien nicht immer über die Unternehmungen des Kunstfonds informiert waren. Diese beiden kritischen Punkte sind jedoch seit der letzten Mitgliederversammlung durch Satzungsänderungen ausgeräumt.

5. Der Kunstfonds kann nicht innovativer sein als die Anträge, für die Mittel beantragt werden. Ob diese immer erkannt werden, hängt meines Erachtens weitgehend von Informationsstand und Einfühlungsvermögen der einzelnen Jury-Mitglieder ab.

6./7. An Geldmangel hat der Kunstfonds bisher eigentlich nicht gelitten. In keinem Jahr wurden die Mittel voll ausgeschöpft. Das lag einmal ganz einfach daran, daß nicht mehr Anträge für unbedingt förderungswürdig gehalten wurden, und zum anderen an Beschränkungen, die das Kuratorium sich selbst auferlegt hat und über deren Sinn noch einmal nachzudenken lohnte. So wurde es bisher abgelehnt, Künstler mehrfach zu fördern. Ich meine, daß der Kunstfonds in diesem Punkt großzügiger verfahren und im Hinblick zum Beispiel auf Künstler, deren Arbeiten besonders interessant, aber schwer oder gar nicht zu vermarkten sind, Ausnahmen machen sollte. Warum soll nicht ein Künstler, der ein Arbeitsstipendium erhalten hat, später noch einmal für ein Projekt oder einen Katalog Förderungsmittel erhalten, wenn es keine anderen Realisierungschancen für ihn gibt?

Ebenso müßte es möglich sein, richtungsweisende Projekte, seien sie nun von einem Künstler oder von einem Ausstellungsmacher, mit wesentlich höheren Summen zu unterstützen, als das bisher der Fall gewesen ist. Vielleicht sollte der Kunstfonds ganz gezielt Künstler zu derartigen Projekten ermutigen.

Nur so, glaube ich, wird es möglich sein, das bisherige Niveau zu halten. Bei einem Festhalten an der bis jetzt üblichen einmaligen Förderung und der relativ niedrig angesetzten Höchstgrenze der vergebenen Mittel scheint mir das Abrutschen ins Mittelmaß unvermeidlich zu sein.

Rune Mields (Künstlerin)

1. Am Beginn des Kunstfonds war die Bereitschaft, experimentelle Arbeit von sozusagen halb »etablierten« Künstlern zu fördern, eher größer als später. Die Hoffnung zu überleben hat aber sicher eine andere Entwicklung beeinflußt: eine meines Erachtens übertriebene Selbstdarstellungssucht des Kunstfonds. Ich meine damit zum Beispiel die nicht zu verhindernde Ausstellungstätigkeit des Kunstfonds, was seiner Zeit zu meinem Rücktritt aus dem Vorstand führte, oder dieses Buch – nach fünf Jahren Tätigkeit eigentlich ein Witz.

2. Das ist bei einzelnen Mitgliedern des Kuratoriums unterschiedlich. Aber wenn

man das Modell bejaht, muß man davon ausgehen, daß die überstarke Präsenz der Verbände, die meistens durch ihre Vorsitzenden oder zumindest Vorstandsmitglieder vertreten werden, natürlich auch ihre Auswirkungen hat. Hier scheint sich seit November 1985 eine neue Entwicklung anzubahnen, was nur zu begrüßen ist.

3. Der Vorwurf des kleinsten gemeinsamen Nenners ist sicher nicht immer unberechtigt. Als demokratisches Modell hat sich der Kunstfonds im Prinzip bewährt. Aber meiner Ansicht nach sollte die Mitgliedschaft im Kuratorium entscheidend verkürzt werden. So, wie es heute ist, kann ein Teilnehmer an Kuratoriumssitzungen (als Stellvertreter bzw. später als Kuratoriumsmitglied oder umgekehrt) theoretisch zwölf Jahre im Kuratorium tätig sein. Daß sich dadurch Verhärtungen in Jury-Konstellationen ergeben, die beeinträchtigend auf die Vergabepraxis wirken, ist leicht einzusehen. In Erkenntnis dieser Tatsachen – und zwar nur aus diesem Grund – bin ich 1984 aus dem Kuratorium nach viermaliger Jurytätigkeit zurückgetreten.

4. Dadurch, daß möglichst viele *gute* Künstler eine nicht zu lange Zeit (siehe Antwort 3) im Kuratorium tätig werden.

5. In den letzten Jahren hat sich eine merkwürdige Gießkannenmentalität im Kunstfonds durchgesetzt. Ich möchte bezweifeln, daß das besonders fördernd wirkt, andererseits wurde durch den Kunstfonds gerade jüngeren Künstlern sicher geholfen.

6. Es gibt eine ganze Reihe von guten Künstlern, die Schwierigkeiten damit haben, sich selbst zu bewerben, und dazu einen entscheidenden Anstoß brauchen. Vielleicht sollte man, neben dem sich inzwischen eingespielt habenden Verfahren der Selbstverwaltung, eine Reihe von Künstlern, Kritikern und Museumsleuten auffordern, Künstler vorzuschlagen oder dazu aufzufordern, sich zu bewerben mit Projekten und ähnlichem. Das würde dem Kunstfonds sicherlich guttun, weil es möglicherweise die Qualität der Bewerbungen erhöht und außerdem seine Bekanntheit im Kunstbetrieb steigern würde.

Strand unter dem Pflaster – Kulturarbeit als Teil der Kunstausbildung?

Von Volker Rattemeyer

Eine der poetischen Parolen, die der Pariser Mai 1968 hervorgebracht hat, ist die vom Strand, der unter dem Pflaster liegt. Diejenigen, die mit dieser Parole auf die Straße zogen, hatten die hoffnungsvolle Vision, das gesellschaftliche System von seiner Kruste und seinen falschen Leitbildern zu befreien. Es galt, dem eingezwängten Leben zum Ausbruch und der Phantasie an die Macht zu verhelfen. Es galt, eine Kultur für alle zu schaffen.

Ende der 70er Jahre nimmt der Titel eines alternativen Stadtmagazins in Frankfurt auf diese Hoffnung Bezug. Daniel Cohn-Bendit, der für die Stadtzeitung seit ihrer Gründung die presserechtliche Verantwortung trägt, hat zu den wichtigen Akteuren und Parolen-Erfindern der Pflasterstrand-Generation in Frankreich und Deutschland gehört. Mit dem Abstand von nur einem Jahrzehnt verwandelt er die Parole des Pariser Mai vom flüchtig gesprühten Spruch der Straße in einen dauerhaft gedruckten Zeitungstitel.

Die Künstler-Enquete und die darauf folgenden Maßnahmen

Anfang und Ende des Weges, der der Parole vom Strand unter dem Pflaster beschieden ist, markieren aber zugleich auch eine zeitgeschichtliche Entwicklung, in der die soziale und wirtschaftliche Lage der Künstler ins öffentliche Blickfeld rückt, in der im Bereich von Kunst und Kultur besonders intensiv darum gerungen wird, die Kluft zwischen Künstlern, Kunst und Bevölkerung abzubauen, in der neue Formen der Vermittlung bildender Kunst erprobt werden und der Alltag der Menschen auf vielfältige Weise mit kulturellen Aktivitäten bereichert wird.[1] An einigen Stationen aus der langen Reihe von Initiativen, die in diesem Zusammenhang in den letzten 20 Jahren ergriffen worden sind, soll im folgenden erinnert werden:

Bis Mitte der 60er Jahre spielen Fragen der Aus- und Weiterbildung, der beruflichen und sozialen Lage der Kulturberufe in der öffentlichen Diskussion keine Rolle. Mit zunehmender relativer Verschlechterung von Arbeitsmöglichkeiten in den Kulturberufen, der ständigen Abnahme der Zahl der hauptberuflich tätigen Künstler, der Umorientierung hochschulischer Ausbildungsziele und gesellschaftpolitischer Vorstellungen mehren sich die Stimmen, die eine umfassende Analyse der beruflichen und wirtschaftlichen Situation in den Kulturberufen fordern. Die 1971 von der Bundesregierung in Auftrag gegebene und 1975 abgeschlossene Künstler-Enquete[2] beschreibt die soziale, wirtschaftliche und berufliche Lage der Kulturberufe in der Bundesrepublik und benennt Voraussetzungen für Lösungen, die sowohl dem Aspekt der beruflichen Mobilität in den Kulturberufen als auch dem sozialstaatlichen Anspruch gerecht werden. Darüber hinaus liefert die Künstler-Enquete unter Einbezug von Konzepten aus europäischen Nachbarländern Entscheidungshilfen für die Sozial- und Arbeitsmarktpolitik der öffentlichen Hand im Sektor Kultur, für den kultur- und medienpolitischen Bereich sowie für die Politik der in diesem Bereich tätigen Berufsorganisationen.

Auf der Grundlage des Künstlerberichts und von Gesprächen mit Repräsentanten von 80 Verbänden der Kulturberufe beschließt die Bundesregierung am 2. Juni 1976 ein Maßnahmenbündel zur Verbesserung der beruflichen und sozialen Lage der Künstler und Publizisten[3] mit Schwerpunkten im Bereich des Sozialversicherungs- und Arbeitsrechts, der Arbeitsvermittlung, des Steuer-, Urheber- und Wettbewerbsrechts sowie der Aus- und Weiterbildung. Darüber hinaus werden Maßnahmen zur Erweiterung des Arbeits- und Auftragsmarktes für Künstler ebenso in Aussicht gestellt wie auch die Förderung von Künstlern im Rahmen des internationalen Kulturaustausches. Die letzten beiden Schwerpunkte betreffen Förderungsmöglichkeiten einer Deutschen Nationalstiftung und Maßnahmen, die die Kulturfreundlichkeit staatlicher Stellen verbessern helfen sollen.

Bis Ende 1984 konnte ein Großteil der seinerzeit geplanten Maßnahmen verwirklicht werden. Für den Bereich der bildenden Kunst wurden dabei neben anderen Projekten auch Vorhaben realisiert, in denen Künstler für Arbeitsfelder der Kulturarbeit qualifiziert und in anderer Weise an Projekten und Vorhaben beteiligt werden, die der Erweiterung künstlerischer Arbeitsfelder, die der Förderung des Interesses für zeitgenössische Kunst und die der Verbesserung des Kontaktes zwischen Künstlern und Publikum dienen. Stellvertretend für realisierte Projekte aus diesem Bereich sollen drei größere Vorhaben kurz beschrieben werden:

Der Bundesminister für Bildung und Wissenschaft fördert in Berlin das Modellvorhaben »Künstlerweiterbildung«. In den Jahren 1978 bis 1981 werden Künstler aus dem gesamten Bundesgebiet und Berlin (West) für die Bildungsarbeit mit Haupt- und Berufsschülern, mit Lehrlingen und Erwachsenen qualifiziert. In einer einjährigen Weiterbildung können pro Jahreskurs etwa 40 Künstler pädagogische Zusatzqualifikationen erwerben, um auf diese Weise ihre beruflichen Möglichkeiten zu erweitern und Tätigkeiten in der Erwachsenenbildung, Kulturarbeit und Jugendbildung zu übernehmen.[4]

Für die Nutzung des künstlerischen Sachverstandes bei der Erfüllung von Ressortaufgaben werden von 1977 bis 1984 ca. 75 Projekte mit insgesamt 1,7 Millionen DM aus Haushaltsmitteln der verschiedenen Bundesressorts bezuschußt. Zielsetzung dieses Programms ist es, durch die Vergabe von Aufträgen des Bundes an Künstler, gesellschaftlich oder politisch relevante Themen mit ihrem Ressortbezug gegenüber der Öffentlichkeit zu verdeutlichen sowie Künstler bei der Gestaltung von Rahmen und Ablauf wichtiger Veranstaltungen zu beteiligen. In diesem Programm sind unter anderem eine Studie über die Arbeit von Künstlern mit Gefangenen[5] sowie die Projekte »Künstler und Ausländer« und »Künstler und Behinderte« realisiert worden.

Mit Unterstützung des Bundes hat sich 1980 der Kunstfonds konstituiert. Zielsetzung dieser Selbsthilfeeinrichtung der Künstler ist es, die zeitgenössische bildende Kunst zu fördern. Aus den Mitteln werden seit 1980 sowohl einzelne qualifizierte Künstler als auch Modellvorhaben mit gesamtstaatlicher Bedeutung gefördert. Das Förderungsprogramm sieht neben der Künstlerförderung (in Form von Arbeits-, Werkstipendien, Unterstützung von Kooperationsvorhaben deutscher und ausländischer Künstler) auch Förderungen vor, die das Interesse an und Verständnis für zeitgenössische Kunst fördern, zum Beispiel Modellprojekte bei Kunst im öffentlichen Raum, der Kunstvermittlung in Institutionen, der Erweiterung künstlerischer Arbeitsfelder, der Ausstellungsförderung, der Verbesserung des Kontaktes zwischen Künstlern und Publikum. Im Rahmen des Schwerpunktes »Erweiterung künstlerischer Arbeitsfelder« sind Projekte und Kooperationen mit einer Heimvolksschule, mit dem Deutschen Gewerkschaftsbund, mit einem museumspädagogischen Zentrum, mit verschiedenen psychiatrischen Kliniken und mit dem Kulturkreis im Bundesverband der Deutschen Industrie realisiert worden.

Formen kultureller Sozialarbeit und künstlerischer Kulturarbeit

Seit dem Vorliegen der Künstler-Enquete hat die Erwartung, daß bildende Künstler durch Projekte den Alltag der Menschen bereichern helfen sollen, auch vor den Toren der Kunsthochschule nicht halt gemacht. Insbesondere von Vertretern der Kultur- und Bildungspolitik und des Berufsverbandes Bildender Künstler wird wiederholt die Forderung erhoben, daß die Kunstakademie eine über die künstlerische Ausbildung hinausgehende Zusatzqualifikation – vornehmlich für Arbeitsfelder der Kulturarbeit – bereits im grundständigen Studium, aber auch als Weiterbildungsmaßnahme anzubieten habe. Durch die als Zusatz- oder Doppelqualifikation gedachte Angebotserweiterung soll die Verbesserung beruflicher Chancen für Absolventen künstlerischer Studiengänge erreicht werden. Aber auch die Auseinandersetzung mit einem erweiterten Kunstbegriff, demzufolge der Künstler als »Analytiker« und Auslöser sozialer Prozesse verstanden wird, wird als neue und wichtige Aufgabe der Kunstausbildung angesehen. Von den dabei von Künstlern im Feld der Kulturarbeit entwickelten Arbeiten werden nicht nur Anregungen, neue Arbeitsformen und Sichtweisen innerhalb des Kunstkontextes erhofft, sondern auch Impulse zum Rollenverständis des Künstlers und die gesellschaftlichen Aufgaben heutiger Kunstpraxis erwartet.

In welcher Weise Kulturarbeit in einem Fall als »künstlerische Kulturarbeit« wirksam wird, in einem anderen Fall eher dem Anspruch einer »kulturellen Sozialarbeit« genügt, zeigen fünf Beispiele, die für eine Vielzahl anderer stehen und von denen ich andernorts schon einmal berichtet habe.[6]

Beispiel 1: Der Berliner Modellversuch »Künstlerweiterbildung«

Im Berliner Modellversuch »Künstlerweiterbildung« werden in einer einjährigen Weiterbildung Künstlern praktische und theoretische Kenntnisse und Befähigungen für Aufgaben in verschiedenen kulturellen Bereichen vermittelt. Die Teilnehmer des Modellversuchs (Maler, Bildhauer, Grafiker, Kunstpädagogen) erproben in Zusammenarbeit mit den Mitarbeitern der »Künstlerweiterbildung« ihre Fähigkeiten in Jugendzentren, in der betrieblichen und außerbetrieblichen Kulturarbeit, in Lehrwerkstätten, in kommunalen Galerien, in gewerkschaftlichen Bildungs- und Kulturzentren, in Kunstämtern und in anderen Institutionen der Erwachsenen- und Jugendarbeit. Es wird zum Beispiel mit betrieblichen Jugendvertretern gezeichnet, es werden mit deutschen und ausländischen Jugendlichen plastische Figuren und Environments erarbeitet, mit Schwerbehinderten Malereien, Collagen, Fotografien hergestellt und Museumsbesucher zu gestalterischen Eigenaktivitäten angeregt.

Das Ziel dieser Vorhaben ist immer, Grundlagen zu erarbeiten, die im Sinne einer »kulturellen Sozialarbeit« kreative und gestalterische Bedürfnisse bei den jeweils angesprochenen Menschen aktivieren und vertiefen sollen.[4]

Beispiel 2: Die Planung und Herstellung von Plastiken durch die Kunstkolonne der Justizvollzugsanstalt Bremen unter Anleitung von Siegfried Neuenhausen

Im Rahmen eines öffentlichen Auftrages erarbeitet Siegfried Neuenhausen unter Mitarbeit von Strafgefangenen der Justizvollzugsanstalt Bremen-Oslebshausen für den »öffentlichen Raum« eine Reihe von Plastiken (Reliefs) zum Thema »Probleme und Chancen des vierstufigen Strafvollzugs« (geschlossene Anstalt, halboffene Anstalt, offener Vollzug, offene Anstalt). Der ursprünglichen Ideenskizze aus dem Jahre 1976 zufolge sollen vier größere Relieftafeln geschaffen werden, die die Konzeption des vierstufigen Strafvollzugs, historische Gesichtspunkte des Strafvollzugs oder den Alltag des Strafgefangenen darstellen. Die von Neuenhausen eingereichten Entwurfsskizzen behandeln entsprechende Themen, wie etwa »Ursachen der Kriminalität«, »Szenen aus dem Leben hinter Gittern« und »Leben in der Freiheit«. Seine Übelegungen gehen davon aus, daß »niemand sich authentischer über Probleme, Chancen, Perspektiven des vierstufigen Strafvollzug äußern kann als der Strafgefangene selbst«. Deshalb sollen Strafgefangene nicht nur ihre Erfahrungen einbringen, sondern auch bei der Realisierung der Arbeit (z. B. beim Bau von Modellen, beim Herstellen der Negativformen, bei vorbereitenden Arbeiten des Bronzegusses usw.) mithelfen und – wenn möglich – einzelne Teile der Gesamtplastik eigenständig entwickeln. Im Verlauf der halbjährigen Arbeit mit Strafgefangenen wird die ursprüngliche Konzeption aufgegeben. In der alltäglichen Arbeit emanzipieren sich die einzelnen Mitglieder der Kunstkolonne so weit vom ursprünglichen Plan, daß sie unter Anleitung von Neuenhausen und der zeitweiligen Mithilfe zweier Studenten und eines Steinmetzes ein Ensemble von 45 großen Skulpturen aus Stein und Beton schaffen, die sich bei aller inhaltlichen Korrespondenz durch ein Höchstmaß an individuellen »Eigenwertigkeiten« auszeichnen. Da die Skulpturen zur Überwindung oder Minderung der »sozialen Kluft zwischen den Insassen der Justizvollzugsanstalt und den Bürgern des Ortsteils« beitragen sollen, wird der vor der Anstalt liegende Grünzug als Ausstellungsort der Arbeiten ausgewält. Eine Gruppe von Gefängnisinsassen gestaltet unter Mithilfe des Gartenbauamtes diesen Geländestreifen zu einem Landschaft und Skulpturen umfassenden Ambiente mit unterschiedlichen Nutzungszonen.

Sicherlich zeichnet sich das Neuenhausen-Projekt durch Momente von Therapie und haftinterner Resozialisation aus. Und im »gemeinsamen Graben nach verschütteter Kreativität« (Neuenhausen) hat das Vorhaben – durchaus vergleichbar dem Ziel der Berliner »Künstlerweiterbildung« – auch gestalterische Bedürfnisse und Fähigkeiten bei den angesprochenen Adressaten geweckt und aktiviert. Aber die Bedeutung dieser Arbeit liegt vor allem in einer Vorstellung von Kunst als gesellschaftlicher Aufgabe und damit als Chance einer öffentlichen Selbstdarstellung derjenigen, die unmittelbar von dem verhandelten Thema betroffen sind. Somit leistet das Neuenhausen-Projekt Kulturarbeit in doppelter Weise: Es macht Probleme des Strafvollzugs mit Mitteln der Kunst öffentlich sichtbar, die im Rahmen einer künstlerischen Auftragsarbeit mit und von Strafgefangenen entwickelt worden sind. Aber noch etwas macht dieses Projekt sehr deutlich. Es zeigt die Kontinuität einer künstlerischen Grundvorstellung, die im Falle von Neuenhausen mit dem Bremen-Projekt den Schritt von der realistischen Darstellung von Gefangenen (eine Arbeit aus den frühen 70er Jahren) zur realen Arbeit mit Gefangenen vollzieht.[7] Neuenhausens Identität als Künstler wird durch seine Tätigkeit als »Kulturarbeiter« nie in Frage gestellt; denn er bleibt der bekannte Künstler Neuenhausen, der in einem Arbeitsfeld der Kulturarbeit mit seinem Namen und sein Projekt und seine dabei verfolgten Absichten aufmerksam macht.

Beispiel 3: Zum Arbeitskonzept von Manfred Boecker und Wolfgang Niedecken und zum Projekt »Wunschbilder«

Die Beteiligung des Publikums und die Frage nach dem Begriff und der Funktion der Kunst, die in den kulturellen Institutionen vermittelt wird, gehören zu den Problemen, mit denen sich Manfred Boecker und Wolfgang Niedecken zwischen 1977 und 1980 befassen und für die sie gemeinsam signieren. Ihre vier Werkgruppen »Wunschbilder« (1977), »Was ist Kunst?« (1978), »Tagesbilder« (1979) und »Monatsbilder« (1980) sind als Bestandsaufnahme von Wahrnehmungsinhalten und Handlungsresultaten des sozialen Umfelds der beiden Maler zu sehen.

Der Zyklus der »Wunschbilder« umfaßt eine Serie von 100 Gemälden, die nach Bildvorstellungen und Bildwünschen der sozialen Alltagsumgebung (wie Bekannte, Freunde, der Wirt an der Ecke, der Türke von gegenüber, der Galerist usw.) »auf Bestellung« gemalt wurden. Die Werkgruppe besteht neben den Gemälden aus den »schriftlich fixierten Bilderwünschen, den fotografischen Aufnahmen der Wunschbilder in der jeweiligen häuslichen Umgebung und einem Statement der einzelnen Auftraggeber zu ihren Intentionen, Zielen, Zwecken, Vorstellungen etc.«.

Boeckers und Niedeckens Projekt »Wunschbilder« zeigt »soziale Prozesse« in der Kunst und als Kunst, aber in einer ganz spezifischen Weise und Ausrichtung. Dem Entschluß der beiden Maler, Bildvorstellungen und Bildvorlagen Dritter zu thematisieren und sich dabei als Künstler bis zur Anonymisierung selbst zurückzunehmen, liegt die Vorstellung zugrunde, als Künstler nur Initiator und Medium einer Dokumentation von sozialen Prozessen zu sein. In dem Maße, in dem in den Arbeiten eine »indirekte Selbstdarstellung der Auftraggeber und der Maler geboten« wird, aber auch »indirekte Fremdwahrnehmung der Maler durch die Auftraggeber wie der Auftraggeber durch die Maler geschildert« wird, wird das »Verhältnis von Selbstwahrnehmung und Fremddarstellung« zum Thema einer Kulturarbeit – aber einer künstlerischen Kulturarbeit, die in Bildern über Künstler und Rezipient, über Künstler und in Medien angenommenes Kunstverständnis berichtet und dabei die vielfältigen Interaktionen und Feedbacks vor Augen führt.[8]

Beispiel 4: Schule für kreativen Feminismus als Beispiel einer autonomen Kulturarbeit von Ulrike Rosenbach

Ulrike Rosenbach gründet 1976 in Köln die »Schule für kreativen Feminismus«. Mit der Arbeit der Schule möchte sie zur Entwicklung eines neuen Kulturbegriffs beitragen, in dem die kreativen Fähigkeiten von Frauen und Männern als gleichberechtigt anerkannt werden. Die »Schule für kreativen Feminismus« veranstaltet regelmäßig mehrmonatige Kurse für kunstinteressierte Frauen – Kunststudentinnen, Künstlerinnen, aber auch Frauen, die aus nichtkünstlerischen Berufen kommen. Die Kurse umfassen drei Phasen:

Eine Einführung in die Geschichte von Frauenkultur und -kunst vermitteln Diavorträge, Referate, Buchlektüre usw. Drei Informationsschauen sind besonders wichtiger Bestandteil dieser ersten Phase: Der Diavortrag über Göttinnen und die Darstellung der göttlichen Frau in verschiedenen Kulturen befassen sich mit den großen mythologischen Konzeptionen und der vergangenen Macht der Frau. Der Vortrag »Malerinnen aus vier Jahrhunderten« ist nach dem Katalog der 1976 in Los Angeles gezeigten Ausstellung »Women Painters 1550–1950« entstanden und gibt einen Überblick über die historischen Leistungen von Malerinnen, von denen die meisten in der von Männern geschriebenen »männlichen« Kunstgeschichte vergessen worden sind. Über neuere Entwicklungen der Arbeiten von amerikanischen Künstlerinnen informiert der Diavortrag »Künstlerin der Westcoast«, der während eines Amerika-Aufenthaltes Ulrike Rosenbachs entstanden ist. Die Diavorträge werden ergänzt durch die Lektüre der Bücher von Judy Chicago (»Durch die Blume – meine Kämpfe als Künstlerin«), Lucy Lippard (»From the center«), Bachofen (»Das Mutterrecht«) oder von Erich Neumann (»Die große Mutter«). Gegenstand der Lektüre ist auch das zweibändige Werk »Frauen in der Kunst« von Nabakowski, Sander und Gorsen.

In der zweiten Phase werden die individuellen und gemeinsamen Lebenserfahrungen der Kursteilnehmerinnen zur Diskussion gestellt und analysiert. In diesem Selbsterfahrungstraining sieht Ulrike Rosenbach eine wichtige Voraussetzung für die praktische, kreative Arbeit der dritten Phase. In den Kursen, die seit der Gründung der »Schule für kreativen Feminismus« durchgeführt wurden, konzentrieren sich die Themen der praktischen Arbeit auf die Auseinandersetzung mit weiblichen Mythen und mit der Unterdrückung von Frauen (Medusa; Mond und Menstruation; Gewalt gegen Frauen; Pornographie). Viele Arbeiten münden zugleich auch in politische Aktionen.

Als Problem in der Arbeit der »Schule für kreativen Feminismus« erweist es sich, daß der Begriff der »feministischen Kunst« unterschiedlich besetzt ist. Ulrike Rosenbach betont zwar, wie wichtig es ist, unvoreingenommen an die neuen Arbeitsweisen feministischer Kunst heranzugehen, hält aber trotz dieser Forderung nach Unvoreingenommenheit an einem hohen Qualitätsanspruch und an der Notwendigkeit der Professionalität feministischer Kunst fest. Demgegenüber gilt für viele Feministinnen jedwede kreative Betätigung von Frauen schon an sich für unterstützenswert – mit der Folge, daß überhaupt keine Qualitätskriterien mehr akzeptiert werden bzw. daß jeder Qualitätsmaßstab als »männlich« abgelehnt wird. Eine Position, die in die Verwechslung von feministischer Kunst mit feministischer Hobbykultur mündet und dem Ziel der Entwicklung eines neuen Kulturbegriffs in den Augen von Ulrike Rosenbach daher mehr schadet als nützt.

Feministische Kunst, wie sie Ulrike Rosenbach versteht, ist keine Programm- oder gar Propaganda-Kunst im Sinne einer politischen Kunst, die sich Parteiprogrammen und ideologischen Lehrsätzen unterwirft. Wohl aber hat sie ein Programm, denn sie versucht, die Rolle der Frau in Gesellschaften, in denen »männliche Wertvorstellungen« dominieren, bewußt zu machen; sie will dazu beitragen, daß die Abhängigkeit, Benachteiligung und Unterdrückung von Frauen beseitigt wird; und schließlich beansprucht sie, eine neue, das heißt eigenständige Ikonographie des weiblichen künstlerischen Schaffens zu entwickeln.

Im Unterschied zum Berliner Modellversuch »Künstlerweiterbildung« geht Ulrike Rosenbach nicht in ihrer Arbeit mit den Frauengruppen auf und läßt sich nicht durch diese Arbeit verschleißen. Sie arbeitet auch weiterhin als Künstlerin, die durch eine Vielzahl von Performances und anderen »One-Woman-Shows« in renommierten Ausstellungshäusern auftritt und ihre Arbeit präsentiert. Auch die eigene Arbeit sieht sie als »feministische Kunst«. Entsprechend wählt sie Themen, die sich aus der Auseinandersetzung mit der weiblichen Geschichte und Kulturgeschichte oder auch aus der eigenen Lebenserfahrung als Frau ergeben.[9]

Beispiel 5: Feldforschung/praktische Ethnologie von Lili Fischer

Lili Fischer entlehnt den Begriff für ihre Arbeitsmethode der Ethnologie: »Feldforschung«. Die Idee liegt darin, alltägliche Lebensbereiche in die Kunst einzubeziehen und zum Gegenstand der Feldforschung zu machen: Haushalt und Heilkunde (vgl. S. 114–117), Wanderungen und Witterungen, Pflanzen und Funde in der Landschaft, Gespräche und Gymnastik. Lili Fischer macht sich über diese Bereiche genaue Aufzeichnungen und stellt die Ergebnisse ihrer Untersuchungen in Form von Diagrammen, Fotos, Zeichnungen und Objekten dar. Sie bezieht aber auch die Menschen, die »Feldbewohner«, und ihre Reaktionen in ihre Untersuchungen mit ein und entdeckt mit ihnen gemeinsam neue und bisher unbekannte Dimensionen des jeweils untersuchten Lebensbereichs. Hinter dieser Arbeitsweise, die sowohl Ausstellungen und Buchpublikationen als auch Animationen in Kunstvereinen, Altenkreisen, Freizeitzentren, Volkshochschulen und Galerien umfaßt, steht die Idee des Künstlers als Animator, der im Zusammenspiel mit anderen Personen Strategien entwickelt, um »eigene Erlebnisse zu entdekken« und eine genauere »Lebensaufmerksamkeit« zu gewinnen.[10]

Gegenstand von Lili Fischers ersten Feldforschungsunternehmungen sind Anfang der 70er Jahre unbedeichte Halligen, auf denen sie die ästhetischen Dimensionen einer ungeschützten Insel untersucht und darüber Gespräche mit den Bewohnern führt. Später entwickelt sie aus dieser Arbeit eine Ausstellung und ein Animationsprojekt. 1972 hält Lili Fischer im Kurhaus Malente vor Kurgästen einen Vortrag über »Sebastian Kneipps Beziehung zur Kunst« und unterrichtet Kunststudenten über »Archäologie als künstlerische Methode«. Die Jahre des Referendariats als Kunstpädagogin an einer Hamburger Gesamtschule schärfen zwar ihre Sensibilität für zwischenmenschliche Prozesse, sind jedoch so anstrengend, daß ihre künstlerische Arbeit und ihre Animationsideen im Schulalltag unterzugehen drohen. Ende der 70er und Anfang der 80er Jahre gelangt das Animationskonzept der Künstlerin Lili Fischer dann zur eigentlichen Reife.

Lili Fischer betreibt ihre Animationsarbeit nicht etwa neben ihrer »eigentlichen« Kunstarbeit, sondern sie hat die Feldforschungs- und Sozialarbeit von Anfang an als Kunstarbeit durchgeführt. Sie ist als Künstlerin bekannt geworden, weil es ihr gelang, den Kunstbegriff auf diese Weise zu erweitern. Es ist ihr immer wieder gelungen, ihre Arbeitsergebnisse in anerkannten Kunstzeitschriften und Kunstausstellungen (Kunstvereinen, Museen, Galerien) zu veröffentlichen.

Kulturarbeit als zusätzlicher Teil der Kunstausbildung?

Geht man von den derzeit an Kunsthochschulen praktizierten Konzepten des Studiums der Freien Bildenden Kunst aus und betrachtet man die bisher bekannten Arbeitsansätze, Erscheinungsformen und Arbeitsmarktanforderungen von Kulturarbeit im Sinne der »kulturellen Sozialarbeit« des Berliner Modellversuchs »Künstlerweiterbildung«, so ist die Frage, ob und unter welchen Bedingungen die Kunstausbildung um Angebote der Kulturarbeit zu erweitern ist, nicht leicht zu beantworten. Die von mir mit Künstlern, Hochschullehrern, Kunstkritikern und anderen Vertetern des Kunstbetriebes geführten Gespräche haben verschiedene Probleme deutlich gemacht.

Der Haupteinwand, der gegen ein Konzept von Zusatz- oder Doppelqualifikationen vorgebracht wird, hebt darauf ab, daß schon die bisherige Kunstausbildung den »beruflichen« Aspekten der künstlerischen Arbeitspraxis nur zum Teil gerecht wird. Wenn also bereits heute Qualifikationen in bezug auf Fähigkeiten und Kenntnisse bestehen, die der Student später als freischaffender Künstler zur Bewältigung seiner beruflichen Aufgaben benötigt, und wenn befürchtet wird, daß eine frühzeitige Auseinandersetzung mit diesbezüglichen Fragen den künstlerischen Entwicklungsprozeß behindert, so muß diese Befürchtung um so größer und berechtigter erscheinen, wenn der Kunststudent noch obendrein Qualifikationen für andere Berufsfelder, wie zum Beispiel die Kulturarbeit, erwerben soll.

Zudem wird gegen ein Konzept kultureller Sozialarbeit als Zusatz- oder Doppelqualifikation eingewendet, daß dieses nur schwerlich mit dem Anspruch einer Kunstausbildung in Einklang zu bringen sei, die die eigenen künstlerischen Darstellungsabsichten des Studenten so weit wie möglich entwickeln will, um die Chance einer beruflichen Tätigkeit als Künstler zu wahren. Die Akzeptanz von zwei an sich divergierenden Zielsetzungen, was die inhaltliche Ausrichtung von Kunst und kultureller Sozialarbeit zueinander betrifft, ist allen ernstzunehmenden Argumenten zufolge nur dann herzustellen, wenn die eigene künstlerische Darstellungsabsicht einen programmatischen Ansatz verfolgt, der eben tendenziell Aspekte der Kulturarbeit mit einschließt. Nur wenn Kunstarbeit und Kulturarbeit demselben Kunstverständnis, derselben künstlerischen Haltung entspringen und vergleichsweise affine Darstellungsabsichten ermöglichen, hat ein Konzept der Erprobung von gleichen oder ähnlichen künsterischen Arbeitsansätzen in unterschiedlichen Anwendungszusammenhängen Chancen auf Realisierung. Wie auch nur dann Hochschullehrer, die für den Ausbildungsbereich der Freien Bildenden Kunst verantwortlich sind, die zusätzlichen Angebote akzeptieren dürften, wenn sie Vermittlungsformen und Arbeitslösungen verfolgen, die als künstlerisch angemessen gelten können und dadurch der selbstgesetzte Anspruch nicht gefährdet wird, Künstler und eben nicht Kulturarbeiter auszubilden.

Gerade die Beispiele Boecker/Niedekken, Neuenhausen, Rosenbach und Fischer zeigen, daß freie, autonome künstlerische Tätigkeit mit Kulturarbeit nur unter der Voraussetzung vereinbar ist, wenn der betreffende Künstler bereits eine starke Identität als Künstler entwicklet hat und wenn er eine spezifische Form der Kulturarbeit aus seiner künstlerischen Arbeit heraus entwickelt – wenn also zwischen beiden Arbeitsformen kein Widerspruch hinsichtlich des zugrunde liegenden Kunstverständnisses besteht.

Ganz anders sieht die Situation etwa für den Maler aus, der seine Bilder nicht verkaufen kann und nun – um Geld zu verdienen – mit Lehrlingen oder im Altersheim eine pädagogische und therapeutische Arbeit verrichtet, die mit seinem künstlerischen Arbeitsansatz in keiner Beziehung steht. In diesem Fall muß bezweifelt werden, ob beide Tätigkeiten dauerhaft nebeneinander ausgeübt werden können, wenn sich dadurch die Chancen des Künstlers, seine künstlerische Arbeit durchzuhalten und auch durchzusetzen, nicht entscheidend vermindern sollen.

Grundsätzlich ist es zwar keine Frage, daß Kulturarbeit – wie sie etwa der Berliner Modellversuch angeboten hat – lehr- und lernbar ist, zumindest trifft das zu im Hinblick auf die Vermittlung von Fertigkeiten und Kenntnissen, die den Künstler zu einer durchschnittlichen kulturpädagogischen Tätigkeit befähigen. Allerdings sind die Qualifikationsanforderungen, die Künstler benötigen, um im Feld der Kulturarbeit tätig werden zu können, heute so differenziert und vielfältig, daß sie parallel zum Studium der Freien Bildenden Kunst nicht nebenbei miterworben werden können. Unabhängig vom Zuschnitt einzelner Qualifikationsprofile (etwa für die Arbeit mit Ausländern oder mit Lehrlingen oder mit alten Menschen) sind immer andere und zusätzliche Kompetenzen erforderlich als die des Erwerbs, der Vermittlung und Präsentation der eigenen künstlerischen Arbeit. Auch reicht – wie die fünf genannten Beispiele von Kulturarbeit zeigen – eine Erarbeitung in Form theoretisch vermittelter Lehrangebote nicht aus. Vielmehr liefern hier erst eigene praktische Erprobungen und konkrete Erfahrungen in den entsprechenden Arbeitsfeldern die unabdingbare Basis für den Erwerb der erforderlichen Qualifikationen. Der dafür zu veranschlagende Zeitfaktor steigt in dem Maße an, in dem sich der durch das zusätzliche Lehrangebot zu vermittelnde Gegenstandsbereich substantiell vom Merkmal einer üblicherweise ein Kunststudium charakterisierenden Arbeitsweise unterscheidet. Gerade am Berliner Modellversuch »Künstlerweiterbildung« lassen sich die zeit- und arbeitsintensiven Anstrengungen belegen, die trotz einer relativ gut durchorganisierten Planung erforderlich waren, um Künstler, die ihrerseits bereits ein Kunststudium absolviert hatten wie auch mehrjährige Berufserfahrungen als Künstler nachweisen konnten, für Aufgaben in der kulturellen Sozialarbeit weiterzuqualifizieren.

Von der Frage einmal abgesehen, ob die Kunsthochschulen überhaupt Lehrangebote für den Bereich der Kulturarbeit machen wollen, können die einzelnen Akademien zur Zeit kaum Kompetenzen und Ausbildungskapazitäten hierfür zur Verfügung stellen. So wenig daher an ein alle Kunsthochschulen umfassendes, flächendeckendes Studienangebot für den Bereich der Kulturarbeit zu denken ist, so wenig kann auch das Gesamtspektrum der Kulturarbeit durch entsprechende Lehrangebote abgedeckt werden.

Zusatzangebote dieser Art sollten sich zudem um eine konzeptionelle Nähe zu den in der Hochschule vertretenen künstlerischen Arbeitsansätzen bemühen, um nicht von vornherein aus »kunstideologischen Streitereien« heraus auf den Dialog mit den Vertretern der Freien Bildenden Kunst verzichten zu müssen. Die Nichtakzeptanz der kulturpädagogischen Studienangebote durch die künstlerischen Lehrer würde bei dem Versuch, entsprechende Zusatzangebote für Studenten der Freien Bildenden Kunst einzuführen, eine nur schwer zu überwindende Hürde darstellen. In diesem Zusammenhang muß auch bedacht werden, daß die bisher bekannten Formen von kultureller Sozialarbeit – soweit Künstler daran beteiligt waren – so unterschiedlich und vielfach auch noch viel zu wenig untersucht worden sind, daß über die für diese Tätigkeiten notwendigen qualifikatorischen Anforderungen noch keine gesicherten Aussagen möglich sind.

Die Frage, ob eine Zusatz- oder Doppelqualifikation auf Arbeitsfeldern der Kulturarbeit überhaupt zu einer Verbesserung von beruflichen Arbeitsmöglichkeiten für so ausgebildete Künstler führt, kann eindeutig weder mit Ja noch mit Nein beantwortet werden.

Für den Bereich der kulturellen Sozialarbeit stellt sich die folgende Ausgangslage: Über die universitären und fachhochschulischen Studiengänge der Sozialarbeit, Sozialpädagogik oder Kulturpädagogik hinaus gibt es mit Ausnahme der »Kulturpädagogischen Arbeitsstelle« an der Hochschule der Künste, Berlin, bislang keinen Studiengang oder Ausbildungsschwerpunkt an einer Kunsthochschule, der systematisch Lehrgegenstände der kulturellen Sozialarbeit aufbereitet.[11] Bezüglich der »beruflichen Verwertungsperspektiven« ist aber zu bedenken, daß die mit einer solchen Zusatzqualifikation ausgestatteten Absolventen künstlerischer Studiengänge keineswegs als Alleininteressenten im entsprechenden »zweiten Arbeitsmarkt« auftreten werden. Vielmehr müssen Künstler mit dieser Zusatzqualifikation als Mitkonkurrenten für Aufgaben der Kulturarbeit angesehen werden, für die andere Berufsgruppen primär ausgebildet worden sind. Die durch den Berliner Modellversuch weitergebildeten Künstler mußten beispielsweise in dem für sie neuen Arbeitsfeld der Kulturarbeit mit Psychologen um entsprechende Stellen und Aufgaben konkurrieren. Auch hat nur ein Teil der in Berlin weitergebildeten Künstler eine feste Stelle oder einen zeitlich befristeten Auftrag erhalten.

Der Hinweis auf die nur bedingt gegebenen beruflichen Arbeitsmöglichkeiten im Bereich der Kulturarbeit kann sicherlich nicht das primäre Argument für die Frage sein, ob entsprechende Zusatzangebote für Kunststudenten und Künstler bereitgestellt werden sollen oder nicht. Es müßte allerdings – bei positiver Enscheidung – im Hinblick auf den Zuschnitt der zusätzlich zu vermittelnden Qualifikation beachtet werden. Wie schließlich auch bedacht werden müßte, daß eine künstlerische Kultur- oder Sozialarbeit das gleiche Recht wie die Kunsterziehung hat, an Kunsthochschulen gelehrt zu werden. Auch dann, wenn nicht jedem Studenten ein Reflexionsniveau und eine »Dichte« von Kulturarbeit vermittelt werden kann, wie dies beispielsweise in den Arbeiten von Lili Fischer, Siegfried Neuenhausen oder Ulrike Rosenbach der Fall ist. Der Kunststudent oder der Künstler, der sich für den Erwerb von Qualifikationen im Bereich der Kulturarbeit entscheidet, wird dies aus einem besonderen Interesse heraus tun, in vielen Fällen aber auch in der Überzeugung, auf dem traditionellen Kunstmarkt ohnehin keine Chance zu haben. Auch unter den »Künstler-Kulturarbeitern« wird es die gleiche Schichtung geben wie unter den Künstlern aller anderen Richtungen. Nur wenige werden neue Formen entwickeln, dafür Stipendien und Preise erhalten und ihre Ergebnisse der Kulturarbeit in experimentell bzw. nicht kommerziell ausgerichteten Galerien, eventuell sogar in Kunstvereinen oder Museen ausstellen. Die große Mehrheit wird sicherlich eher konventionelle Projekte durchführen, deren Ergebnisse sie selten oder nie ausstellen bzw. veröffentlichen und keine Stipendien oder Kunstpreise erhalten.

Insgesamt steht ein systematisches Nachdenken über Studienbedingungen, die eine Zusatz- oder Doppelqualifikation von Kunststudenten im Auge haben, zur Zeit zumindest in einem gewissen Widerspruch zu den Erwartungen des Kunstmarktes, aber auch der »Abnehmer von Kulturarbeit«, die eben einen Künstler oder einen Kulturarbeiter bzw. Kulturpädagogen mit spezifischen Kompetenzen und einer angemessenen Arbeitsbereitschaft haben wollen und nicht jemanden, der divergierende Arbeitsinteressen in sich vereinigt und diese eventuell auch noch gleichzeitig verwirklichen will. Man mag das bedauern, aber man muß den folgenden Tatbestand zunächst einmal akzeptieren: Obgleich mehr denn je Grenzgänger zwischen den verschiedenen »Welten« der Kunst, Kulturarbeit, Kulturpädagogik, Kunstvermittlung usw. erforderlich wären, um die zunehmend zu beobachtende Abschottung der künstlerisch-gestalterischen wie auch der kunstvermittelnden Bereiche oder Disziplinen aufzubrechen und sie aufeinander zuzuführen, sind es genau die für den einzelnen Arbeitsbereich geforderten Qualifikationsbedingungen, die eine Erprobung des »Grenzgängertums« zwischen verschiedenen Berufsfeldern verhindern.

Anmerkungen

1 Auf dem 1979 in Stuttgart stattgefundenen Internationalen Künstlerkongreß sind neben Projekten aus traditionellen Arbeitsfeldern der Künstler auch neue Möglichkeiten für die Vermittlung bildender Kunst und neue Berufsfelder, in denen Künstler Vorhaben realisiert haben, vorgestellt worden. Die Ergebnisse des Kongresses sind dokumentiert in: Internationale Gesellschaft der Bildenden Künste (Hg.): Kunst und Öffentlichkeit. Berlin (West) 1980

2 Fohrbeck, Karla/Wiesand, Andreas Johannes: Der Künstlerreport. Musikschaffende – Darsteller – Realisatoren – Bildende Künstler – Designer. München – Wien 1975

3 Bundesministerium des Innern (Hg.): Verbesserung der beruflichen und sozialen Lage der Künstler und Publizisten. Stuttgart – Berlin – Köln – Mainz 1976

4 Siehe dazu u. a.: Prospekt »Modellversuch Künstlerweiterbildung«, Anfang 1977; Zwischenberichte »Modellversuch Künstlerweiterbildung«, 1977 und 1979; Volkshochschule und Kulturarbeit – Tagung des Modellversuchs Künstlerweiterbildung stellte wichtige Projekte vor. In: Kulturpolitik. Jg. 1979, Nr. 31, S. 10–14; Hochschule der Künste, Berlin, und Berufsverband Bildender Künstler (Hg.): Künstler und Kulturarbeit, Modellversuch. Künstlerweiterbildung 1976–1981. Berlin (West) 1981

5 Siehe dazu: Neuenhausen, S./Stark, H.-D. (unter Mitarbeit von B. Dettelbach): Die Arbeit mit Gefangenen in Justizvollzugsanstalten – Eine Untersuchung im Auftrag des Bundesministers der Justiz. Bonn 1981

6 Siehe dazu: Rattemeyer, Volker: Kunststudium, Eintritt in die künstlerische Berufspraxis, Kunstmarkt: Problemdarstellung, Folgerungen und Vorschläge zur Verbesserung der Kunstausbildung wie auch der Arbeitssituation junger Künstler. In: Bundesminister für Bildung und Wissenschaft (Hg.): Kunststudium und künstlerische Praxis. Bad Honnef 1984, S. 195–250

7 Die Planung und Herstellung von Plastik durch die Kunstkolonne der Justizvollzugsanstalt Bremen unter der Anleitung von Siegfried Neuenhausen. Ausstellungskatalog der gleichnamigen Ausstellung im Kunstverein Hannover vom 11. März bis 6. Mai 1979. Hannover 1979

8 Zum Arbeitsansatz von Boecker und Niedecken siehe: Eremit? Forscher? Sozialarbeiter? Das veränderte Selbstverständnis von Künstlern. Ausstellungskatalog der gleichnamigen Ausstellung im Kunstverein und Kunsthaus Hamburg vom 14. Juli bis 26. August 1979. Hamburg 1979, S. 78–85; Sauerbier: Bemerkungen zu dem Zyklus und die Wunschbilder. Manfred Boecker und Wolfgang Niedecken. In: Feldforschung. Ausstellungskatalog der gleichnamigen Ausstellung im Kölnischen Kunstverein vom 22. April bis 28. Mai 1978. Köln 1978, S. 12f.

9 Der Ansatz und einige Arbeitsergebnisse von Ulrike Rosenbachs »Schule für kreativen Feminismus« sind dargestellt in: Rosenbach, Ulrike: Beispiel einer autonomen Kulturarbeit. Köln 1980; Rosenbach, Ulrike: Videokunst. Foto. Aktion/Performance. Feministische Kunst. Köln 1982, S. 131 ff.

10 Zum Arbeitsansatz von Lili Fischer siehe u.a.: Feldforschung. Ausstellungskatalog..., a.a.O., S. 23–24; Eremit? Forscher? Sozialarbeiter?..., a.a.O., S. 102–105

11 Neben der Berliner Hochschule der Künste hat ab Wintersemester 1985/86 auch die Hochschule für Bildende Künste kulturpädagogische Lehrangebote in ihr Ausbildungsprogramm aufgenommen.

Konzept erlaubt, aber Durchführung fraglich – Über die Schwierigkeiten, Grenzen zu überschreiten

Von Ludwig Zerull

Im wesentlichen vier vom Kunstfonds geförderte Projekte sollen auf den nächsten Seiten beschrieben und befragt werden. Drei sind für ein oder in einem Krankenhaus gemacht worden (Barbara Claassen-Schmals Bremer Frauenklinik-Projekt, Siegfried Neuenhausens Psycho-Klinik-Projekte in Wunstorf und Hamburg-Ochsenzoll und Rolf Lautes Künstlerwerkstatt mit Patienten der Alsterdorfer Anstalten in Hamburg). Alle gemeinsam haben neben der künstlerischen auch eine soziale, eine in die Öffentlichkeit wirkende Komponente. Randgruppen, Outcasts, Tabuisierte der Gesellschaft werden zu Mitarbeitern am Projekt, und die so entstandenen künstlerischen Arbeiten sollen die Öffentlichkeit erreichen.

Ein anderes Projekt (Wulf Kirschners Symposion »Nordseeküste«) fand dagegen schlicht als »Kunst im öffentlichen Raum« statt. Auch hier, wie bei allen solchen Projekten, geht es um die öffentliche Annahme, zählt letztlich also auch ein quasi sozialer Aspekt am Künstlerprojekt. Nimmt man die Akten zu den Förderungsanträgen und die später eingeforderten Ergebnisbelege und -berichte, geht das sicher immer gut aus. Aber, was ist wirklich herausgekommen? Wo sind gute Projekte an der Öffentlichkeit gescheitert? Und warum? »Initiativen zu unterstützen und Starthilfen zu geben«, ist Aufgabe des Kunstfonds. Aber wie geht das dann aus?

Der Kunstfonds bringt Projekte auf den Weg. Der Startschuß – das sind je nach Lage der Dinge 10000,– DM, 20000,– DM, selten mehr, oder die Übernahme von bis zu 50% der Projektkosten, wenn es sich um eine sogenannte »Partnerschaftsfinanzierung« handelt. Das klingt gut.

Und dann? Dann kommt das große Fragezeichen. Kommt der Übermut der Ämter? Kommt die Ohnmacht der geförderten Künstler wie des fördernden Kunstfonds und der mitfördernden Partner vor dem »gesunden Volksempfinden«? Der Kunstfonds behält sich vor, »ggf. über eine Rückforderung zweckwidrig verwendeter Mittel« zu entscheiden, wie es in den Vergaberichtlinien steht. Das ginge auch. Aber von den Ämtern, von den Repräsentanten mit ihrer Borniertheit, ihrem Unverstand, von diesem Teil der Öffentlichkeit kann niemand etwas zurückfordern. Und kann man, wie der Ausgang manchen Projekts zeigt, auch nichts erwarten.

Da gibt es beispielsweise den Fall des Projekts »Spekulum«, der zur künstlerischen Gestaltung der Frauenklinik an der St. Jürgen-Straße in Bremen führen sollte. Arroganz und Ignoranz von einflußreichen Teilen des Krankenhauspersonals haben dort offenbar dazwischengefunkt. Was war geschehen?

Im Jahr 1981 beauftragte der Senator für Wissenschaft und Kunst in Bremen die Bremer Künstlerin Barbara Claassen-Schmal, ein Ideenkonzept für die geplante Frauenklinik des Zentralkrankenhauses St. Jürgen-Straße auszuarbeiten. Man entschied sich, in einer ersten Phase einen bundesweiten Wettbewerb – nur unter Frauen – auszuschreiben. Eine Jury, konsequenterweise ebenfalls nur mit Frauen besetzt, sollte die eingehenden Arbeiten sichten und einen Teil in einer großangelegten Ausstellung zeigen. Zur Ausstellung erschien ein Buch im Verlag Elefanten Press. Es heißt »Spekulum – Frauenkünste, Geburtstage, Krankheitsbilder«.

Spekulum – das ist jenes gynäkologische Instrument, ein Spiegel, mit dem der Arzt bei Schwangeren wie bei krebskranken Frauen untersucht. Darum ging es Barbara Claassen-Schmal: Schwangerschaft, Geburt, Gynäkologie und Krebs als Angstsymptom – also tabuisierte Bereiche in der abendländischen Gesellschaft – von Betroffenen, von Frauen, die Kunst machen, darstellen zu lassen.

In einer zweiten Stufe sollten dann unter den ausgestellten Künstlerinnen in einem begrenzten Wettbewerb die gefunden werden, die den Klinikneubau ausgestalten konnten. Statt Wandschmuck – problembewußte künstlerische Arbeiten von Betroffenen für die betroffenen Frauen in der Klinik.

Es gab zur Anregung des Wettbewerbes Text-Material zum Thema »Geburt, Krankenhaus« wie zum Thema »Krebs«. Zusammengefaßt waren es vier Bereiche, die die Ausloberin des Wettbewerbes unter anderem mit folgendem Text beschrieben hatte, in Worten freilich, die manchmal auch die eigene Hilflosigkeit gegenüber den tabuisierten Bereichen erkennen lassen:

»1. Von ganz neuer kultureller Bedeutung können dabei die Geburtspraktiken der Dritten Welt für uns werden. Die Menschen der Dritten Welt haben uns das kulturelle Geburtserlebnis erhalten, in unserer zivilisierten Gesellschaft ist dieses Erbe schon lange verschüttet.

...

...können wir uns neue Perspektiven eröffnen, um von dem ›medizinischen Ereignis Geburt‹ wegzukommen.

2. Ein anderer kultureller Aspekt, der in der Gestaltung der neuen Frauenklinik zum Ausdruck kommen sollte, ist die Entwicklung einer ›Mehrgenerationenperspektive‹.

...

3. Eine besondere Stellung nehmen in der neuen Frauenklinik die an Krebs erkrankten Frauen ein. Dazu der Textauszug von Susan Sontag. Die darin zum Ausdruck kommenden Bestrebungen, den Krebs zu entmystifizieren, sollten auch Ziel einer bildnerischen Gestaltung sein.

4. Wichtig ist, allen drei Themenkomplexen jeweils eine historische Komponente zuzuordnen, mit der Überlegung, daß historische Darstellungen uns helfen können, die Gegenwart zu begreifen.«

In den Ausschreibungsbedingungen des Wettbewerbs, der zunächst zur Ausstellung und schließlich ja zur »Kunst im Klinik-Bau« führen sollte, war auch formuliert, was erwartet wurde:

»Einerseits kann persönlich Erlebtes oder Wissen über z. B. Geburt, Krankheit Darstellungsgegenstand sein, auf der anderen Seite sind auch Kunstwerke gemeint, die als Adressaten die von z. B. Geburt oder Krankheit Betroffenen meinen. Um ein Beispiel zu nennen: also auch Kunstwerke mit meditativem Inhalt, um die Bemühungen einer Schwangeren um Entspannung zu unterstützen.«

Jurorinnen der Ausstellung waren Margarethe Jochimsen, Kunstfonds e. V., Bonn, Gisela Götte, Kunsthistorikerin beim Bremer Senator für Wissenschaft und Kunst, Gislind Nabakowski, Kunsthistorikerin aus Mainz, Sarah Haffner, Künstlerin aus Berlin, Silke Gottfriedsen, Ärztin und Geburtshelferin aus Worpswede, Ellen Spickernagel, Kunsthistorikerin aus Bielefeld, und Stefanie Endlich, Kunstjournalistin aus Berlin. Es beteiligten sich 427 Künstlerinnen mit mehr als 800 Beiträgen. Die Jury wählte 65 Künstlerinnen mit gut 100 Werken aus.

Hier soll nicht wieder von einem »männlich-ästhetischen« Blickpunkt aus die im erwähnten Buch erläuterte und abgebildete Kunst von Frauen beschrieben und bewertet werden. Stefanie Endlich, eine der Jurorinnen, schrieb zur Ausstellung:

»Höher als erwartet war der Anteil der Arbeiten, in denen Emotionalität und Sinnlichkeit die Herangehensweise ans Thema bestimmten. Selbstfindung durch ›In-sich-Horchen‹ wurde ohne Widersprüchlichkeiten, ohne Brüche und Zweifel unmittelbar ausgedrückt, häufig in Form des Torsos einer schwangeren Frau, als Malerei, als Skulptur, als Zeichnung. Dabei wurde allerdings am wenigsten frauenspezifische Blickweise deutlich: so war die Frau immer schon von männlichen Künstlern beschrieben – ohne Beziehungen zur Außenwelt, beschützend, bewahrend, die werdende Mutter im Zentrum ihrer eigentlichen Bestimmung. Die Jury hat bei ihrer Auswahl hier deutlich andere Schwerpunkte gesetzt, und insofern gibt die Ausstellung keinen repräsentativen Querschnitt der Einsendungen wieder. Neben dem Aspekt künstlerischer Qualität suchte die Jury bewußt nach Arbeiten, die das Thema auf kritisch-distanzierte Weise angehen, die sich auseinandersetzen

- mit der Zwiespältigkeit von Gefühlen
- mit der Doppel- und Mehrfachbelastung der Frau
- mit Sexualität und Partnerschaft
- mit Abtreibung
- mit Problemen der Isolation und des Alterns ...«

Diese erste Phase, ja gedacht als Grundlage für die zweite, ist – sieht man – sehr erfolgreich gewesen.

Die Probleme kamen von außen, als es an die Realisierung des eigentlichen Zieles ging: Ausgestaltung der Frauenklinik mit Kunstwerken, die nicht dekorieren und ablenken, sondern problematisieren und bewußtmachen.

Barbara Claassen-Schmal war bereits seit 1980 an der »offenen Planung« in der Arbeitsgemeinschaft beteiligt, der unter Vorsitz des Senators für Gesundheit und Umweltschutz Vertreter des Hochbauamtes, des Klinikpersonals wie die Architekten angehörten. Klar war eigentlich, daß die Arbeiten der Künstlerinnen vom Preisgericht juriert würden, das aus einer Vertreterin des Kunstfonds, einer der Klinik, einer Vertreterin des Gesundheitssenators, einer des Senators für Wissenschaft und Kunst, einer Vertreterin des Berufsverbandes Bildender Künstler und Barbara Claassen-Schmal selbst bestand.

Unter den zum Wettbewerb aufgeforderten Künstlerinnen war zum Beispiel Chris Siebenrock aus Mönkeberg, die während der vorangegangenen Ausstellung »bei Besucherinnen Erfahrungsberichte von Frauenklinikaufenthalten in ›Gästebüchern‹ sammeln« wollte. Ebenfalls dabei war auch Monika Sieveking aus Berlin, die als ihren künstlerischen Ausgangspunkt folgendes bezeichnet hatte:

»Mich interessiert ... der Mensch und auch sein Kranksein, das sozusagen als ›Nichtleistung‹ gern verdrängt wird, obwohl es viele betrifft und uns alle betreffen kann und somit zu unserem Leben dazugehört. Hier sind die Menschen plötzlich ganz auf sich und ihren Körper konzentriert, losgelöst von ihrer Umwelt und Arbeit, hier sind sie in ungewohntem Maß auf die Hilfe anderer angewiesen, die wiederum diese so persönliche Hilfe als Beruf ausüben. Diese Situation erzeugt Spannungsverhältnisse; sie zu verdeutlichen, halte ich für eine notwendige Arbeit.

Da ist z. B. die Frage: Beherrscht der Mensch die Technik oder etwa umgekehrt? Die Angst vor unbekannten technischen Instrumenten ist bei uns allen vorhanden, andererseits sind sie zur Diagnose und Heilung notwendig. Oder der Konflikt des pflegenden Personals zwischen Wollen und Können: einerseits dem Patienten als Persönlichkeit gerecht zu werden, andererseits wird oft ein Mensch zum ›Fall‹ wegen Arbeitsüberlastung und Personalmangel. Oder z. B. der Gegensatz der Rationalität eines solchen Riesenbetriebes zu den urtümlichsten Ängsten eines Individuums, des Kranken. Auch das vielfältige Zusammenspiel der unterschiedlichsten Berufe im Klinikum – vom Facharzt bis zur Wäscherin – für die Gesundung des Kranken, aber auch das scheinbar beziehungslose Nebeneinander forderten meine Beobachtung.«

Wie weit die mit so viel kreativem Aufwand geplanten Arbeiten jetzt in der Klinik realisiert werden, wird sich zeigen. Die Weigerung der Mediziner jedenfalls, das alles so zuzulassen, steht freilich, hört man, schon fest. Es hat in letzter Zeit ständig Einsprüche gegen die Realisierung des Projekts von seiten der Ärzte gegeben. Grundlage dieses Widerstandes, läßt sich vermuten, ist bereits die Vorgabe, die Barbara Claassen-Schmal den Künstlerinnen gemacht hatte. Obwohl die Alternativen zum traditionellen Komplex »Geburt als medizinisches Ereignis« wie die Alternativen in der Krebsbehandlung auch durch anerkannte Wissenschaftler nicht bestritten sind, liegen vermutlich in diesem alternativen Tenor der künstlerischen Arbeit – und wohl auch in einem allgemeinen Sich-Wehren gegen die weibliche Ästhetik – die Probleme der Ärzte mit der Kunst.

Zumindest große Skepsis gab es auch in Teilen der Leitung und der Ärzteschaft des Landeskrankenhauses Wunstorf, wo der Objektemacher Siegfried Neuenhausen mit vom Kunstfonds geförderten jungen Künstlern eines von zwei Bildhauerprojekten in psychiatrischen Kliniken durchführen konnte. »Es herrschte Unsicherheit und Skepsis. Viele Mitarbeiter des Krankenhauses befürchteten, daß ›doch niemand mitmacht‹ oder daß nach anfänglicher Begeisterung ›die meisten bald wieder abspringen werden‹, notierte in Wunstorf einer der Ärzte. Und ein Arzt aus Hamburg-Ochsenzoll schrieb: ›Zunächst erwiesen sich die Befürchtungen, es müsse zu Zwischenfällen am Werkplatz kommen, wenn wir die Patienten nicht besonders aussuchten, als unbegründet.‹ Denn »Zwischen Kunst und Psychiatrie« steht, was in Wunstorf und Ochsenzoll in den letzten Jahren stattfand. Siegfried Neuenhausen beschreibt selbst einige Erfahrungen aus dieser Arbeit:

»1981 gewann ich zwei künstlerische Wettbewerbe, die im Zusammenhang mit dem Ausbau der beiden Kliniken ausgeschrieben worden waren. Der Kern meiner Konzepte: Ein für die Öffentlichkeit bestimmtes Ensemble unterschiedlicher Skulpturen sollte gemeinsam mit Patienten erarbeitet werden.

Durch den Gewinn der Wettbewerbe waren die Mittel für die Durchführung der Projekte vorhanden. Auch einige künstlerische Mitarbeiter konnten aus diesen Mitteln bezahlt werden. Mir lag nun daran, zusätzlich einigen jüngeren Künstlern, die unter meiner Anleitung Erfahrungen in diesem Arbeitsfeld sammeln wollten, die (bezahlte) Mitarbeit zu ermöglichen.

In einem früheren, ähnlich strukturierten Projekt im Bremer Gefängnis [vgl. S. 189f.] hatte mich die künstlerische Arbeit von Gefangenen fasziniert. Ich war sicher, daß Einsichten und Erfahrungen, wie ich sie damals im Gefängnis gewonnen habe, auch

Siegfried Neuenhausen/Psychiatrie-Projekt, Die Bildhauerwiese im Landeskrankenhaus Wunstorf. Foto: Meffert, Hamburg

Siegfried Neuenhausen/Psychiatrie-Projekt, Prof. Neuenhausen mit Psychiatriepatienten in Hamburg-Ochsenzoll: das Atelier in Haus 13. Foto: Meffert, Hamburg

für jüngere Künstler wichtig sein könnten. Die Erfahrung mit Kunst als elementarer, durch historische Kenntnis wie durch zeitgenössische Kunstentwicklung unverstellten Prozeß hat seit Picassos und Klees Interesse für die Kunst der Primitiven und Kranken manchen Künstler beeinflußt.

So gute Arbeits- und Erfahrungsbedingungen, wie ich sie in den Kliniken vorfand und auf Grund meiner Erfahrung schaffen konnte, sind selten, und noch seltener gewinnt einer etwa gleichzeitig zwei Kunst-am-Bau-Wettbewerbe in Psycho-Kliniken. Grund genug, diese Chance für forschendes Lernen in einer Künstlergruppe nicht ungenutzt verstreichen zu lassen. Der Kunstfonds bewilligte Honorarmittel für den Abschluß von Werkverträgen mit Werner Georgus, Wolf Glossner, Ulla Lauer und Wolfgang Temme. Daneben arbeiteten mehrere jüngere Kollegen gelegentlich mit.

In Wunstorf entstanden in fünf Monaten etwa 45 größere Steinskulpturen, in Ochsenzoll in vier Monaten mehrere große, obeliskartige Rundum-Reliefs aus gebranntem Ton als Gemeinschaftsarbeiten.

Für viele Patienten, die an den Projekten mitwirkten, wurde die Arbeit so etwas wie eine Entdeckungsreise in die eigene Existenz. Die Künstler kümmerten sich um den Fortgang des Werkes, arbeiteten mit den Patienten zusammen und entwickelten in einem für sie neuen Zusammenhang ihre eigenen künstlerischen Vorhaben.

Der Kunstverein Hannover zeigte die Ergebnisse in einer großen Ausstellung. Der begleitende Katalog mit einer differenzierten Darstellung des Projektverlaufs ist heute unter Kunst- und Beschäftigungstherapeuten, aber auch unter Kunst- und Sozialpädagogen eine begehrte Publikation.

Vielleicht ist aber, besonders unter dem Aspekt der Förderung durch den Kunstfonds, am wichtigsten, daß einige der künstlerischen Mitarbeiter nach dem Abschluß der Projekte einen Weg fanden, die künstlerische Arbeit mit kranken Menschen fortzusetzen. Usch Jacobi gründete in Hannover eine private Kunstschule, in der sie auch mit Behinderten arbeitet. Sabine Reiff führte in Hamburg-Ochsenzoll ein sehr erfolgreiches Projekt durch, welches wiederum dazu führte, daß die Hamburger Gesundheitsbehörde die Mittel für mehrjährige künstlerische Arbeit im Krankenhaus Hamburg-Ochsenzoll bereitstellte.«

An anderer Stelle hat Siegfried Neuenhausen aber auch deutlich gemacht, warum Projekte wie diese leider glückliche Einzelfälle sind. Er sagte etwa: »Die Veränderung des Alltags in der Klinik scheitert am Personalmangel, aber auch an mancherlei Phantasielosigkeit ... Im Grunde darf die künstlerische Arbeit nicht aus ›Kunst-am-Bau-Mitteln‹ kommen ... Vor Beginn der Projekte habe ich mich in verschiedenen Bonner Ministerien nach Mitteln für die Weiterführung der Projekte erkundigt. Die Anfragen ergaben, daß große Summen für bauliche Maßnahmen und für Einrichtungen da sind, aber kein Pfennig für Programme, etwa für modellhafte Vorhaben, den Klinikalltag zu verändern.«

Anders als in diesen Fällen scheint es in einem dritten, äußerst bewunderungswürdigen Fall an der mangelnden Überzeugung der Hausherren und Ärzte zu liegen, daß ein vom Kunstfonds erfolgreich gefördertes Projekt über kurz oder lang zu scheitern droht. Die Rede ist von der Künstlerwerkstatt »Die Schlumper« in den Alsterdorfer Anstalten in Hamburg. Hier war es die Ein-Mann-Initiative des Malers Rolf Laute, die gefördert wurde. Kurz beschrieben stellt sich dieses Projekt so dar:

Rolf Laute, »Die Schlumper«

»Fünf Männer und fünfzehn Frauen, Bewohner der Alsterdorfer Anstalten in Hamburg, alle geistig und einige mehrfach behindert, bilden die Künstlergruppe ›DIE SCHLUMPER‹. Im ehemaligen DRK-Krankenhaus, Beim Schlump 84, Hamburg 13, wurde von dem Maler Rolf Laute 1983 mit Mitteln des Kunstfonds e. V. eine Kunstwerkstatt eingerichtet.

Ziel dieser Initiative war, künstlerisch besonders begabten geistig Behinderten einen Freiraum für selbstbestimmte kreative Arbeit als Alternative zu den üblichen sogenannten Arbeitstherapien anzubieten. Seit Ablauf der zehnmonatigen Anfangsförderung durch den Kunstfonds werden die Materialkosten durch Spenden und Bildverkäufe aufgebracht. Betreuung und organisatorischen Rahmen besorgen, ohne Honorar, interessierte Künstler und Kunststudenten. Diese durch akademische Ausbildung geprägten Künstler empfangen Impulse aus der nicht durch Kunsttradition und Rationalität getrübten Kunstpraxis der geistig Behinderten, die ihrerseits durch die uneingeschränkte Akzeptanz als Künstler – durch Künstler – ein Stück soziale Integration erfahren.«

In einem großangelegten Bild- und Textbericht im »Stern«, Heft 28, 4. Juli 1985, »Malen, was die Seele hergibt«, und in einem 43minütigen Fernsehfilm von Thomas Ayck, »Zwischen der Zeit – Malerei geistig Behinderter«, den der NDR ebenfalls im Juli 1985 zeigte, kamen die für diese Menschen lebenswichtigen Möglichkeiten des Kunstprojekts von Rolf Laute überzeugend zum Ausdruck.

»Die Idee entstand 1979, während der Arbeit an einer Wandgestaltung zum Thema Christopherus-Legende im Eingangsbereich des neuerbauten Jugendhauses in den Alsterdorfer Anstalten. Lautes Vorschlag war, anstelle eines eigenen Werkes die Nutznießer, das heißt die Bewohner dieses Hauses, an der Gestaltung unmittelbar zu beteiligen.«

Obgleich die daraus entstandene ständige Einrichtung der Künstlerwerkstatt allenthalben als therapeutisch äußerst wichtig anerkannt ist, haben sich die Alsterdorfer Anstalten bisher nicht entschließen können, nachdem die Starthilfe des Kunstfonds von 20000,– DM längst aufgebraucht ist, Rolf Lautes Projekt in ihr Förderungsprogramm aufzunehmen. Rolf Laute hat ständige Auseinandersetzungen mit der Institution »Alsterdorfer Anstalten«.

»Das Symposion ist sowohl Konzeption und Produktion von Kunstwerken als auch deren Vermittlung durch Ermutigung der Öffentlichkeit, sich zu wundern, zu fragen, sich zu freuen, zu kritisieren oder mitzuarbeiten.« Dieser Satz, der in einer Broschüre des vom Kunstfonds geförderten Projekts »Zeche Carl« in Essen-Altenessen geschrieben wurde, ist wohl die schlüssigste Umschreibung für den sozialen Sinn künstlerischer Projekte, die außerhalb des ohnehin sozial abgesteckten Rahmens stattfinden, von dem bisher die Rede war.

Ein solches Projekt war als Beispiel jenes, an dem zehn Künstler am Strand und im Wattenmeer bei Cuxhaven beteiligt waren. Sie errichteten an vorher besprochenen, relativ weit voneinander liegenden Plätzen, fast jeder für sich, ein auf den Ort, die Nordsee bezogenes Kunstwerk. Organisator Wulf Kirschner machte in einem Text, »Tips für Besucher«, vorab mit den Absichten des Symposions bekannt:

»Es ist mit Absicht der Herbst als Austragungszeitraum für dieses Symposion gewählt worden. Das Wetter im Herbst ist eine dominante Erscheinung besonders an der Nordseeküste. Diese Jahreszeit stellt an die Künstler wie an das interessierte Publikum einige Anforderungen.

Genau wie 1982 beim Ersten Symposion Nordseeküste werden die Künstler nur draußen vor dem Deich arbeiten. Das Gebiet erstreckt sich ungefähr von Sahlenburg bis Kugelbake. Dort werden die Künstler im Vorland, am Strand oder im Watt zu finden sein.

Die Presse wird rechtzeitig die Standorte der einzelnen Künstler bekanntgeben. Sie sind aber auch im Künstlerzentrum oder bei der Organisation jederzeit zu erfragen. Wer möchte, kann die Künstler am Arbeitsplatz besuchen und auch befragen. Gute Wetterbekleidung ist dabei sicherlich erforderlich.

Ist das Wetter nun allzu unfreundlich, oder ein Besuch vor Ort ist aus anderen Gründen nicht möglich, so braucht man dennoch auf das Kennenlernen der Künstler nicht zu verzichten. Jeder Künstler wird schon wenige Tage nach Beendigung seiner Arbeit diese in Form einer Dia-Serie im Künstlerzentrum vorstellen. Dabei ist dann auch die Möglichkeit zum persönlichen Gespräch mit dem Künstler gegeben. Diese Abende werden als besondere Veranstaltungen ebenfalls von der Presse vorher angekündigt.

Das Künstlerzentrum ist jedem Interessierten als Anlaufstelle zu empfehlen.«

Dies also, so muß man es sehen, ist der vergleichsweise und auf die Sache bezogen natürlich nur relativ kleine soziale Bereich am Künstlerprojekt. Ergebnis war leider der »Volkszorn auf ›Windmützen‹ und ›Wetterfenster‹« – die Treibholzplastik »Nimis« des Bildhauers Lars Vilk wurde sogar durch Brandstiftung zerstört.

Die örtliche Presse berichtete viel, aber auch nicht ohne Häme über »philosophspekulatives Jonglieren mit Begriffen und

Wulf Kirschner, »13 schwarze Windmützen«

Begrifflichkeiten«, das »die vorausgegangenen Bemühungen um Sachbezogenheit und Verständnis absolut in den Schatten zu stellen« angetan war. »Hier war dann wieder die Frage ›Was soll das eigentlich?‹ erlaubt.« Nur wenige wagten sich wandernd ins Un-Wetter. Ein Leserbrief zeigte boshaft-witzig Unverständnis für moderne Kunst. Ein anderer entgegnete, um Verständnis bittend.

Die hier mit unterschiedlicher Ausführlichkeit skizzierten fünf vom Kunstfonds geförderten Projekte zeigen, daß Geldvergabe allein nicht den Erfolg garantiert. Im ersten Fall erreicht ein Projekt vermutlich nicht sein Ziel, weil – nach jahrelanger konsequenter Vorbereitung – schließlich formale Bauträger aus durchsichtigen Gründen blockieren. In zwei weiteren Fällen (Wunstorf und Hamburg) konnte anfängliche Skepsis durch überzeugende Ergebnisse abgebaut werden. Trotz dieser Überzeugungskraft gelingt das im Fall der Alsterdorfer Anstalten nicht. Vier Projekte also unter scharfer fachkritischer Beobachtung.

Das fünfte, das Nordsee-Symposion, das eher als Beispiel für den Normalfall »Projektförderung« steht, lehrt uns, daß in solchen Fällen »die Öffentlichkeit« von Seiten der Macher noch viel besser vorbereitet werden muß. Nur so kann der Anspruch eingelöst werden: Vermittlung durch Ermutigung der Öffentlichkeit, sich zu wundern, zu fragen, sich zu freuen, zu kritisieren oder mitzuarbeiten.

Anhang

Satzung des Vereins Kunstfonds e. V.

§ 1. Name, Sitz, Geschäftsjahr, Gemeinnützigkeit

1. Der Verein führt den Namen: »Kunstfonds e. V.«.
2. Der Sitz des Vereins ist Bonn.
3. Das Geschäftsjahr ist das Kalenderjahr.
4. Der Verein verfolgt ausschließlich und unmittelbar gemeinnützige Zwecke der Abgabenordnung.

§ 2. Aufgaben

Aufgabe des Kunstfonds ist die Förderung der zeitgenössischen bildenden Kunst. Der Kunstfonds unterstützt künstlerisches Schaffen und die Entwicklung künstlerischer Initiativen, soweit diese für die deutsche Kulturentwicklung insgesamt von Bedeutung sind; er fördert gleichzeitig das Bemühen, zeitgenössische Kunst weiteren Bevölkerungsschichten zu vermitteln.

Der Kunstfonds fördert qualifizierte einzelne Künstler ebenso wie Modellvorhaben mit gesamtstaatlicher Bedeutung mit dem Ziel, Initiativen zu unterstützen und Starthilfen zu geben.

Sein Ziel ist es, die Substanz des künstlerischen Schaffens zu sichern, zu erweitern und national und international zu vermitteln.

a. Künstlerförderung/Förderung künstlerischer Initiativen

Insbesondere kommen in Betracht:
Direkte Förderung qualifizierter bildender Künstler wie z. B.
- Arbeitsstipendien für bildende Künstler zur Förderung ihrer Entwicklung; ggf. Aufstockung oder Verlängerung von Stipendien, die von dritter Seite ausgesetzt wurden
- Werkstipendien, Darlehen und sonstige Hilfen zur Realisierung eines bestimmten Projekts. Hierzu können auch Hilfeleistungen bei der Atelierbeschaffung und -unterhaltung sowie Materialhilfen gehören.

b. Förderung der Verbreitung zeitgenössischer Kunst

Der Kunstfonds unterstützt Initiativen von überregionaler Bedeutung, die das Ziel haben, weites Interesse und Verständnis für die zeitgenössische Kunst zu wecken und zu fördern, insbesondere durch
- Förderung von Modellprojekten z. B. der Künstlerhäuser, Artotheken, Einrichtungen der Jugend- und Erwachsenenbildung, Kunstvereine
- Unterstützung von Modellprojekten im Bereich »Kunst im öffentlichen Raum«
- Ausschreibung und Unterstützung von Wettbewerben für bildende Künstler
- Förderung von Modellveranstaltungen zur Verbesserung des Kontakts zwischen Künstlern und Publikum, einschließlich neuer Ausstellungsformen
- Förderung der Präsentation nationalen zeitgenössischen Kunstschaffens im internationalen Vergleich
- Förderung der Präsentation qualifizierter, zeitgenössischer deutscher bildender Künstler im Ausland
- Unterstützung von Modellvorhaben zur Erweiterung bestehender und Erschließung neuer Wirkungsmöglichkeiten bildender Künstler in der Gesellschaft.

c. Förderung der Dokumentation zeitgenössischer Kunst

Der Kunstfonds unterstützt die Dokumentation zeitgenössischer deutscher Kunst durch
- Förderung von exemplarischen Katalogen, Werkmonographien, Dokumentationen, Filmen zur Information der Öffentlichkeit im In- und Ausland

– Förderung von Publikationen zur Werbung für zeitgenössisches Kunstschaffen im In- und Ausland.

§ 3. **Geschäftsjahr**
Das Geschäftsjahr ist das Kalenderjahr.

§ 4. **Mitglieder**
1. Der Verein hat ordentliche Mitglieder und fördernde Mitglieder.

2. Ordentliche Mitglieder können nur juristische Personen werden, die sich ausschließlich oder überwiegend und überregional der Förderung zeitgenössischer deutscher Kunst widmen.

Die ordentliche Mitgliedschaft kann auf Antrag erwerben, wer die einfache Mehrheit der Stimmen der Mitglieder erhält.

Einzelpersonen können auf einstimmigen Beschluß der Mitgliederversammlung die ordentliche Mitgliedschaft ebenfalls erwerben, falls sie bildende Künstler sind oder die Voraussetzungen nach § 4, 2, Satz 1, erfüllen.

Ordentliche Mitglieder, die juristische Personen sind, haben je 2 Stimmen in der Mitgliederversammlung. Ordentliche Mitglieder, die juristische Personen sind, können diese 2 Stimmen durch eine Person wahrnehmen lassen.

3. Fördernde Mitglieder können auf Antrag natürliche oder juristische Personen werden. Über die Aufnahme als förderndes Mitglied entscheidet die einfache Mehrheit der Mitglieder.

Fördernde Mitglieder unterstützen die Vereinstätigkeit durch Zahlung von Beiträgen oder Spenden, ohne die gesetzlichen und satzungsmäßigen Rechte der ordentlichen Mitglieder zu haben.

§ 5. **Beendigung der Mitgliedschaft**
1. Die Mitgliedschaft endet durch Austritt, durch Erlöschen der Rechtsfähigkeit des Mitglieds oder durch Ausschluß.

2. Austritt erfolgt durch schriftliche Anzeige an den Vorstand. Er ist nur zum Schluß eines Kalenderjahres zulässig unter Einhaltung einer Kündigungsfrist von 6 Monaten.

3. Der Ausschluß eines Mitglieds aus dem Verein kann von der Mitgliederversammlung ausgesprochen werden, wenn ein wichtiger Grund vorliegt. Ein Ausschluß muß in der Mitgliederversammlung einstimmig (bei Nichtteilnahme des betroffenen Mitglieds) erfolgen.

§ 6. **Organe des Vereins**
Organe des Vereins sind
– Mitgliederversammlung
– Vorstand
– Kuratorium
– Förderungskommissionen.

§ 7. **Mitgliederversammlung**
1. Die Mitgliederversammlung tagt mindestens einmal jährlich. Sie ist vom Vorstand mit einer Frist von 6 Wochen unter Angabe der Tagesordnung einzuberufen.

2. Die Mitgliederversammlung beschließt über
a) die Grundsätze der Tätigkeit des Vereins im Einvernehmen mit dem Kuratorium

b) die Aufnahme neuer Mitglieder, sofern diese nicht gem. § 4 schriftlich erfolgt ist, und den Ausschluß von Mitgliedern
c) die Bestellung des Vorstands
d) die Bestellung von Mitgliedern des Kuratoriums
e) die Feststellung des vom Vorstand vorgelegten Finanzplans im Einvernehmen mit dem Kuratorium
f) die Festsetzung von Beiträgen
g) Satzungsänderungen und die Auflösung des Vereins
h) Entgegennahme und Genehmigung des Rechnungsabschlusses und Entlastung des Vorstands.

3. Die Mitgliederversammlung ist beschlußfähig, wenn mindestens ⅔ aller ordentlichen Mitglieder anwesend sind. Bei Beschlußunfähigkeit in der Mitgliederversammlung ist der Vorstand verpflichtet, innerhalb von 3 Wochen eine zweite Mitgliederversammlung mit derselben Tagesordnung einzuberufen. Diese ist dann ohne Rücksicht auf die Zahl der Erschienenen beschlußfähig; hierauf ist in der Einladung hinzuweisen.

4. Die Beschlußfassung erfolgt – sofern nichts anderes geregelt ist – mit Stimmenmehrheit. Stimmengleichheit gilt als Ablehnung.

5. Über Verhandlungen und Beschlüsse der Mitgliederversammlung ist ein Protokoll zu fertigen.

§ 8. Vorstand

1. Der Vorstand besteht aus drei Mitgliedern. Zwei Vorstandsmitglieder müssen bildende Künstler/innen sein.

2. Der Vorstand ist der gesetzliche Vertreter des Vereins im Sinne des § 26 BGB. Die Vorstandsmitglieder üben im Wechsel die Funktion des Sprechers des Vorstands aus. Sprecher kann nur ein/e bildende/r Künstler/in sein.

3. Im Innenverhältnis sind die Vorstandsmitglieder gleichberechtigt.

4. Der Vorstand wird auf die Dauer von 3 Jahren gewählt.

5. Vorstandsmitglieder haben das Recht, an Sitzungen des Kuratoriums und der Kommissionen teilzunehmen.

§ 9. Kuratorium

1. Das Kuratorium besteht aus 10–11 Personen, von denen 8 durch die Mitgliederversammlung benannt werden und zunächst 2 durch den öffentlich-rechtlichen Zuwendungsgeber. Die Besetzung der beiden weiteren Sitze im Kuratorium bleibt künftigen Zuwendungsgebern vorbehalten; über das hierfür zu beachtende Verfahren beschließt die Mitgliederversammlung.

   Die Benennung der Mitglieder für das Kuratorium erfolgt auf 3 Jahre. Die durch die Mitgliederversammlung bestellten Mitglieder des Kuratoriums können ein weiteres Mal, die Vertreter der öffentlichen Hand ohne Einschränkung erneut bestellt werden. Für jedes Mitglied des Kuratoriums ist gleichzeitig ein Stellvertreter zu benennen.
   Jede juristische Person, die ordentliches Mitglied des Vereins ist, hat das Recht, ein Kuratoriumsmitglied und dessen Stellvertreter zu benennen.
   Das Kuratorium muß mehrheitlich aus bildenden Künstlern bestehen.

2. Das Kuratorium legt die Richtlinien der Förderung gem. § 2 fest.

3. Das Kuratorium entscheidet über Förderungsmaßnahmen in Anwendung der Richtlinien gem. Abs. 2. Das Kuratorium kann diese Kompetenz an eine oder mehrere Kommissionen gem. § 10 delegieren.

4. Die Beschlüsse nach Abs. 2 und 3 bedürfen der Einstimmigkeit sämtlicher Kuratoriumsmitglieder; bei Beschlüssen über die Grundsätze der Tätigkeit des Vereins und den Finanzplan müssen unter den Stimmen der Mehrheit die Stimmen der öffentlichen Zuwendungsgeber sein.
Im übrigen beschließt das Kuratorium mit einfacher Stimmenmehrheit der erschienenen Mitglieder, wobei ein stellvertretendes Kuratoriumsmitglied zwar stets die Berechtigung zur Anwesenheit in Sitzungen des Kuratoriums hat, stimmberechtigt jedoch nur ist, wenn das ordentliche Kuratoriumsmitglied, welches es vertritt, abwesend ist.

   Das Kuratorium wählt aus seiner Mitte einen Vorsitzenden, der die Sitzungen des Kuratoriums leitet. Das Kuratorium gibt sich selbst eine Geschäftsordnung.

5. Die Einladung zu den Sitzungen des Kuratoriums erfolgt durch den Vorstand oder auf Wunsch einer Mehrheit der Mitglieder des Kuratoriums.

§ 10. Kommissionen

1. Die Kommissionen entscheiden aufgrund einer vom Kuratorium aufgestellten Geschäftsordnung und im Rahmen der vom Kuratorium erlassenen Richtlinien über die Förderungsanträge.
2. Die Mitglieder der Kommissionen werden vom Kuratorium für einen Zeitraum von 2 Jahren gewählt. Einmalige Wiederwahl ist zulässig.
3. Vorschlagsrecht für Mitglieder der Kommissionen haben neben den Mitgliedern des Vereins alle Organisationen aus dem Bereich der bildenden Kunst.
4. Mitglied der Kommissionen ist jeweils 1 Mitglied des Kuratoriums, das keinen Sitz der öffentlichen Hand wahrnimmt.
5. Mitglieder der Kommissionen können auch Einzelpersönlichkeiten sein, die nicht von Organisationen oder Körperschaften vorgeschlagen werden.
6. Bei der Zusammensetzung der Kommissionen muß die Mehrheit der bildenden Künstler gewährleistet sein.

§ 11. Geschäftsführung des Vereins

Der Vorstand bestimmt den/die Geschäftsführer/in.

§ 12. Gewinn

1. Der Verein ist selbstlos tätig; er verfolgt nicht in erster Linie eigenwirtschaftliche Zwecke. Der Verein erstrebt keinen Gewinn.
2. Im Sinne von § 55 Abs. I Ziff. 1 AO erhalten die Mitglieder in ihrer Eigenschaft als Mitglieder keine Zuwendung aus Mitteln des Vereins; es darf keine Person durch Ausgaben, die dem Zweck des Vereins fremd sind, oder durch unverhältnismäßig hohe Vergütungen begünstigt werden.
3. Mittel des Vereins dürfen nur für die satzungsmäßigen Zwecke verwendet werden.
4. Über die Rechnungsprüfung beschließt die Mitgliederversammlung.

§ 13. Auflösung des Vereins
Bei Auflösung des Vereins oder bei Wegfall seines bisherigen Zwecks fällt das Vermögen des Vereins an eine Körperschaft des öffentlichen Rechts oder eine andere steuerbegünstigte Körperschaft zwecks Verwendung für Zwecke der Förderung des künstlerischen Schaffens entsprechend § 2 dieser Satzung.

Satzung vom 13. 8. 1980,
zuletzt geändert am 29. 11. 1985

KUNSTFONDS
Förderungsprogramme – Vergaberichtlinien – Antragstellung

Aufgabe des Kunstfonds ist die Förderung der zeitgenössischen bildenden Kunst. Der Kunstfonds unterstützt künstlerisches Schaffen und die Entwicklung künstlerischer Initiativen, soweit diese für die deutsche Kulturentwicklung insgesamt von Bedeutung sind; er fördert gleichzeitig das Bemühen, zeitgenössische Kunst weiteren Bevölkerungskreisen zu vermitteln.

Der Kunstfonds fördert qualifizierte einzelne Künstler ebenso wie Modellvorhaben mit gesamtstaatlicher Bedeutung mit dem Ziel, Initiativen zu unterstützen und Starthilfen zu geben.

Sein Ziel ist es, die Substanz des künstlerischen Schaffens zu sichern, zu erweitern und national und international zu vermitteln.

Der Katalog der nachfolgend beschriebenen Förderungsprogramme – Künstlerförderung und Vermittlung – soll die Ziele der durch den Kunstfonds ermöglichten Förderungen verdeutlichen; die Einordnung eines Antrags oder Förderungsvorschlags in eines der Programme ist jedoch nicht Voraussetzung einer Förderung; der Katalog soll lediglich einen Anhalt für Antragsteller wie Vergabegremien bilden.

Die Vergabe von Mitteln aus dem Kunstfonds erfolgt auf der Grundlage der nachstehend abgedruckten Vergaberichtlinien.

Förderungsprogramme

1. Künstlerprogramm

A 1 Arbeitsstipendien für bildende Künstler zur Förderung ihrer künstlerischen Entwicklung (Malerei, Bildhauerei, Grafik, Foto, Film, Video, Performance etc.)

Regelförderung: 30 000,– DM pro Jahr

A 2 Werkstipendien zur Realisierung eines bestimmten Projekts (Malerei, Bildhauerei, Grafik, Foto, Film, Video, Performance etc.)

Partnerschaftsfinanzierung mit Kunstfondsanteil bis zu 75 % (Restbetrag ist durch Eigenmittel bzw. Zuschüsse Dritter zu finanzieren)

Förderungsgrenze: 50 000,– DM

A 3 Förderprogramm zur Unterstützung von Kooperation deutscher und ausländischer Künstler

Regelförderung: Partnerschaftsfinanzierung bis zu 50 %

2. Vermittlungsprogramm

Ziel des Programms ist die Unterstützung von Initiativen mit bundesweiter Bedeutung, die das Interesse an und Verständnis für zeitgenössische Kunst wecken und fördern.

B Kunst im öffentlichen Raum

- Unterstützung von Modellprojekten im Bereich Kunst im öffentlichen Raum
- Verbesserung von Ausschreibungs- und Wettbewerbsbedingungen

Regelförderung:
Übernahme von Projektkosten bis zu 50 % in Partnerschaftsfinanzierung

C Kunstvermittlung in Institutionen

- Förderung von Modellvorhaben der Künstlerhäuser, Artotheken, Kunstvereine, Galerien etc.

Regelförderung:
- Gewährung von Investitionszuschüssen bis 50 %
- Partnerschaftsfinanzierung von Künstlerhonoraren bis 50 %

D Erweiterung künstlerischer Arbeitsfelder

Unterstützung von Modellvorhaben zur Erweiterung bestehender und Erschließung neuer Wirkungsmöglichkeiten bildender Künstler in der Gesellschaft

Partnerschaftsfinanzierung mit Kunstfondsanteil bis zu 50 %

Regelförderung: 15000,– DM pro Jahr

E Ausstellungsförderung

- Förderung von modellhaften Ausstellungen

Regelförderung:
Partnerschaftsfinanzierung bis zu 50 %
- Förderung der Präsentation zeitgenössischer deutscher Kunst im internationalen Vergleich
- Förderung der Ausstellung zeitgenössischer deutscher bildender Künstler im Ausland

Regelförderung:
Partnerschaftsfinanzierung

F Vermittlungsförderung

- Förderung von Modellveranstaltungen und -projekten zur Verbesserung des Kontakts zwischen Künstlern und Publikum
- Förderung von Musterprojekten der Berichterstattung über bildende Kunst
- Förderung von Publikationen über deutsche Gegenwartskunst zur Information der Öffentlichkeit im In- und Ausland (Bücher, Filme, Videobänder)

Regelförderung:
Partnerschaftsfinanzierung bis zu 50 %
- Förderung von Dokumentationsprojekten über deutsche Gegenwartskunst

Vergaberichtlinien

1. Voraussetzung der Förderung ist ein entscheidungsreifer Antrag. Die Geschäftsstelle hat ggf. im Zusammenwirken mit dem Antragsteller für die Erfüllung dieser Voraussetzung zu sorgen.
2. Anträge auf Arbeitsstipendien müssen eine konkrete Beschreibung der für den Förderzeitraum vorgesehenen Arbeitsvorhaben enthalten. Arbeitsstipendien werden nicht gewährt, wenn der Antragsteller im Förderzeitraum bereits ein Stipendium einer anderen Einrichtung erhält.

   Werkstipendien zur Realisierung eines bestimmten Projekts müssen eine detaillierte Projektbeschreibung enthalten.
3. Die Antragsfristen sind verbindlich; die Anträge, die nach Ablauf der Fristen beim Kunst-

fonds eingehen, können bei der Vergabe für das kommende Jahr nicht mehr berücksichtigt werden.

4. Die Doppelförderung eines Antragstellers in derselben durch Großbuchstaben bezeichneten Kategorie der Förderprogramme ist grundsätzlich ausgeschlossen.

5. Die Förderungsbeträge werden dem Antragsteller durch die Geschäftsstelle aufgrund eines Förderungsvertrages zur Verfügung gestellt; die Auszahlung kann entsprechend dem Ablauf der Förderung abschnittweise erfolgen.

6. Die Verwendung der Förderungsmittel in der im Antrag vorgesehenen Weise ist der Geschäftsführung für den Kunstfonds nachzuweisen, ggf. auch während des Ablaufs der Förderung. Die Abrechnung ist drei Monate nach Abschluß des Projekts vorzulegen. Bei zweckwidriger Verwendung kann der Geschäftsführer die Auszahlung der Förderungsmittel bis zu einer erneuten Befassung der zuständigen Kommission unterbrechen. Diese entscheidet über den Fortgang oder Abbruch der Förderung und ggf. über eine Rückforderung zweckwidrig verwendeter Mittel. Bei unüberbrückbaren Meinungsverschiedenheiten zwischen Geschäftsführung und Kommissionen entscheidet der Vorsitzende des Kuratoriums.

7. Die Förderung von Studenten ist ausgeschlossen.

Antragsfristen: jeweils der 31. 10. für eine Förderung im darauffolgenden Jahr

Antragstellung

Die Antragstellung an den Kunstfonds ist grundsätzlich nicht an die Einhaltung von Formalitäten oder die Benutzung von Formularen gebunden. Bestimmte Angaben sind jedoch erforderlich für eine Entscheidung; fehlen diese Angaben, kann der Antrag nicht geprüft werden.

1. Antragsteller:
   Name / Adresse / Alter / Ausbildung
   Informationen über bisherige Arbeit/Projekte (nachzuweisen durch Kataloge, Presseausschnitte, Publikationen, Videobänder, Diapositive, nicht jedoch durch Übersendung von Originalkunstwerken).
   Auskunft über bisherige Förderungen, Stipendien und Kunstpreise.
   Falls der Antrag von einer Institution gestellt wird, sind Angaben über den Tätigkeitsbereich und die Gemeinnützigkeit erforderlich.

2. Beschreibung der Arbeitsvorhaben (bei Anträgen auf Arbeitsstipendien) oder konkrete Projektbeschreibung bei allen andere Anträgen mit Kostenaufstellungen und Angaben über die vorgesehene Finanzierung. Die Kostenpläne sollen getrennte Angaben über Personalkosten und Materialkosten enthalten.

3. Information über weitere Träger des Projekts und die von diesen geleisteten finanziellen oder sonstigen Beiträge.

4. Der Antrag sollte außerdem – außer bei Arbeitsstipendien – den beim Kunstfonds beantragten Betrag beziffern. Die Angaben werden nur für Zwecke der Antragsbearbeitung und Prüfung innerhalb des Kunstfonds verwendet.

Struktur des Kunstfonds

Der Kunstfonds ist ein eingetragener gemeinnütziger Verein. Mitglieder sind: Bundesverband Bildender Künstler; Deutscher Künstlerbund; Gemeinschaft der Künstlerinnen und Kunstfreunde (GEDOK); Rune Mields; Bundesverband Deutscher Galerien; Verwertungsgesellschaft Bild-Kunst; AG Deutscher Kunstvereine; Internationales Künstlergremium (IKG), Deutsche Sektion.

Mitglied des Kuratoriums sind:	Stellvertreter sind:
Dierk Engelken	Otto Dreßler
Prof. Thomas Grochowiak	Paul Uwe Dreyer
Prof. Elisabeth Vary	Gisela Gräfin von Waldersee
Erdmut Bramke	Dorothee von Windheim
Prof. Siegfried Neuenhausen	Peter Nagel
Philomene Magers	Heidrun Maier-Hahn
Prof. Dietrich Helms	Fritz Schwegler
Dr. Margarethe Jochimsen	Andreas Vowinckel
Dr. Hanns Hieronymus (Bundesministerium des Innern)	
Rudolf König (Bundesministerium des Innern)	Klaus Pfeiffer

Geschäftsführer: Gerhard Pfennig

Geschäftsstelle: Poppelsdorfer Allee 43, 5300 Bonn 1
Tel.: (0228) 213233 und 219566

KUNSTFONDS
Ausschreibung zum Förderungsprogramm »Erweiterung künstlerischer Arbeitsfelder«

Ziel: Vergabe von langfristigen Arbeitsaufträgen an Bildende Künstler
Förderung: 50 % der Kosten für eine Halbtagsbeschäftigung

1. Gefördert werden bildende Künstler, für die von Städten, Gemeinden, Gewerkschaften, Betrieben, Künstlerinitiativen, Trägern von Bildungs- und Weiterbildungseinrichtungen und ähnlichen Organisationen, Institutionen und Betrieben für einen bestimmten Zeitraum – in der Regel 1 Jahr – Arbeitsaufträge erteilt werden, die etwa die Hälfte ihrer Arbeitszeit in Anspruch nehmen.

   Die Aufträge sollen sich u. a. auf folgende Tätigkeiten beziehen:

   - Arbeit in Freizeit- und Weiterbildungsprojekten
   - Arbeit in Volkshochschulen bzw. Jugendkunstschulen
   - Vermittlung zwischen Planungsbetroffenen und Planungsträgern bei Maßnahmen im Bereich »Kunst im öffentlichen Raum«
   - Stadt – Stadtteilbeschreibung
   - Arbeit in kulturellen Einrichtungen der Städte und Stadtteile bzw. Gemeinden

- Mitarbeit in Museen
- Kunst und Kulturarbeit in Betrieben und Unternehmen, in der Lehrlingsausbildung
- Kunst und Therapie
- Kulturarbeit mit Ausländern

2. Voraussetzung einer Förderung ist, daß der Auftraggeber dem Künstler/der Künstlerin für die Laufzeit des Auftrages ein Atelier bzw. eine Wohn- und Arbeitsmöglichkeit zur Verfügung stellt, so daß neben der Auftragserfüllung Möglichkeiten für eigenes Arbeiten gegeben sind. Diese Voraussetzung entfällt, wenn der Künstler/die Künstlerin am Ort wohnt und über geeignete Arbeitsmöglichkeiten verfügt. Das Auftragshonorar des Künstlers/der Künstlerin soll DM 2000,– pro Monat nicht unterschreiten.

   Der Kunstfonds übernimmt in der Regel 50 % der Kosten für Wohnung und Honorar, maximal DM 1500,– pro Künstler.

3. Anträge für Förderungen können ohne zeitliche Befristung an den Kunstfonds gerichtet werden. In den Anträgen muß das Projekt beschrieben und der Künstler/die Künstlerin benannt werden. Unterlagen zum Nachweis der Qualifikation des Künstlers/der Künstlerin werden erbeten.

4. Die Entscheidung über die Förderung trifft das Kuratorium des Kunstfonds.

5. Weitere Informationen gibt die Geschäftsstelle des Kunstfonds.

KUNSTFONDS e. V.
5300 BONN 1
Poppelsdorfer Allee 43

ZWISCHENBILANZ

Zur Arbeit des Kunstfonds 1980–1985

Der Kunstfonds begann seine Arbeit mit der konstituierenden Sitzung vom 10. 12. 1980. Gründungsmitglieder waren der Bundesverband Bildender Künstler, der Deutsche Künstlerbund, die Gemeinschaft der Künstlerinnen und Kunstfreunde (GEDOK), der Bundesverband Deutscher Galerien, die VG Bild-Kunst und die Künstlerin Rune Mields, die den Bereich der nichtorganisierten Künstler repräsentiert.
Weitere Mitglieder wurden das Internationale Künstlergremium / Deutsche Sektion und die Arbeitsgemeinschaft Deutscher Kunstvereine.

Der Gründung des Kunstfonds vorausgegangen waren mehrjährige Bemühungen sowohl im Rahmen der »Notgemeinschaft Deutsche Nationalstiftung« als auch auf der Ebene der Künstlerorganisationen, zumindest einen Teil der ursprünglich für die Errichtung der Deutschen Nationalstiftung vorgesehenen Haushaltsmittel der Förderung der lebenden Künstler, Musiker und Schriftsteller zu widmen.

Der Beschluß des Haushaltsausschusses des Deutschen Bundestages vom 5. März 1980, der auf Antrag der Bundesregierung zur Finanzierung eines Literaturfonds und eines Kunstfonds je 5 Millionen DM sowie zur Finanzierung eines Förderungsprogramms zeitgenössischer Musik 6,45 Millionen DM entsperrte (etwa der gleiche Betrag war zuvor für Ankäufe aus der Londoner Versteigerung der

Sammlung Hirsch zur Verfügung gestellt worden), hatte den Weg für die Konstituierung der Literatur- und Kunstfonds freigegeben; der Deutsche Musikrat realisierte über mehrere Jahre hinweg im Rahmen seines Förderungsprogramms zeitgenössischer Musik das »Konzert des Deutschen Musikrats«, die »Schallplattendokumentation zeitgenössischer Musik in der Bundesrepublik Deutschland« und den »Deutschen Chorwettbewerb«.

Die Leitsätze der Arbeit des Kunstfonds wurden in enger Zusammenarbeit mit dem zuständigen Bundesministerium des Innern formuliert; es geht dabei vor allem um die Förderung des produktiven künstlerischen Prozesses, insbesondere auch um die Förderung des qualifizierten Nachwuchses, zum anderen darum, zur Verbreitung zeitgenössischer Kunst beizutragen, d. h. sie weiteren Bevölkerungsschichten zu vermitteln.

Grundsatz der Arbeit ist weiterhin, den Gedanken der Selbstverwaltung der Kunst modellhaft in die Praxis umzusetzen.

Die entsprechende Formulierung in der Satzung des Kunstfonds lautet wie folgt:

»Aufgabe des Kunstfonds ist die Förderung der zeitgenösösischen bildenden Kunst. Der Kunstfonds unterstützt künstlerisches Schaffen und die Entwicklung künstlerischer Initiativen, soweit diese für die deutsche Kulturentwicklung insgesamt von Bedeutung sind; er fördert gleichzeitig das Bemühen, zeitgenössische Kunst weiteren Bevölkerungsschichten zu vermitteln.

Der Kunstfonds fördert qualifizierte einzelne Künstler ebenso wie Modellvorhaben mit gesamtstaatlicher Bedeutung mit dem Ziel, Initiativen zu unterstützen und Starthilfen zu geben.

Sein Ziel ist es, die Substanz des künstlerischen Schaffens zu sichern, zu erweitern und national und international zu vermitteln.«

Die Richtlinien tragen also dem Schwerpunkt der Zuständigkeit bundesstaatlicher Kulturpolitik Rechnung und sind besonders darauf angelegt, durch anteilige Bezuschussung interessanter und modellhafter Projekte weitere Förderungen auf kommunaler- und Landesebene auszulösen, und zwar nicht nur aus öffentlichen Kassen, sondern vor allem in Form privater, mäzenatischer Spenden und Zuschüsse.

Die Entscheidungen des Kunstfonds für die Unterstützung bestimmter Projekte haben folgerichtig viele Initiativen ermöglicht, die nicht nur aus finanziellen Gründen sonst nicht realisierbar gewesen wären; es hat sich erwiesen, daß das Vertrauen des Kunstfonds in die Antragsteller der Projekte dazu beigetragen hat, auf der anderen Seite eine positive Entscheidung für die Mitunterstützung zu fällen.

Auf diese Weise sind die vom Kunstfonds zur Projektförderung eingesetzten Mittel sicher verdoppelt, wenn nicht verdreifacht worden.

In bisher fünf »Vergaberunden«(1981–1985) wurden mittlerweile 2034 Anträge geprüft; es wurden 85 Arbeitsstipendien (1026 Anträge, Erfolgsquote 8,3 %) und 69 Werkstipendien für Einzelkünstler (532 Anträge, Erfolgsquote 12,8 %) vergeben. Bei den Empfängern handelt es sich in der Mehrzahl um qualifizierte Künstlerinnen und Künstler der jüngeren Generation.

Insgesamt 74 Anträge auf Förderung von Gruppenprojekten, Initiativen von Künstlerhäusern, Kunstvereinen und Galerien, aber auch kommunalen Kulturämtern wurden bewilligt (449 Anträge, Erfolgsquote 16,5 %).
Für das Sonderprogramm »Erweiterung künstlerischer Arbeitsfelder« wurden insgesamt 27 Anträge gestellt, bewilligt wurden 11 Anträge (40,7 %).
Die zugesagte Fördersumme beläuft sich auf insgesamt DM 4 024 700,–

Wichtiger Grundsatz der Vergabe von Mitteln aus dem Kunstfonds ist das Antragsprinzip: Der Kunstfonds lädt – im Gegensatz zu anderen Förderungsprogrammen – nicht einzelne Künstler oder

Institutionen gezielt zur Bewerbung ein. Die Förderungsbedingungen werden vielmehr als Ausschreibung veröffentlicht; auf die Zusammensetzung des Kreises der Bewerber haben die Gremien mithin keinen Einfluß.

Die bisherigen Entscheidungen wurden aufgrund ausführlicher schriftlicher Anträge, in der Regel begleitet von umfangreichen Materialien, jeweils in einer viertägigen Runde zeit- und nervenraubender Beratungen des gesamten Kuratoriums getroffen, das dabei, verstärkt durch die Stellvertreter, in kleinen Kommissionen und im Plenum beriet.

Dem Kuratorium gehören seit seiner Gründung an:

Mitglieder: Erdmut Bramke seit 1985 · Anatol Buchholtz 1980–1984 · Thomas Deecke seit 1982 · Dierk Engelken 1980–1984 als Stellvertreter, 1985 als Mitglied · Thomas Grochowiak seit 1980 · Dietrich Helms seit 1980 · Hanns Hieronymus (BMI) seit 1980 · Margarethe Jochimsen seit 1982 · Rudolf König (BMI) seit 1980 · Philomene Magers seit 1980 · Rune Mields 1980–1984 – Siegfried Neuenhausen seit 1980 · Elisabeth Vary seit 1980

Stellvertreter: Otto Dreßler seit 1985 · Paul Uwe Dreyer seit 1985/86 · Dr. Andreas Gallas (BMI) 1984 · Peter Glass (BMI) 1980–1983 · Herbert Kaufmann seit 1985 · Heidrun Maier-Hahn seit 1980 · Peter Nagel seit 1985 · Klaus Pfeiffer (BMI) seit 1980 · Gerhard Pfennig 1980–1984 · Fritz Schwegler seit 1982 · Fred Thieler 1980–1984 · Andreas Vowinckel seit 1985/86 · Gisela Gräfin von Waldersee seit 1980 · Martin Weber (BMI) 1985 · Dorothee von Windheim seit 1985

(Mitglieder oder Stellvertreter, die 1985 in das Kuratorium gewählt wurden, wirkten an der Vergabe für 1985 mit; Mitglieder oder Stellvertreter, die mit Ablauf des Jahres 1984 ausschieden, nahmen letztmals an den Entscheidungen über Förderunen im Jahr 1984 teil.)

Dem Kuratorium gelang es bisher stets, zu Schlußentscheidungen zu gelangen, die meist einstimmig, sonst mehrheitlich und selten in Kampfabstimmungen getroffen wurden. Der Kunstfonds ist dabei in der Vorbereitung der Entscheidungen durch die Geschäftsstelle und in den Entscheidungssitzungen bemüht gewesen, die Antragsteller durch Schematisierungen oder Formalitäten möglichst wenig einzuschränken; so wurde auch die Aufstellung der Förderprogramme und die Einordnung der Anträge in bestimmte Programme stets als hilfreiche Richtlinie angesehen, angesichts von Projekten, die mehrere Kategorien berühren, war jedoch Flexibilität gefordert und gewährleistet – dies ergibt sich auch aus den Ergebnislisten, aus denen sich gelegentlich Überschneidungen der Kategorien ersehen lassen.

Bei der Abwicklung der Projekte stellten sich in einigen Fällen Schwierigkeiten bei der Einlösung von Zusagen zur Partnerschaftsfinanzierung heraus; hierbei erwies sich als äußerst hilfreich, daß die Vergabe von Mitteln aus dem Kunstfonds nicht an den Ablauf von Haushaltsjahren gebunden ist; so konnten auch zeitliche Verzögerungen in der Abwicklung von Anträgen ohne Schwierigkeiten berücksichtigt werden. Bisher mußten nur wenige Projekte aufgegeben werden, weil die Finanzierungspartner in den Sog der Finanzkrise gerieten.
In vielen Fällen konnte dagegen der Zuschuß des Kunstfonds Initiativen durchsetzen und Partner-Finanzierungsanteile vor Kürzungen oder Streichungen retten.

Der Kunstfonds hat in der Partnerschaftsfinanzierung mit einem großen Spektrum von Förderern zusammengearbeitet: angefangen von Kunstvereinen, Künstlerhäusern und Verlagen über private Mäzene bis hin zu kommunalen Körperschaften und Landesministerien. Die Projekte wurden nicht selten auch von Partnern im Ausland entscheidend gefördert, insbesondere im Kooperationsprogramm deutscher und ausländischer Künstler.

Der Kunstfonds mußte allerdings – insbesondere seit 1982 – häufiger der Versuchung widerstehen, als Lückenbüßer für Kürzungen in öffentlichen Kulturhaushalten einzuspringen; Anträge, die darauf gerichtet waren, Defizite aus Kürzungen laufender Finanzierungen, insbesondere auf kommunaler Ebene, aufzufangen, wurden abgelehnt.

Die Auswirkungen der »Sparpolitik« zeigen sich auch in der Zunahme von Hilferufen einzelner Künstler, die Anträge auf Arbeitsstipendien stellen, weil ihnen die materielle Basis, z. B. im Bereich der Kunst im öffentlichen Raum, durch Haushaltskürzungen entzogen wird.
Auch hier waren die Entscheidungen unter dem Gesichtspunkt der Aufgabenstellung des Kunstfonds oft zwangsläufig negativ.
Diese Erfahrungen waren aber Ansporn für die Mitgliederorganisation des Kunstfonds, sich sowohl für die Erhaltung der öffentlichen Kulturhaushalte als auch für die Verstärkung von Sozialprogrammen für bildende Künstler einzusetzen.

Ein besonderer Schwerpunkt der Arbeit war die Entwicklung des Sonderprogramms »Erweiterung künstlerischer Arbeitsfelder«, durch das die Vergabe langfristiger Arbeitsaufträge an bildende Künstler angeregt werden sollte. Der Kunstfonds übernimmt hier die Hälfte der Werkvertragskosten für einzelne Künstler, soweit eine andere Institution den zweiten Anteil finanziert. Unsere Hoffnung geht dahin, daß die Projekte auch nach Auslaufen der Startfinanzierung durch den Kunstfonds vom Partner weitergeführt werden.
Zu nennen sind hier beispielhaft Kooperationen mit einer Heimvolksschule (»Artist in Residence«), mit dem DGB (Einrichtung gewerkschaftlicher Kulturarbeit durch einen bildenden Künstler), mit einem museumspädagogischen Zentrum (Einbeziehung eines Künstlers in die Arbeit mit Kindnern), mit verschiedenen psychiatrischen Kliniken und mit dem Kulturkreis im Bundesverband der Deutschen Industrie (Beschäftigung je eines deutschen und eines türkischen Künstlers in einem deutsch-türkischen Jugendkulturzentrum in Berlin-Kreuzberg).

Festzuhalten ist sicher im Rahmen einer Zwischenbilanz die überaus positive und konstruktive Zusammenarbeit in den Gremien des Kunstfonds zwischen den mehrheitlich vertretenen Künstlern und den Mitgliedern aus dem Kreis des Bundesverbandes Deutscher Galerien und der Arbeitsgemeinschaft Deutscher Kunstvereine sowie mit den Vertretern des Bundesministeriums des Innern. Diese Zusammenarbeit hat sich in der Beurteilung der Anträge und der Vergabe der Mittel positiv ausgewirkt und wird von den Beteiligten als beispielhaft für die erfolgreiche Übernahme von kulturpolitischen Aufgaben im Rahmen der Selbstverwaltung des Kunstbereichs angesehen.

Der Kunstfonds hat nach 3 Jahren seiner Tätigkeit den »Kunstraum« in Bonn eröffnet, vor allem, um Rechenschaft über seine Arbeit abzulegen und gleichzeitig durch die Vorstellung geförderter Modellprojekte und einzelner Künstler Anregungen zu geben und das Gespräch zwischen Künstlern, Politikern und Beamten über Möglichkeiten und Wirkung der Kunst in unserer Gesellschaft zu fördern.

Die bisherige Arbeit des Kunstfonds und der anderen Förderprogramme ist in der Kulturdebatte des Deutschen Bundestages vom 9. 11. 1984 und den vorbereitenden Drucksachen von allen Beteiligten positiv gewürdigt worden; dies und die erklärte Absicht von Bund und Ländern, die Förderung des Kunstfonds bei Wahrung der institutionellen Unabhängigkeit durch die zu gründende »Kulturstiftung der Bundesländer« zukünftig dauerhaft zu gewährleisten, werten die Verantwortlichen des Kunstfonds als Bestätigung ihrer bisherigen Arbeit und als Aufforderung, ihre Bemühungen mit gleicher Kraft fortzusetzen.

Gerhard Pfennig

Abbildungsnachweis

Die Abbildungsvorlagen stammen – wenn in der Bildunterschrift nicht anders angegeben – von den Künstlern und Künstlerinnen selbst oder aus dem Archiv des Kunstfonds e.V., Bonn.

KUNSTFONDS
KUNSTRAUM

Ausstellungen
Video · Aktionen
Dokumentationen

Renate Anger

Geboren 1943 in Danzig
Aufgewachsen in Miltenberg am Main
lebt in Hamburg

1973—1980 Studium an den Hochschulen für Bildende Künste in Frankfurt und Hamburg
1983 Villa Massimo, Rom

Einzelausstellung
1982 Bremerhaven

Gruppenausstellungen
in Hamburg, Paris, Luxemburg

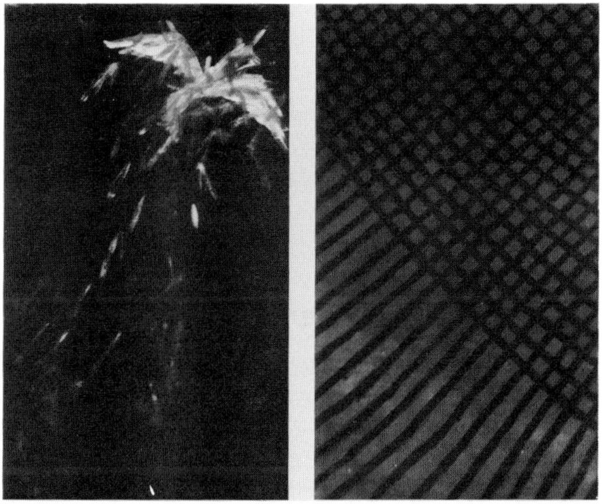

Diptychon, 1982
Eitempera auf Jute
je 240 x 140 cm

Mathias Wild

Geboren 1946 in Glarus
lebt in Berlin

1967—68 Kunstgewerbeschule Basel
1968 Stipendium der Kiefer-Hablitzel-Stiftung, Luzern

Einzelausstellungen
Seit 1968 in Basel, Berlin, Glarus, Chur

Gruppenausstellungen
u. a. in Luzern, Basel, Berlin

Der Platz, 1982
Tempera auf Nessel
185 x 205 cm

KUNSTFONDS KUNSTRAUM **NEUE MALEREI** Bonn, April-Mai 1983

Gerd Rohling

Geboren 1946 in Krefeld
lebt in Berlin

1971—77 Studium
an der HdK Berlin
Meisterschüler bei Hödicke
1979 Gründung der Gruppe
und Galerie 1/61
1980 Villa Romana Preis,
Florenz
1981 P.S.1,
Jahresstipendium New York
Förderpreis des BDI

Gruppenausstellungen
Seit 1975 u. a. in Baden-Baden,
Recklinghausen, Nürnberg,
Mannheim, Berlin, Frankfurt,
München, Stuttgart,
Düsseldorf, Florenz, Nizza,
New York, Stockholm,
Livorno, Rotterdam

Ohne Titel, 1982
Sprühlack auf verschiedenen
Gegenständen
240 x 180 cm

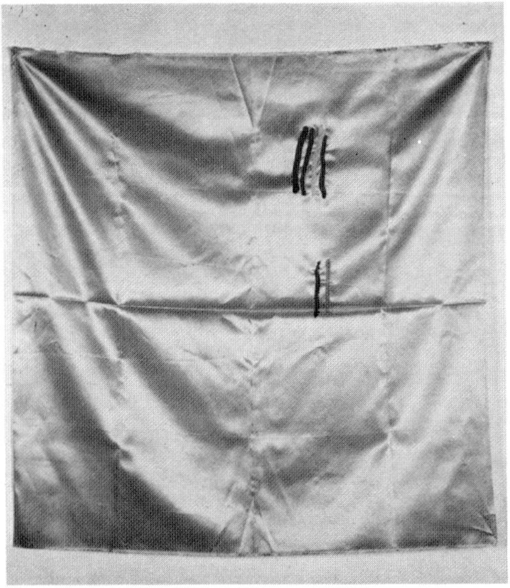

Stephan Runge

Geboren 1947 in
Barkhausen/Minden
lebt in Düsseldorf

1966—73 Kunstakademie
Düsseldorf
Meisterschüler von Beuys

Einzelausstellungen
Seit 1975 in Bonn, Köln,
Frankfurt, Krefeld

Gruppenausstellungen
Seit 1968 u. a. in Trier,
Essen, Düsseldorf, London,
Stuttgart, Berlin

Ohne Titel, 1981
Acryl auf Taft
95 x 92 cm
Galerie Ha. Jo. Müller, Köln

Charly Banana
in Zusammenarbeit mit
Ralf Johannes

Geboren 1953 in Köln
lebt in Köln

Fachhochschule für Kunst
und Design, Köln
Kunstakademie Düsseldorf

Stipendien: Deutsch-Französisches Jugendwerk
Friedrich-Vordemberge-Stipendium, Köln,
PS 1 Stipendium,
New York (Stadt Köln)

Einzelausstellungen ab 1977
in Köln, Wiesbaden, Bergisch
Gladbach, Frankfurt, New York,
Rotterdam, Bologna, Hannover,
München, Nijmwegen, Brüssel

Gruppenausstellungen,
u. a. Düsseldorf, Wien, Bonn, Paris,
Stuttgart, Nürnberg, Lausanne,
San Marino, Lissabon, Marseille

Performance
u. a. Bologna, Basel, Kassel,
Aachen, Biennale de Paris

Damit ist die Vampirnummer auch abgeklärt, 1983
Dispersionsfarbe auf Nessel
130 x 150 cm

Dorit Edler

Geboren 1940 in Kiel
lebt in Düsseldorf

1960—61 Académie Julian, Paris
1971—78 University
of California, Berkeley
1978—79 Kunstakademie
Düsseldorf

Stipendien:
1982 Arbeitsstipendium des
Kunstfonds e. V., Bonn
1978 Regents Traveling
Fellowship
1978 James Phelan Traveling
Scholarship in Art

Gruppenausstellungen
Seit 1977 u. a. in Berkeley,
Bonn, Düsseldorf, München,
Tilburg
Seit 1977 Bühnenbilder für Aufführungen von Britten,
Mahler/Berrio, Sartre

Schwarzer Mann zieht zahmen Panther am Schwanz „68/69"
Öl auf Leinwand
218 x 177 cm

KUNSTFONDS KUNSTRAUM **NEUE MALEREI** Bonn, April-Mai 1983

Hans-Peter Adamski

(Mülheimer Freiheit)
Geboren 1947 in Kloster Oesede
lebt in Köln

Einzelausstellungen seit 1980
u. a. in Köln, St. Gallen, Hamburg

Gruppenausstellungen
u. a. in Groningen, München, Berlin, Freiburg, Frankfurt, Wilhelmshaven, Essen, Dortmund, Basel, Rotterdam

Die Einsamkeit der Haut
(Ein Wunsch
ist kein Befehl) 1981
Dispersionsfarbe auf Nessel
220 x 156 cm

Galerie Paul Maenz, Köln

Jiri Georg Dokoupil

(Mülheimer Freiheit)
Geboren 1954 in Krnov (Tschechoslowakei)
lebt in Köln

Einzelausstellungen
in Köln, Rotterdam, Bonn, Paris, Amsterdam

Gruppenausstellungen
Seit 1980 u. a. in Köln, Groningen, München, Berlin, Freiburg, Frankfurt, Essen, Rotterdam, Wien, Amsterdam, Antwerpen, Bologna, Ulm, Dortmund
Biennale Venedig
Documenta 7, Kassel

Die veränderte Lage der Verständigung, 1982
Dispersionsfarbe auf Öl
und Nessel
220 x 160 cm

Galerie Paul Maenz, Köln

Walter Dahn
(Mülheimer Freiheit)
Geboren 1954 in Krefeld
lebt in Köln

Einzelausstellungen
Köln, Amsterdam, Rotterdam, Bonn, Stuttgart, Wien, Paris, New York

Gruppenausstellungen
Seit 1976 u. a. in Köln, Frankfurt, Groningen, München, Berlin, Freiburg, Wilhelmshaven, Wolfsburg, Essen, Basel, Rotterdam, Antwerpen, Wien, Ulm, Düsseldorf, Dortmund

Documenta 7, Kassel

Das Zahlenbild, 1982
Dispersionsfarbe auf Nessel
200 x 150 cm

Galerie Paul Maenz, Köln

Gerard Kever
(Mülheimer Freiheit)
Geboren 1956 in Aachen
lebt in Köln

Einzelausstellung
Stuttgart

Gruppenausstellungen
Seit 1980 u. a. in Köln, Groningen, Berlin, Freiburg, Wilhelmshaven, Wolfsburg, Essen, Basel, Rotterdam, Dortmund

Der Rosenzüchter, 1981
Dispersionsfarbe auf Nessel
155 x 160 cm

Galerie Paul Maenz, Köln

KUNSTFONDS
KUNSTRAUM

NEUE MALEREI

Bonn, April-Mai 1983

Peter Bömmels

(Mülheimer Freiheit)
Geboren 1951 in Frauenberg
lebt in Köln

1970—76 Universitätsstudium (Soziologie, Politik, Pädagogik)
1977—80 Arbeit im Kinderladen
Mitherausgeber der Musikzeitschrift Spex

Einzelausstellung
1982 und 1983 in Köln

Gruppenausstellungen
u. a. in Köln, Groningen, München, Berlin, Freiburg, Wilhelmshaven, Wolfsburg, Essen, Basel, Rotterdam, Antwerpen, Amsterdam, Wien, Ulm, Dortmund

Gletscherbeben, sonnig, 1982
Dispersionsfarbe auf Nessel
220 x 160 cm

Elke Ctortnik, Köln

Gerhard Naschberger

(Mülheimer Freiheit)
Geboren 1955 in Klagenfurt, Österreich
lebt in Köln
Studium in Frankfurt und New York

Gruppenausstellungen
Seit 1980 u. a. Köln, Groningen, Berlin, Freiburg, Essen, Basel, Rotterdam, Maastricht, Dortmund

Ohne Titel, 1938
Dispersionsfarben auf Nessel
240 x 160 cm

Galerie Paul Maenz, Köln

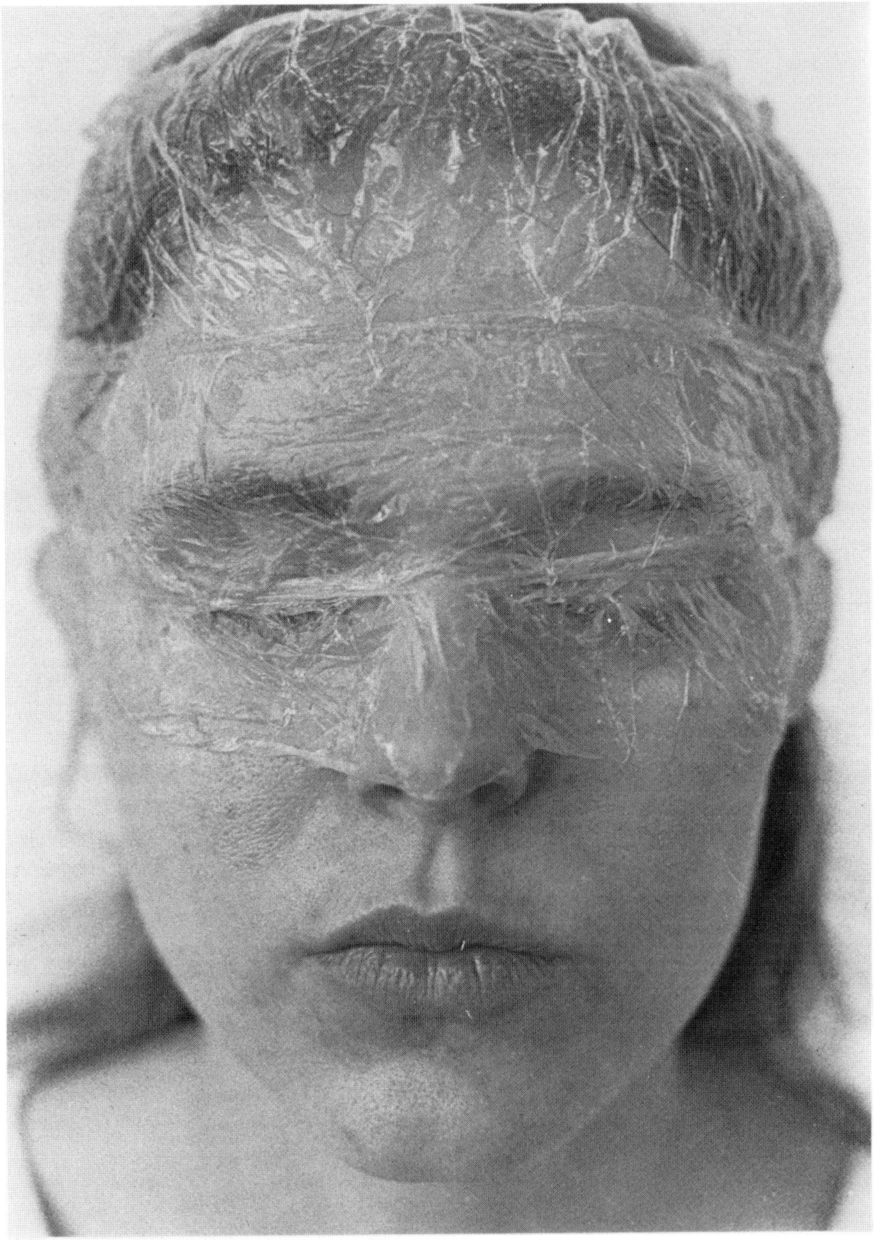

Frauen an Akademien

Künstlerinnen zwischen Hochschule und Öffentlichkeit

Auszug aus einer vom Kunstfonds geförderten Ausstellung der GEDOK in Hamburg

Katalogauszüge:

Der Intention der Ausstellung, die im kulturellen Bereich oft noch immer nicht ausreichend präsentierten Leistungen künstlerisch begabter Frauen ins rechte Licht zu rücken, kommt besonderes Verdienst zu.

Dr. Klaus von Dohnanyi
Erster Bürgermeister der Freien und Hansestadt Hamburg

Diese Ausstellung zeigt Arbeiten von Frauen an Akademien, die am Ende ihres Studiums stehen oder es kürzlich beendet haben.

Eine besondere Anregung zu dieser Ausstellung ging von der Tatsache aus, daß in den siebziger Jahren eine große Anzahl von Frauen die Akademien verlassen hatten, die dann außergewöhnlich schnell wichtige Plätze in der avantgardistischen Kunstszene einnahmen.
Erinnert sei hier an Rebecca Horn, Anna Oppermann, Hanne Darboven, Ulrike Rosenbach, Lili Fischer, Dorothee von Windheim, Valie Export usw., um nur wenige Namen zu nennen. Nie zuvor war in einem Jahrzehnt so vielen Frauen ein Durchbruch in der breiten Öffentlichkeit gelungen. Für den Kunsthistoriker, der Tendenzen beobachtet, und für dieses Phänomen geöffnet ist, werfen sich hier Fragen auf, die des Vergleichs, der Prüfung und der Analyse bedürfen. Diese Ausstellung liefert unter Umständen einen Baustein zur Urteilsfindung.

Es ist das Anliegen der Organisatoren, die Auseinandersetzung mit diesen Fragen in subtiler Weise in Gang zu bringen und auch in Gang zu halten. Jenseits aller Ideologie steht das Aufzeigen, das Deutlichmachen, das Aufarbeiten im Vordergrund, – also die mühselige Kleinarbeit, die vonnöten ist, um Voraussetzungen für fundierte Urteile zu schaffen.

Es steht nicht im Widerspruch zu dieser Behauptung, wenn in Zusammenhang mit diesen Problemen ernstlich die Frage gestellt werden muß, warum die großen internationalen Ausstellungen, wie Documenta, Westkunst, Zeitgeist fast ausschließlich das Terrain der männlichen Künstlerschaft bilden.

Sibylle Niester, GEDOK, Hamburg

Gleichwohl und dies belegen (trotz des momentanen Ausstellungsbooms der »Jungen Wilden«) Berichte von Hochschullehrern, Kunsthochschulabsolventen, jungen Künstlern, Ausstellungsmachern, Galeristen wie auch Untersuchungen über Künstler aufs Eindringlichste: Es gibt fast keine Studios, Orte, Räumlichkeiten, in denen die noch nicht mehr oder weniger zum etablierten Kunstbetrieb zugehörigen Künstler ihre ersten tastenden Schritte machen können; geschweige denn solche, die außer der Ehre sogar noch ein gewisses Finanzbudget bereitstellen können. Auch die Kunsthochschule als der Ort, an dem künstlerischer Nachwuchs ausgebildet wird, kann es bisher zumindest institutionell nicht garantieren, daß selbst ihre begabtesten Studenten unter angemessenen Ernstbedingungen vor einer breiteren Öffentlichkeit debütieren können.

Hier leistet die Ausstellung der Gedok Pionierarbeit, werden – soweit mir bekannt ist – doch erstmalig Künstlerinnen aus den Kunsthochschulen der Bundesrepublik Deutschland und Berlin (West) in einer gemeinsamen Ausstellung vorgestellt.

Dies allein würde sicherlich schon den Anspruch rechtfertigen, eine solche Ausstellung zu veranstalten. Persönlich erhoffe ich mir von dieser Ausstellung noch etwas mehr. Ich wünsche mir, daß diese Ausstellung den Sand ins Getriebe der offiziellen Ausstellungspolitik wird streuen können, der m. E. nötig ist, um dem gerade in den letzten Jahren – trotz der »Jungen Wilden« – allzu glatten und vornehmlich eine Kunstrichtung betonenden Ausstellungsbetrieb entgegenzuwirken. Auch erhoffe ich mir von dieser Ausstellung den Neubeginn einer Diskussion über die Entwicklung der Kunst, die ja schon einmal – zu Beginn der siebziger Jahre – gerade durch Künstlerinnen und Absolventinnen von Kunsthochschulen unter dem Stichwort »Frauenkunst« entscheidend geprägt worden ist.

Sollte darüber hinaus ein Dialog zwischen einzelnen Personen oder Institutionen über Fragen einer Arbeit an konkreten Ausstellungsprojekten als Bestandteil einer Kunstausbildung entstehen, dann wäre sicherlich ein wichtiger Schritt in ein bislang noch wenig gestelltes Feld getan. Mehr noch: Künstlerische Konzeption, Produktion, Vermittlung, Distribution und Rezeption würden vielleicht als einander bedingende Faktoren eines umfassenden Arbeits- und Wirkungsprozesses angesehen werden, auf die soweit wie möglich der Künstler frühzeitig Einfluß zu nehmen hat, will er – wie uns das Beispiel der »Künstlergeneration des Bildwechsels« doch lehrt – sein ästhetisches wie auch berufliches Interesse wahren.

Volker Rattemeyer
Wissenschaftliches Zentrum für Berufs- und Hochschulforschung
Gesamthochschule Kassel

Sabine Reiff

Elke Schmees

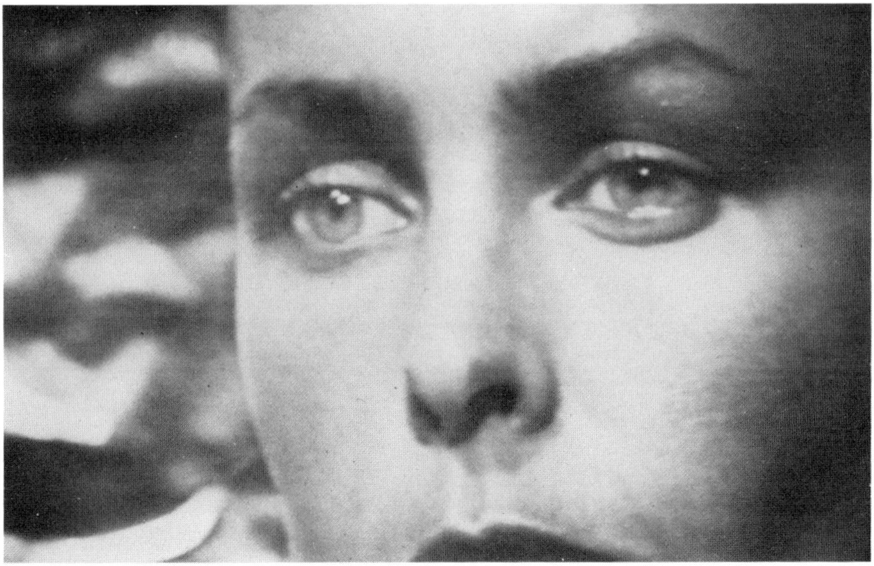

Sigi Ahl ▲ ▼ *Elisabeth Wagner*

Bonn, Juni/Juli 1983

Frauen an Akademien

KUNSTFONDS
KUNSTRAUM

Stellungnahme des Internationalen Künstlergremiums 1980 zum Thema, den Verantwortlichen in Ministerien und Hochschulen

Die Chancen der Künstlerinnen an deutschen Kunsthochschulen sind im Vergleich mit anderen künstlerischen Ausbildungsstätten extrem schlecht. Kaum ein qualifizierter Lehrstuhl wird bislang von Künstlerinnen eingenommen.

Zu den *Folgen* gehört, daß die weibliche Studentenschaft an den KHS fachlich ungenügend betreut wird, daß es keine Vorbilder für Studentinnen gibt und daß sie deswegen in die von der Schule bekannten Berufsbilder der Pädagogik ausweichen und das Selbstverständnis und den Mut, der für die freischaffende Künstlerin notwendig ist, nicht vermittelt bekommen und somit nicht entwickeln können.

Im besonderen möchten wir darauf hinweisen, daß die neuen künstlerischen Medien, die, wie auch von Fachleuten anerkannt, besonders intensiv und hervorragend von Frauen erarbeitet wurden, an den KHS ausgesprochen unterrepräsentiert sind.

Wir unterstellen keine bewußte oder gar strategische, sondern »nur« eine faktische Diskriminierung, die sich allerdings auf eine lange Tradition stützen kann. Wir möchten in genanntem Zusammenhang lediglich auf folgende bekannte *Barrieren hinweisen:*

- die normale *Selbstrekrutierung* von Männern;
- die Dominanz des (männlichen) *Geniekults,* der nicht nur in der Berufswirklichkeit überholt ist, sondern der als Persönlichkeits- und Berufsvorstellung im allgemeinen weder zur Sozialisation noch zum Selbstverständnis von Künstlerinnen gehört und deswegen den Zugang zu den qualifizierten Lehrstühlen versperrt;
- besonders schwerwiegend kommt hier das *Vorurteil* (Ideologie des 19. Jahrh.) zum Tragen, daß Frauen von Natur aus nicht schöpferisch seien und unfähig zur Herstellung eines künstlerischen Lebenswerkes.

Daß es sich hierbei nicht um Polemik handelt, belegen die Statistiken in der Anlage – vom Zentrum für Kulturforschung/Bonn (Dr. Karla Fohrbeck und Dr. Andreas Joh. Wiesand) und Mitgliedern des Internationalen Künstlergremiums (IKG) erarbeitet:

Studentinnen stellen zwar heute auf Kunsthochschulen schon einen Anteil von rund 40%. In der Hierarchie des *Lehrkörpers* entspricht der Anteil der Frauen diesem Verhältnis bei weitem nicht.

Von 312 Professoren sind nur 24 (7,7%) Frauen, von insgesamt 731 Dozenten an deutschen KHS gerade 100 (13,7%). 3 der 10 KHS haben keine einzige weibliche Dozentin, insgesamt 4 keine Professorin aufzuweisen.

Die *Chancenungleichheit* bezieht sich also nicht nur auf die Spitzenpositionen, sondern kaum weniger auf den Mittelbau an den KHS. Von den namhaften freien Künstlerinnen hat keine einen Lehrstuhl.

Ein Änderung dieser Situation scheint uns überfällig.

Das Internationale Künstlergremium (IKG) fordert Sie auf, bei zukünftigen Berufungen die anerkannten und wichtigen deutschen Künstlerinnen zu berücksichtigen.

Übersicht: Kunsthochschulen (Wintersemester 1979/80)

Stadt und Einrichtung	Dozenten insges. m.	w.	Σ	davon Professoren m.	w.	Σ
Berlin · Hochschule der Künste (Fb Biku, Design, Kunstwissenschaft)	113 76%	35 24%	148 100%	59 83%	12 17%	71 100%
Düsseldorf Staatliche Kunstakademie	48 87%	7 13%	55 100%	35 87%	5 13%	40 100%
Frankfurt/Main, Städelschule Staatliche HS[1] für Bildende Künste	16 100%	– –	16 100%	5 100%	– –	5 100%
Hamburg HS für Bildende Künste	79 90%	9 10%	88 100%	46 98%	1 2%	47 100%
Karlsruhe · Staatliche Akademie der Bildenden Künste	20 100%	– –	20 100%	16 100%	– –	16 100%
München Akademie der Bildenden Künste	75 94%	5 6%	80 100%	39 98%	1 2%	40 100%
Nürnberg Akademie der Bildenden Künste	40 100%	– –	40 100%	12 100%	– –	12 100%
Stuttgart Akademie der Bildenden Künste	71 93%	5 7%	76 100%	33 97%	1 3%	34 100%
Braunschweig HS für Bildende Künste[2]	95 81%	22 19%	117 100%	19 100%	– –	19 100%
Essen · Gesamthochschule, Fb Kunst & Gestaltung	74 81%	17 19%	91 100%	24 86%	4 14%	28 100%
Bremen · Hochschule für Gestaltende Kunst und der Musik, Fb Kunst[3]	28 87%	4 13%	32 100%	Prof.-Status aus den Unterlagen nicht erkennbar		
INSGESAMT	659 86%	104 14%	763 100%	288 92%	24 8%	312 100%

1) HS = Hochschule
2) Mehrfachnennungen möglich, da Aufschlüsselung nach einzelnen Fachbereichen
3) Sommersemester 1980

Hella Santarossa

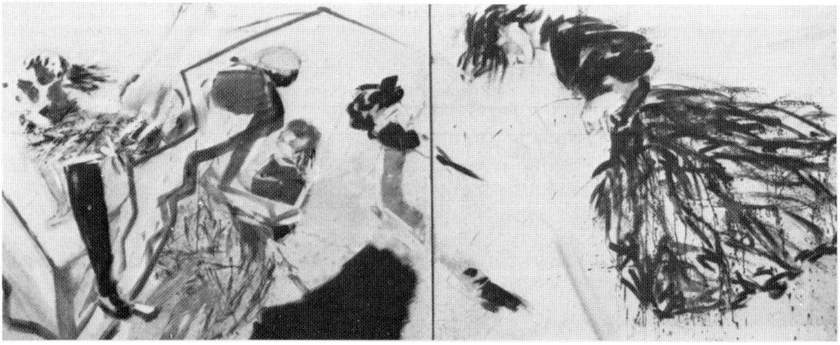

Bonn, Juni/Juli 1983 **Frauen an Akademien** KUNSTFONDS KUNSTRAUM

Anneliese Hermes

Caroline Dlugos

Die ausstellenden Künstlerinnen:

Sigi Ahl
geb. 1954, Studium an der Hochschule für Gestaltung in Offenbach und an der Städelschule in Frankfurt/M.

Caroline Dlugos
geb. 1959 in Berlin, Studium an der Gesamthochschule Kassel

Anneliese Hermes
geb. 1953 in Kesternich/Eifel, Studium an der Staatlichen Akademie der bildenden Künste Stuttgart

Ulla Lauer
Studium an der Staatlichen Hochschule für bildende Künste Braunschweig

Sabine Reiff
geb. 1956 in Reutlingen, Studium an der Hochschule für bildende Künste Hamburg

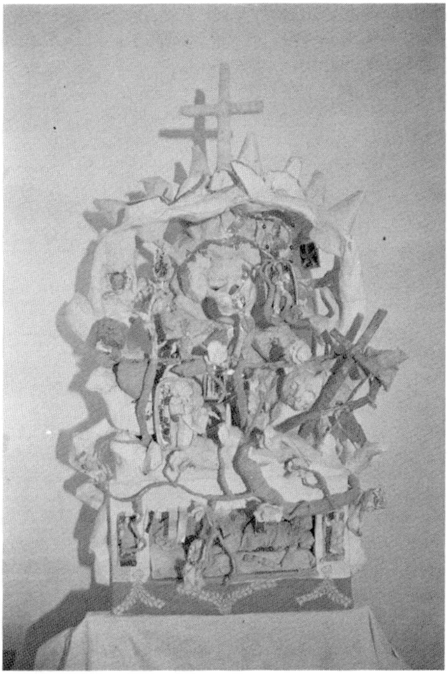

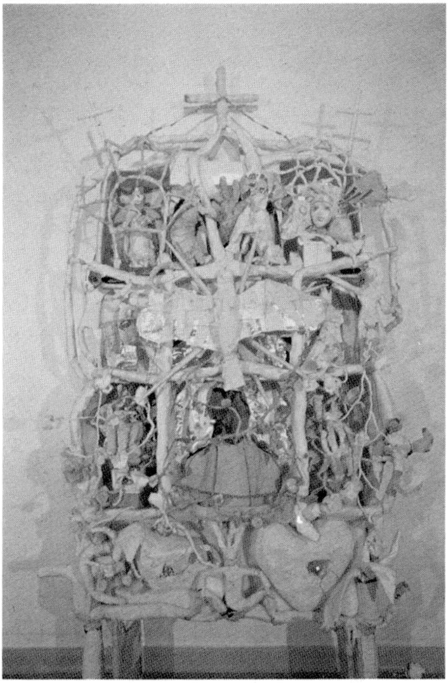

Ulla Lauer

Angelika Richter
geb. 1950 in München, Studium an der Staatlichen Kunstakademie Düsseldorf

Hella Santarossa
Studium an der Hochschule der Künste Berlin sowie S.F.A. Arte Institute, San Francisco

Elke Schmees
geb. 1952 in Twistringen/Bremen, Studium an der Staatlichen Kunstakademie Düsseldorf

Doris Schneider
geb. 1954 in Hamburg, Studium an der Hochschule für bildende Künste Hamburg

Elisabeth Wagner
geb. 1954, Studium an der Hochschule für bildende Künste Hamburg

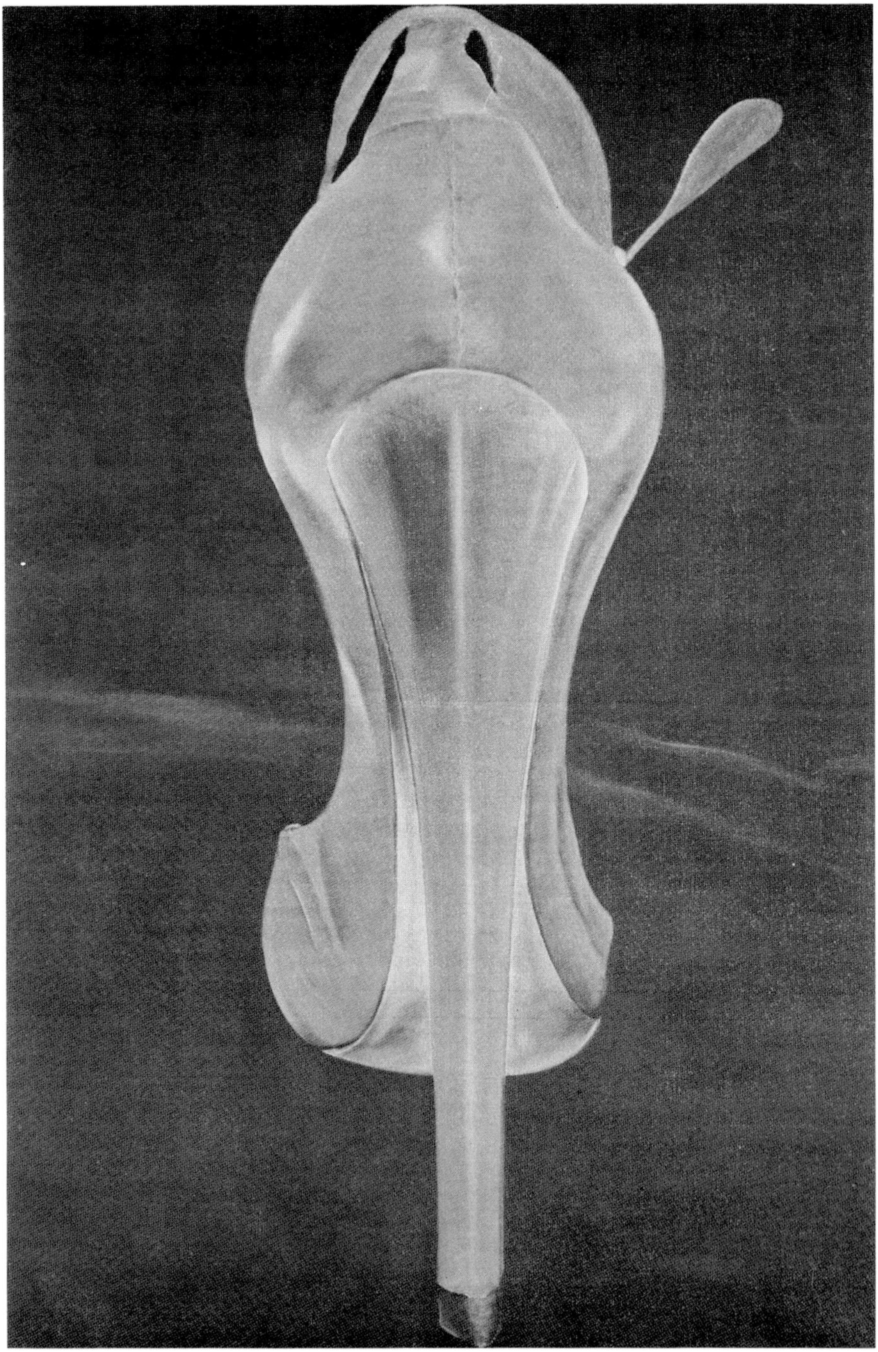

Künstlerische Arbeit mit Randgruppen

Das Bildhauerprojekt im Landeskrankenhaus Wunstorf

– Die unverhoffte Erfahrung eines Menschen, daß er etwas von anderen Menschen Bewundertes kann, das Innewerden bisher unbekannter Fähigkeiten, macht froh und stolz. –

Ausgangspunkt des Projektes war ein „Kunst-am-Bau"-Wettbewerb (im Zusammenhang mit Neubauten des LKH Wunstorf). Kern des Konzepts: Eine Gruppe psychisch kranker Menschen sollte unter Anleitung von Künstlern eine Reihe für die Öffentlichkeit bestimmter Steinskulpturen schaffen. Diese Plastiken sollten zusammen mit Bänken, Pflanzen und Bodenmosaiken zu einem kleinen Ambiente im offenen Klinikpark zusammengestellt werden. Im Verlauf von fünf Monaten entstanden in täglicher Arbeit über vierzig Skulpturen in Einzel- und Gemeinschaftsarbeit. Daneben malten einige Patienten eine Reihe großformatiger Bilder, und es entstand sogar ein „Musikstück für Marmor und Bildhauerwerkzeug".

Der Werkhof unter den Kastanien war, bezogen auf den Krankenhausbetrieb, sozusagen exterritorial. Hier wurden keine Krankheiten behandelt, sondern Fähigkeiten beansprucht und durch Arbeitsergebnisse bestätigt. Die Menschheit war hier nicht aufgeteilt in Ärzte, Pfleger und Kranke oder in „normal" und „auffällig" sich Verhaltende. Jeder wurde begabt, auf seine Weise Kunst zu machen. In unserer Werkstatt fand insofern Emanzipation statt, als manche Menschen aus der total verinnerlichten passiven Patientenrolle heraustreten und eine andere Seite ihrer Existenz, die des aktiven Mitgestalters, erleben konnten. Die mitarbeitenden Künstler (U. Jacobi, U. Lauer, W. Georgus, W. Glossner, K. Ziemens) gaben ihr Wissen und Können an die Patienten weiter und lernten selbst aus der ursprünglichen und direkten Art deren künstlerischen Formulierungen.

Das Konzept konnte nur realisiert werden, weil der Kunstfonds die Mittel für die Honorierung der künstlerischen Mitarbeiter zur Verfügung stellte.

Siegfried Neuenhausen

Christian T. Paar, Thüster Kalkstein, etwa 70 cm hoch

Ulrich H. Hand, eine Blumenschale haltend, Savoniere-Kalkstein, ca. 120 cm hoch

KUNSTFONDS
KUNSTRAUM

Künstlerische Arbeit mit Randgruppen

Bonn, September-Oktober 1983

Der Werkhof im Landeskrankenhaus

Usch Jacobi
Studium der Kunstpädagogik in Hannover
Mitarbeit in verschiedenen Projekten der künstlerischen Arbeit mit Randgruppen

Ulla Lauer
Kunststudium an der HBK Braunschweig
lebt als freischaffende Künstlerin in Hannover

Werner Georgus
Kunststudent an der HBK Braunschweig
Mitarbeiter in Wunstorf und Bremen-Oslebshausen

Wolf Glossner
Kunststudium an der HBK Braunschweig und in Wien
lebt als freier Bildhauer in Hannover

Klaus Ziemens
Kunststudium an der HBK Braunschweig
lebt als freischaffender Künstler in Hannover

Andreas B. Kopf, Thüster Kalkstein etwa 70 cm hoch

Bildhauerei im Bremer Gefängnis

Das hier vorgestellte Ergebnis des Projektes „Grünzug Koppenberg" ist zwischen August 81 und Juli 82 entstanden. Im Schnitt 10 Gefangene der Bremer Justizvollzugsanstalt Oslebshausen schufen in knapp einjähriger Arbeit in der Bildhauerwerkstatt der Strafanstalt ca. 25 Stein- und Betonskulpturen, planten Landschaftsgestaltung, gossen Betonfundamente, stellten Plastiken auf, erklärten bei Besuchen von Oslebshauser Bürgern in der Werkstatt ihre Arbeit und diskutierten mit Anwohnern des Koppenberges bei gemeinsamen Arbeitsterminen sowohl Inhalte und Formen der Plastiken als auch tägliche Realität des Gefängnisses. Als leitender Künstler war ich hauptverantwortlich für das Gesamtprojekt, Konzeption, Arbeitsplanung, Werkstattleitung etc. Der Bremer Bildhauer Fritz Stein betreute den technischen Bereich der Arbeit: Bildhauerische und plastische Verfahren, Einführung in die Handhabung der Werkzeuge usw. Der einjährigen Arbeit an diesem Vorhaben lagen diejenigen Gedanken und Forderungen zugrunde, die die Chancen und Möglichkeiten des 1978/79 von S. Neuenhausen ebenfalls mit Insassen der JVA Oslebshausen durchgeführten Projektes nutzen und weiterentwickeln sollten.

Auf der Grundlage der Prämisse, daß künstlerische Arbeit zur Bewältigung der eigenen Lebenssituation beitragen kann, sollte Kunstmachen die Auseinandersetzung mit eigener und gesellschaftlicher Wirklichkeit ermöglichen und die Chancen bieten, Probleme und Erfahrungen, Wünsche, Hoffnungen und Ängste zu artikulieren.

Es traf sich gut, daß in Oslebshausen seit etwa einem dreiviertel Jahr die „Bürgerinitiative Koppenberg" daran arbeitete, in Eigeninitiative einen Streifen Brachland zu einer Grünzone umzugestalten. Mit dieser BI entwickelte sich eine rege Zusammenarbeit, nachdem ich den Vorschlag gemacht hatte, einen Teil des Streifens zu einem Figurenpark auszugestalten. Im Verlauf der Arbeit während des folgenden Jahres besuchten die Mitglieder der Bürgerinitiative verschiedene Male die Bildhauerwerkstatt und diskutierten über die entstehenden Arbeiten, einige Mitglieder der Bildhauerwerkstatt nahmen an Planungssitzungen der BI teil, an einem gemeinsamen Arbeitstermin wurde ein Großteil der Figuren von Gefangenen und Bewohnern Oslebshausen gemeinsam aufgestellt.

Das Ergebnis entstand in einjähriger, täglich achtstündiger Arbeit – eine Alternative zu der meist stupiden und persönlichkeitszerstörenden üblichen Arbeit im Gefängnis.

Mit Hilfe des Kunstfonds wird eine Dokumentation des Gesamtprojekts erstellt, die auch dazu beitragen soll, die Diskussion des Modells und seine Übernahme in andere Justizvollzugsanstalten zu erleichtern.

Bernd Dettelbach

Heiko Schönjahn, Vogel, Löwe und Taube, Sandstein, ca. 300 cm hoch, nach der Aufstellung im Park

Die 1980 vom Bremer Senat errichtete Bildhauerwerkstatt

Bernd Dettelbach

1951
geb. in Pinneberg

1972–75
Studium der Grafik am Fachbereich Gestaltung der FH Hamburg

1975–80
Studium der Kunstpädagogik und der Freien Kunst an der Hochschule für Bildende Künste in Braunschweig bei Neuenhausen und Sartorius

1980
1. Staatsexamen

seit 1980
freischaffend in Hannover

seit 1978
Beteiligung an einer Reihe von Einzel- und Gruppenausstellungen;
Mitarbeit am Projekt in der JVA Bremen-Oslebshausen

1980–81
Mitarbeit an einer „Studie über die Zusammenarbeit von Künstlern und Strafgefangenen" im Auftrag des Bundesministers für Justiz

1981–82
Projekt „Grünstreifen Koppenberg" im Programm „Kunst im öffentlichen Raum" in Bremen

1983
Studioaustellung im Kunstverein Hannover

Sauhaufen (Des Autors Selbstporträt auf unterster Stufe)

Malschule im Werner-Otto-Institut Hamburg

Im Werner-Otto-Institut Hamburg richtete ich im Oktober 1982 eine Kindermalschule für Kinder der Altersgruppen 5–12 Jahre ein. Mit Plakatwerbung in Kindergärten und Schulen wurde auf die Malschule aufmerksam gemacht. Zur Zeit laufen vier Kurse mit je 10–12 Kindern, je zur Hälfte gesunde und behinderte Kinder. Der Kurs-Rhythmus beträgt 7–10 Wochen, die 7–10 Bildthemen werden am Ende eines jeden Kurses im Werner-Otto-Institut ausgestellt, parallel hierzu findet per Bus ein Besuch in der Kunsthalle statt, um die Originalbilder, die Ausgang für die vorgenannten Themen waren, zu entdecken.

Kursgestaltung

Ausgang ist ein Bild aus der Kunsthalle, Bilder aus dem Mittelalter bis zur Gegenwart. Das gemeinsame Betrachten des Bildes erfolgt mit Hilfe eines Dia-Projektors. Hör- und sprachgestörte Kinder verständigen sich mit Hörapparaten und Symbolsprache. Aus dem Gespräch entwickelt sich langsam das eigentliche Malthema, assoziativ zum betrachteten Objekt zeichnen, malen, drucken und kollagieren die Kinder ihre Bilder; Ritter, Zauberbäume, Obstgesichter usw. entstehen auf großformatigem Papier in pastosem Auftrag mit dicken Pinseln, nachdem Renoir, Cranach, Lindner oder Liebermann betrachtet wurden. Die Kunstwerke sind somit nicht Vorlage für eine unbeholfene Kopie, sondern Impuls für eigene Kreativität.

Ich glaube, daß Kunst Energien mobilisieren kann. Die künstlerische Freiheit ist dem Spiel verwandt, verbotene, verlorene Wünsche und Impulse können ausgedrückt werden. Meine Beobachtung geht dahin, daß die behinderten Kinder den gesunden eine neue Art der Kreativität vermitteln; die behinderten Kinder sind ursprünglicher, sie bejahen sich mit einer selbstverständlichen Natürlichkeit – die Kinder helfen sich und ergänzen einander. Die gesunden Kinder sind überrascht, mit wieviel Spaß und Offenheit ihre behinderten Kameraden bei der Sache sind. Wenn am jeweiligen Kursende das Kind seine Bilder in unserer Ausstellung hängen sieht, kommt es zu Erfolgserlebnissen. Die Kinder spüren, daß sie gut sind, sie haben gelernt, mit Farbe und Formen umzugehen und sie haben gemeinsam gelernt, etwas mehr zu sehen.

Charlotte Burmester

KUNSTFONDS
KUNSTRAUM **Künstlerische Arbeit mit Randgruppen** Bonn, September-Oktober 1983

Charlotte Burmester
Biographische Daten

Ch. Burmester, geboren 1938 in Marienwerder/Westpreußen, zunächst Berufsausbildung als Physiotherapeutin, dann Kunststudium in Berlin und Hamburg an der Hochschule für Bildende Künste – Fachrichtung Freie Malerei, seit 1977 im museumspädagogischen Dienst der Stadt Hamburg (Tätigkeit an der Malschule in der Kunsthalle Hamburg), 1982/83 Arbeitsstipendium des Kunstfonds e. V., Bonn. Einzelausstellungen in mehreren Städten.

Horst H. Baumann
geb. 1934, lebt in Wuppertal und Düsseldorf

Horizontaler Himmelskilometer, Bonn 1983

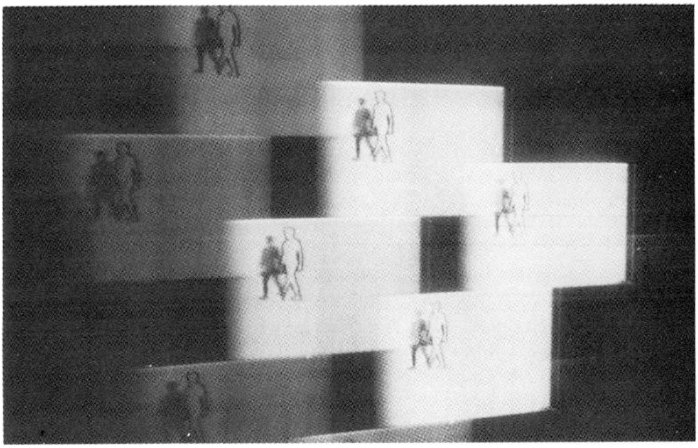

Laser-Video, Cunningham Tape, 1983
Installation für und mit Nam June Paik

KUNSTFONDS
KUNSTRAUM

Laserscape

Bonn, 10. November 1983

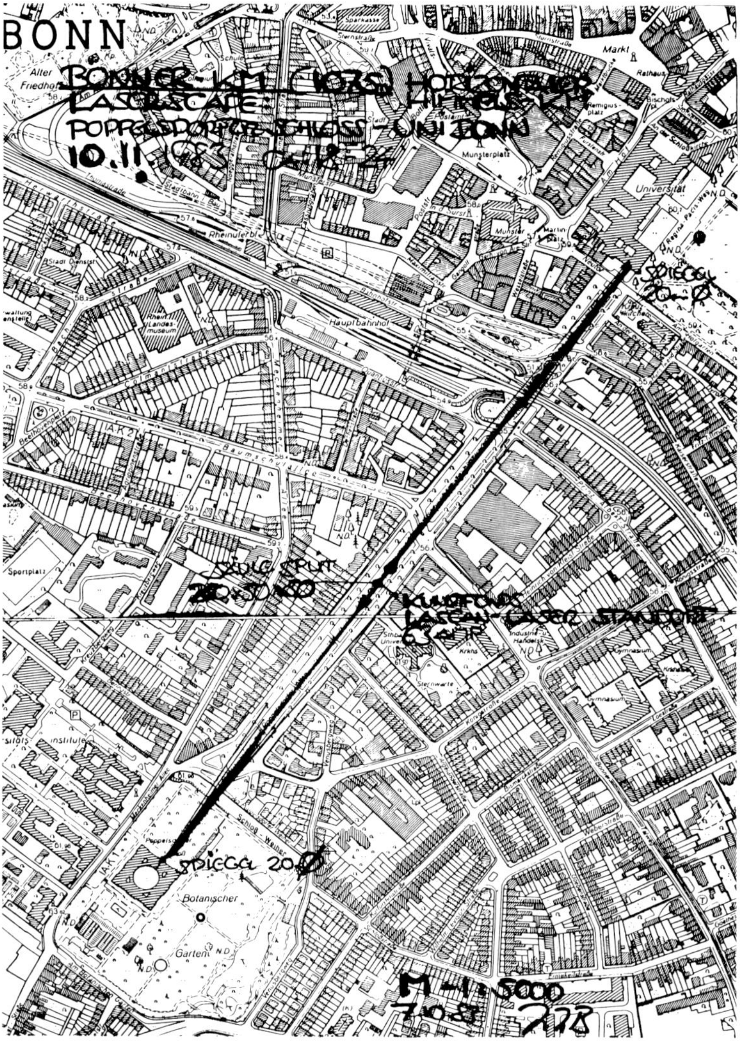

Planskizze zum Horizontalen Himmelskilometer

Rudolf Bonvie, geb. 1947, lebt in Köln
Installation zu dem Videoband „Rolltreppen", 1982, Farbe, 7 Min.

„... Der Verkehrsfluß wird beschleunigt und sicher in die gewünschte Richtung gelenkt..."
(Werbebroschüre Thyssen)

KUNSTFONDS
KUNSTRAUM

VIDEO WOCHE

Bonn, November 1983

Klaus vom Bruch, geb. 1952, lebt in Köln
Das Alliiertenband, 1982, Farbe, 10 Min.

„Wenn sich die menschlichen Beziehungen nicht ändern – dann fängt die ganze Scheiße wieder von vorne an.

Marcel Odenbach, geb. 1953, lebt in Köln
Die Distanz zwischen mir und meinen Verlusten, 1983, Farbe, 9 Min., PAL

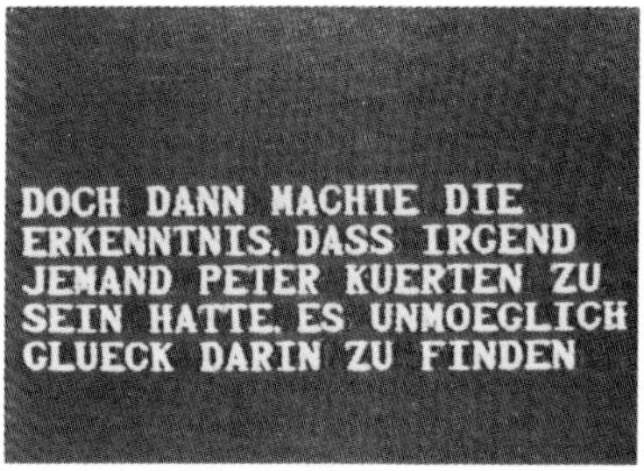

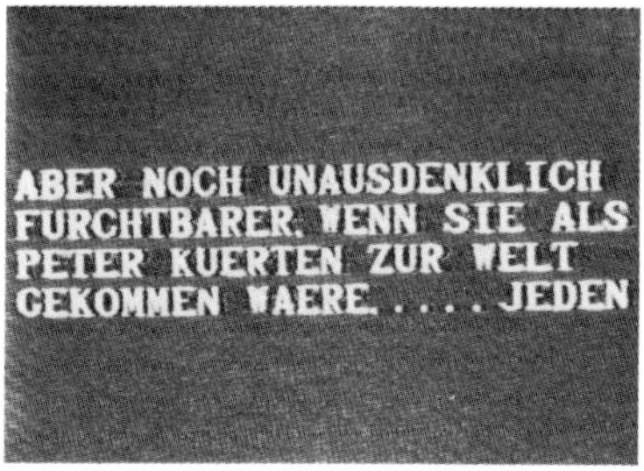

'Die Distanz zwischen mir und meinen Verlusten' (an elterlichen oder bürgerlichen oder religiösen Rückbindungen)
Verlust meint Trauer. Doch Distanz zu Verlusten aufbauen zu können braucht und bringt Kraft. Auch Trost: ich bin kein Mörder geworden, Gegenbeispiel der Mörder Peter Kürten. Diese Arbeit ist aber nicht weiter zu sezieren, es wäre Vermessenheit. (Wie weit darf oder kann oder soll man sich überhaupt wirklichen Kunstwerken nähern?). Odenbach gelingt die totale Umsetzung des Erlkönigs von Franz Schubert, das heißt, das vertonte Goethe-Gedicht wird von ihm rückübersetzt ins Audiovisuelle (additiv in der zweiten Hälfte verwendet er Burundi – Ritual – Totengesänge). Distanzen zu gesellschaftlichen Rückbindungen aufbauen zu können, bedeutet individuelles Leben, bedeutet individuellen Tod (das ist sehr deutsch).
Formal sicher, Sehschlitze steigern die immanente Dramatik, poetisch in den Details, überzeugt das Band auch durch den überlegenen Einsatz der Technik, die angewendet wird um Sachverhalte zu vertiefen, nie ihrer selbst willen.

Ingrid Oppenheim 1983

KUNSTFONDS
KUNSTRAUM

VIDEO WOCHE

Bonn, November 1983

Friederike Pezold, geb. 1954, lebt in München und Wien
Radio Freies Utopia

Die Sendung von Herrn Bumbu Mombongo 1982, Farbe, 5 Min.
Titel: Tumba Tumba

„Schon zu Beginn meiner Reise ins Land der Weißen wurd ich beleidigt, nämlich als Zulugaffer. Dabei gaffen die Weißen den ganzen Tag in den Zulu. (Was bei uns soviel wie Fernsehen heißt).
Wenn sie nicht in den Zulu gaffen, gehen sie arbeiten. Was ganz Tumba Tumba ist, weil, obwohl sie immer weniger arbeiten, immer weniger Zeit haben. Tumba Tumba, während wir in die Sonne schauen, schauen die Weißen auf einen Zeitanzeiger. Allein schon bei dem Anblick des Zeitanzeigers werden die Weißen Tumba Tumba und fangen an zu rasen. Von der Raserei werden viele krank. Tumba Tumba dabei ist, daß obwohl die Weißen so viele Medizinmänner haben, so viele krank sind. Während bei uns der Medizinmann mit einem Rind oder einer Ziege bezahlt wird, wird der weiße Medizinmann mit Metallstücken oder mit altem Papier bezahlt. Wie überhaupt das Glück der Weißen von den Metallstücken oder dem alten Papier abhängt. Je mehr desto besser. Die meisten Metallstücke geben sie aber für Waffen, mit denen sie sich dann selbst zerstören, was wirklich totale Tumba Tumba ist. Ebenso Tumba Tumba ist, daß die (meisten) Weißen keinen Hunger leiden und trotzdem hungern. Da essen sie soviel, daß sie ganz fett werden wie Mastschweine, und dann hungern sie sich dieses Fett wieder herunter. Also wenn das nicht Tumba Tumba ist, freß ich einen Weißen. Also das Fleisch eines Weißen ist auch nicht mehr das, was es einmal war. Denn die Luft, die die Weißen atmen, ist verpestet und die Nahrung, die die Weißen essen, ist vergiftet. Heute würde ich lieber einen Besen fressen als einen Weißen. Tumba Tumba ist das auch mit den größten Erfindungen der Weißen, dem Fernseher und der Atombombe. Damit ist es wie mit unserem Buschmesser. Man kann damit Getreide oder Köpfe hacken – je nachdem welcher Geist dahinter steckt. Hinter den Erfindungen der Weißen steckt aber der böse Geist und wird sie vernichten.
Mir scheint, die Weißen sind von allen guten Geistern verlassen."

Ulrike Rosenbach, geb. 1943, lebt in Köln
Tanz um einen Baum, 1979, Farbe + s/w, 30 Min.

Aktionselemente:

1. der Ort: ein Park, an einem Hügel, mit Sicht auf die Stadt. Ein Baum.

2. die Zeit: kurz vor Sonnenuntergang, 17.00–17.45 Uhr.

3. Ich habe den Baum zwei Wochen beobachtet. Wenn die Sonne untergeht, fällt ihr Schein über ihn in die Fenster der Häuser, der Wolkenkratzer. Das Licht spiegelt sich rot in den Fensterscheiben.
Ich habe ein Videokabel sechsmal um den Baumstamm gelegt und die Länge dann auseinandergerollt als Radius eines Spiralkreises genommen. Die äußere Kreislinie ist mit länglichen Spiegelscherben im Rasen markiert (Abstand 90 cm). Das Videokabel ist am Baumstamm befestigt und führt dann weiter – in die eine Richtung zu einer kleinen Videomaschine mit Monitor – in die andere Richtung zu einer kleinen Videokamera, die ich während der Aktion an meinen Arm gebunden habe.
Ich lege mich auf das Gras, den Kopf in Richtung des äußeren Kreises und fange langsam an, mich um den Baum zu drehen. In den Händen halte ich ein Schwert. Bei jeder vollzogenen Drehung versuche ich, eines der Spiegelstücke zu zerschlagen.
Die Kamera nimmt meine Drehung, mit dem, was in meinem Sehradius ist, auf: die Landschaft, die Leute, die Spiegel, in denen sich das alles und mein Gesicht spiegelt, und das Schwert, das mit der Spitze auf Landschaft und Leute zielt und dabei die Spiegel zerschlägt. Zur gleichen Zeit wird dieses Videobild auf die bereitstehenden Videomonitore übertragen. Indem ich mich um den Baum drehe, werde ich durch das Kabel, das sich um den Stamm wickelt, herangezogen. Die Sonne geht unter, und als es ganz dunkel ist, schneide ich mit dem Schwert das Kabel los, das meinen Körper mit dem Baum verbunden hat.

KUNSTFONDS
KUNSTRAUM

VIDEO WOCHE

Bonn, November 1983

Annegret Soltau, geb. 1946 in Lüneburg
Schwanger sein, 1980–1982, Farbe 1981, 45 Min.

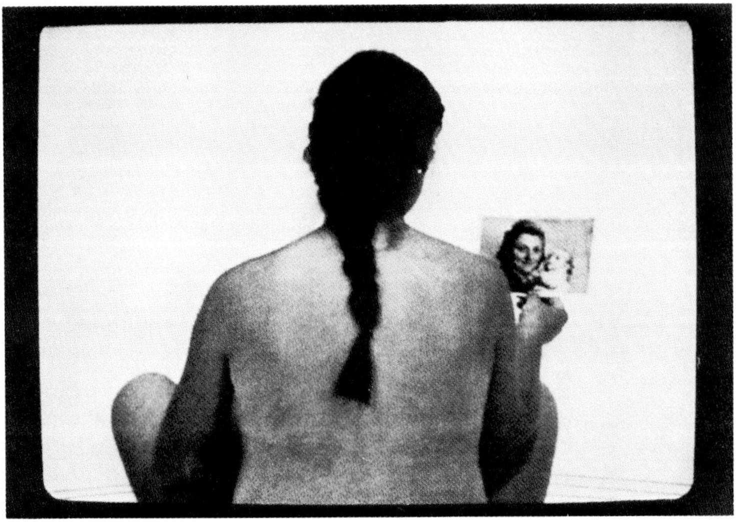

Liebe Tochter,

es war Kriegsende. Wie ich meine Tage nicht kriegte, dachte ich, das kommt wohl noch. Die Arztpraxen waren alle geschlossen. Als sich nichts tat, wußte ich, daß ich schwanger bin. Ich kam in Panik und dachte, es muß wieder abgehen. Ich sprang von Tisch und Bänken, steckte meine Füße in kaltes und heißes Wasser, streckte meinen Körper und trank bestimmte Kräutertees, aber es blieb.
Später dann habe ich doch noch einen Arzt gefunden, es war Ende Sommer, ich war im 5. oder 6. Monat. Ich hatte keine Unterkunft, aber er konnte mir auch nicht helfen.
Wie das so ist, ich war ja noch jung und habe mich damit abgefunden. Ich habe mich dann nicht mehr so aufgeregt, sonst wird man ja auch krank.
Die Arbeit auf dem Land lief so weiter. Körperliche Beschwerden habe ich keine gehabt.
Ich hatte die Feldpostnummer von Deinem Vater nicht mehr. Ich dachte, wir werden uns schon finden. Ich habe mir selbst auch eingeredet, was nützt das Klagen jetzt alles, ich dachte, so ein kleines Mädchen, damit kann ich ausgehen, weil ich ja meine Schwester verloren hatte. Mit anderen Frauen konnte ich kaum über meine Schwangerschaft reden. Manchmal habe ich auch Angst gehabt.
Kurze Zeit vor dem Entbindungstermin habe ich Unterkunft in Lüneburg bekommen. Dort hatte ich ein richtig großes Zimmer für mich allein. Dafür habe ich die Wohnung sauber gemacht.
Ich habe immer gefroren, da ich keine richtige warme Kleidung hatte. Du warst dann auch gleich erkältet.
Am 15. Januar in der Nacht zwischen 22 und 23 Uhr ging es dann los. Ich mußte zur Toilette. Ich nahm meinen Koffer und ging zu Fuß los zur Klinik. Es war so um 1 Uhr nachts. Ein paar Schritte bin ich gegangen und schon wieder kam eine Wehe und ich mußte stehen bleiben. Es gab kein Taxi. Ich konnte nicht mehr laufen. Bei einer Polizeiwache fragte ich, ob sie mich ins Krankenhaus bringen könnten. Es klappte. Ich bin zur Aufnahme und gleich ins Zimmer gekommen. Da setzten die Wehen stark ein, eine nach der anderen. Es sind dann noch Stunden vergangen. Du bist ja erst um 7 Uhr geboren. Dann kamen die Preßwehen, ich mußte mithelfen. Im Unterbewußtsein hörte ich noch, es ist ein Mädchen. Ich muß vorher betäubt worden sein, ich habe gezählt. Dann habe ich nichts mehr mitgekriegt.
Ich wachte in einem Zimmer mit vier anderen Frauen auf. Die Hebamme brachte mir das Kind. Ich wurde beglückwünscht.
Ich sagte, ich bin verlobt, die Krankenschwester hatte mir das gesagt, ich solle das so sagen.
Gott sei Dank, daß es ein Mädchen ist, dachte ich. Das hat man nach dem Krieg so gedacht. Du wurdest zum Stillen immer gebracht und dann wieder rausgeschoben. Gott, sie sieht ja aus wie der Vater, habe ich gedacht. Am 5. Tag bin ich entlassen worden.
Zu Anfang haben wir in einem ausgebauten Pferdestall gewohnt. Ich habe dich immer mitgenommen aufs Feld. Es war ein schlechter Sommer, meistens nur Regen.
Später dann, Du warst vielleicht 9 Monate, habe ich dich zu Oma gegeben.

Astrid Heibach, geb. 1949, lebt in Japan und Deutschland
Universal Input Output c 1982/83, Farbe, 20 Min.

Der Film als Transformator von Energie:
„Begehren ist nicht negativ, also als Wunsch nach Mangel von etwas, sondern es ist affirmativ als Libido und Energie. Theater, Malerei, Film und Musik dienen folglich nicht der Repräsentation der Kritik im herkömmlichen Sinne, sondern sind Transformatoren von Energie – Dispositive, denen als einzige Regel gemeinsam ist, intensive Wirkungen zu produzieren."

Jean Francois Lyotard „Essays zu einer affirmativen Ästhetik"

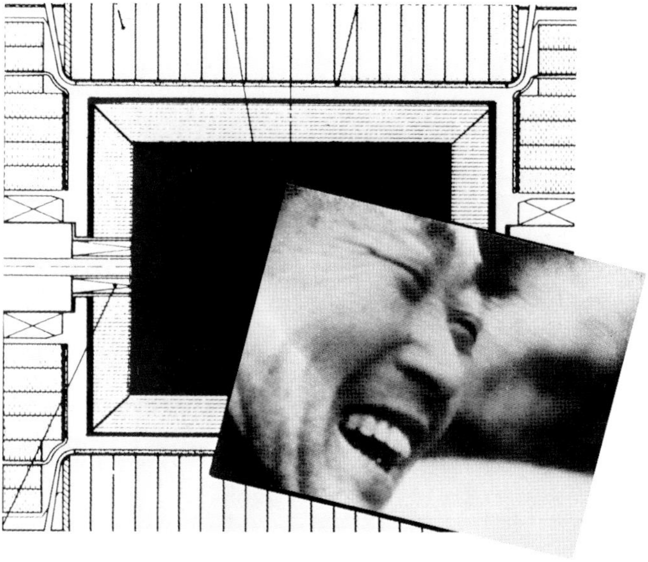

. . . Der elektronische Prozeß ermöglicht es mir, zu simulieren, die Bilder meines Rausches zu dehnen oder zu komprimieren, um eine neue Poesie entstehen zu lassen.
Die Faszination des elektronischen Bildsystems liegt in seinen noch unbekannten, unbegrenzten Möglichkeiten. Es ist ein undefiniertes Paradies, das sich als Projektionsfläche für die Phantasie anbietet. – Daraus ergeben sich neue Energien, die dazu führen werden, daß jeder eines Tages die neue Sprache benutzen wird.
Eine neue Zeichensprache – auch im Reich der Zeichen . . .

Astrid Heibach 1983

KUNSTFONDS
KUNSTRAUM

VIDEO WOCHE

Bonn, November 1983

Jürgen Klauke, geb. 1943, lebt in Köln
Formalisierung der Langeweile, 1981, Farbe, 30 Min.

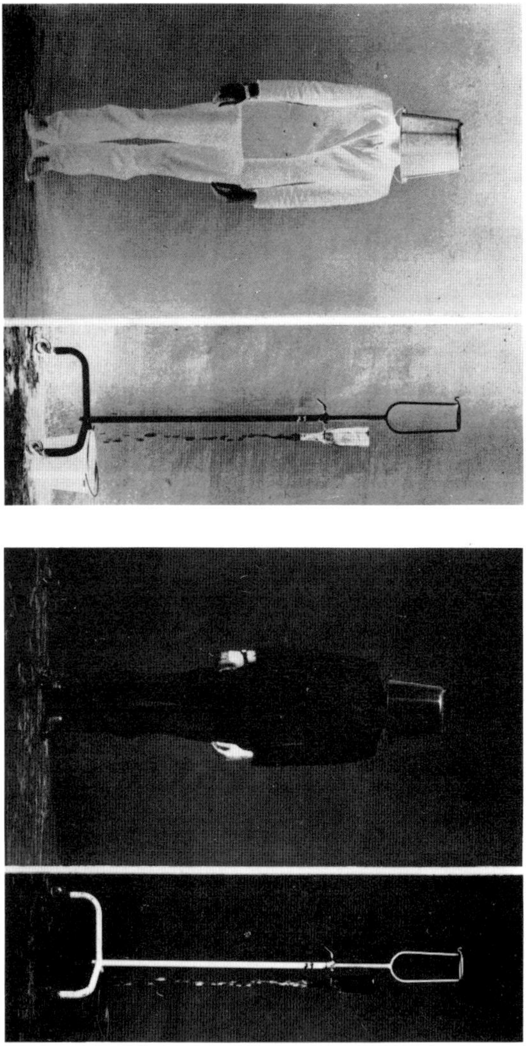

„. . . die Zigarette gibt sich auf. Auf mir lastet die Sitzfläche, und über den eben erfühlten Augenringen ahne ich Sogenanntes – am Gaumen machte sich Geschmack breit. Hinter mir das Fenster zum Reinschauen, mein Daumen hängt im Papier und wird bemerkenswert. Wie könnte es auch anders sein – als Das. Das Notwendigste wird zur leichtesten Übung – wo waren sie gestern – sinngemäß, wo sie in drei Tagen wieder sein werden, naturgemäß: neben sich
sächlich
tatsächlich . . ."

Auszug aus: Jürgen Klauke „Zeitlebens"

Astrid Klein

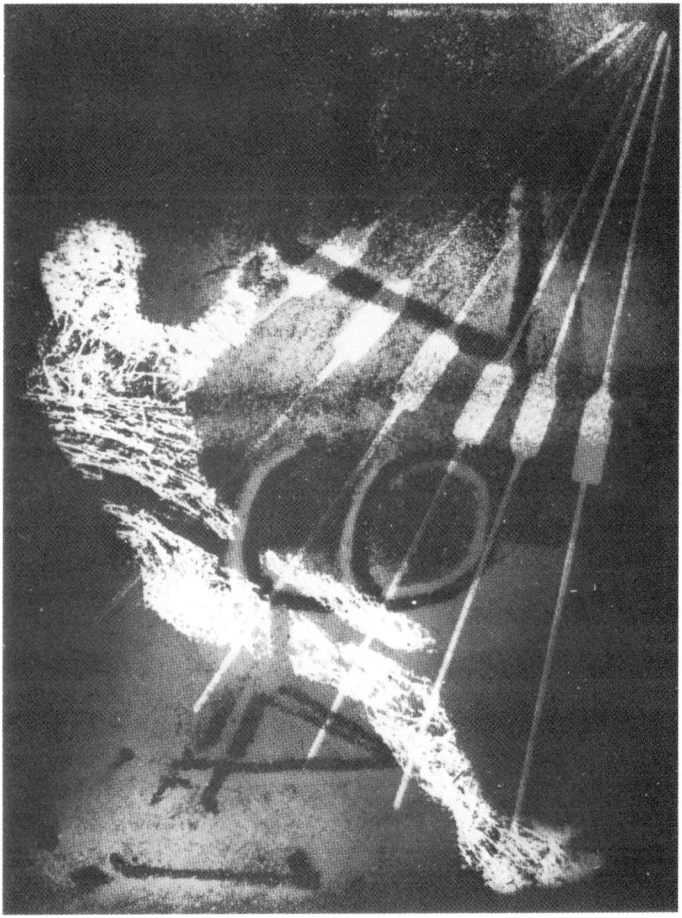

„glänzend bis ans Meer (3)", 1983
Foto, 127 x 179 cm

KUNSTFONDS
KUNSTRAUM

Großfotos

Bonn, Januar bis März 1984

Diese Ausstellung großformatiger Fotoarbeiten zeigt, daß die Hilfe des Kunstfonds auch gerade da erbeten wird, wo der technisch-apparative Aufwand für die Realisierung eines Kunstwerks mitbestimmend ist. Nach den Erfahrungen der Kunstfonds-Jury hat sich bei den Künstlern, die mit Mitteln der Fotografie arbeiten, eine Trendverschiebung von der eher kleinformatigen Sequenz (die oft noch mit Bordmitteln herzustellen war) hin zum Großfoto, zur Foto-Installation vollzogen. Eine parallele Entwicklung ist ja auch in anderen Kunstsparten zu sehen. Weil aber durch die gemeinsame technische Basis auch eine Beziehung zum außerkünstlerischen Bildgebrauch erhalten wird, bleibt ein spezifisch ambivalenter, zwiespältiger Reiz dieser Fotobilder, gehen sie nicht so leicht in Wohlgefallen auf.

Anna und Bernhard Johannes Blume

Kommentar der Künstler:

Sie sehen ein typisch kleindeutsches Ehepaar um die 40. Kinder aus dem Gröbsten, so daß mal ein erholsamer Waldspaziergang drin ist. Diese Stelle im hohen Tann schien für ein Erinnerungsfoto besonders geeignet: Ein wilder Forst im Rohzustand (oder war es schon der Saure Regen?), jedenfalls ein herrlicher Kontrast zu unserer harmonisch-monogamen Zweisamkeit, in der wir ewig und drei Tage nun schon unser Dasein fristen.

Also draußen im Walde das Chaos und innen alles in Ordnung!

Herzlichst
Anna + Bernhard Blume

Bonn, Januar bis März 1984 **Großfotos** KUNSTFONDS KUNSTRAUM

Anna + Bernhard Johannes Blume „Waldeslust"
aus der Serie Er & Sie, Monogamie, 1980/82

KUNSTFONDS
KUNSTRAUM **Großfotos** Bonn, Januar bis März 1984

Klaus Mettig

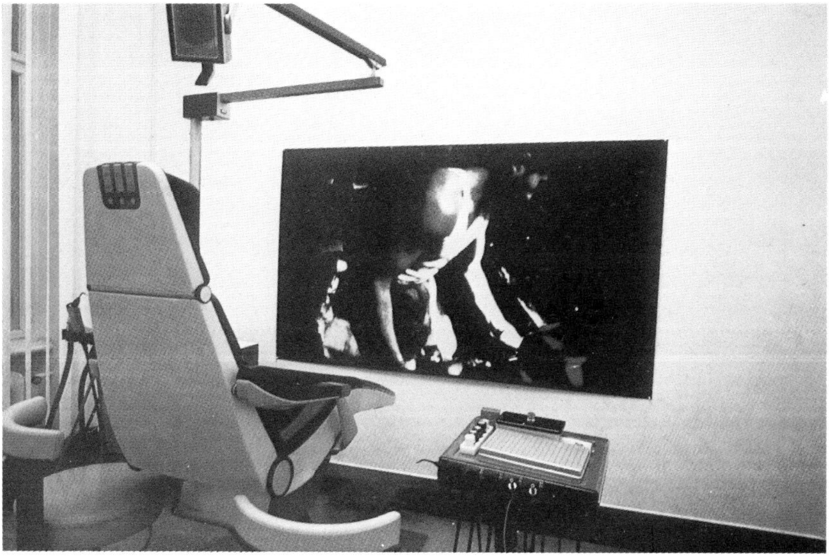

„CHINA XIX" 1978, 130 x 210
Installation: Sammlung Faber/Ratsch Berlin 1983

Katharina Sieverding

„Unwiderstehliche historische Strömung" XV/1978, 380 x 400 cm
Installation: Sammlung Van Abbe Museum Eindhoven 1983

KUNSTFONDS
KUNSTRAUM

Großfotos

Bonn, Januar bis März 1984

Helmut Schweizer

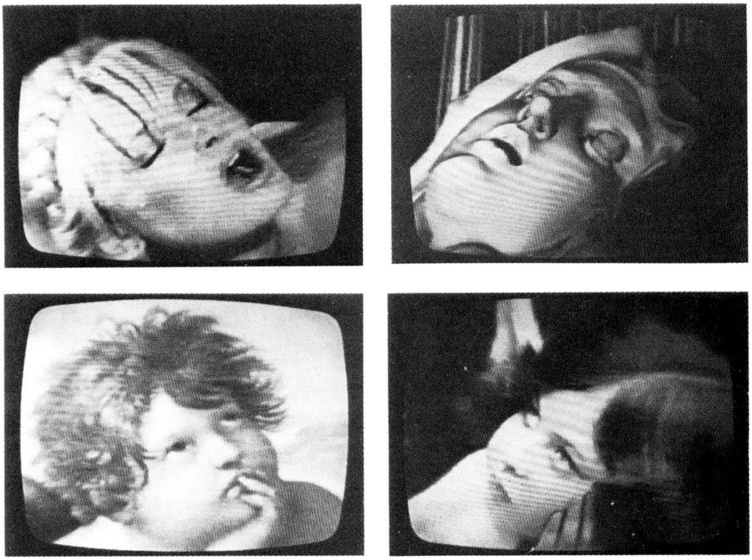

Römische Bilder –
„Und das soll Liebe sein" –
Zu Bernini und Raffael, 1981
4 schwarz-weiße Fotografien je 109 x 139 cm, Installation 228 x 288 cm

Konzeption der Ausstellung: Philomene Magers und Dietrich Helms

R. Wittenborn

ᒉᐃᒥᐢ ᐯᐃ ᐊᐅᐢᑯᑎᒧᐦᒑᓈᒡ ᑳᐊᐢᒋᐳᑖᑭᓈᒡ ᓯᐲ

Installation, "The Montreal Museum of fine Art", 1981

R. Wittenborn, "James Bay Project – A River Drowned By Water", 1979/82

Bisherige Stationen der Ausstellung:
1981 San Francisco Museum of Modern Art, San Francisco, California, USA; Chisasibi School, Chisasibi (ehemals Fort George), James Bay, Quebec, Canada; The Montreal Museum of Fine Art, Montreal, Quebec, Canada; 1982 Le Musée du Sageunay Lac-St. Jean, Chicoutimi, Quebec, Canada; Los Angeles Institute of Contemporary Art (LAICA), Los Angeles, California, USA; Walter Philipps Gallery, Banff, Alberta, Canada; Musée du Quebec, Quebec, P.Q., Canada; 1983 Übersee-Museum, Bremen, BRD; 17. Biennale von São Paulo, São Paulo, Brasilien.

Eun Nim Ro

Afrikanische Tiere, 136 x 73 cm, 1981

KUNSTFONDS
KUNSTRAUM

Künstler ⟷ Fremde Kulturen

Bonn, März/April 1984

Angstmacher, 136 x 73 cm, 1983

Eun Nim Ro
1946 geboren in Chun-Zu, Korea. Seit 1970 in Hamburg.
1973–79 Hochschule für bildende Künste Hamburg.
1982 Arbeitsstipendium der Freien und Hansestadt Hamburg.
1982 Arbeitsstipendium des Kunstfonds Bonn.
1982/83 Studienreise Korea – Japan – Togo/Westafrika.
1984 Arbeitsstipendium der Barkenhoff-Stiftung Worpswede.
Einzelausstellungen u.a.: 1979 Galerie vor Ort Hamburg, 1982 Galerie Space Art Seoul/Korea, 1984 Galerie Kammer, Hamburg.

Als Kind hatte ich die Fragen immer wieder,
Warum die glitschigen Fische neben dem glitschigen Stein leben,
Warum die Sandfische in der Sandbank leben,
Warum der grüne Frosch auf dem grünen Blatt sitzt.
Ich begreife es immer noch nicht.
Ich versuche die Fragen durch meine Arbeit zu erfassen.
Eun Nim Ro

Sabine Franek-Koch

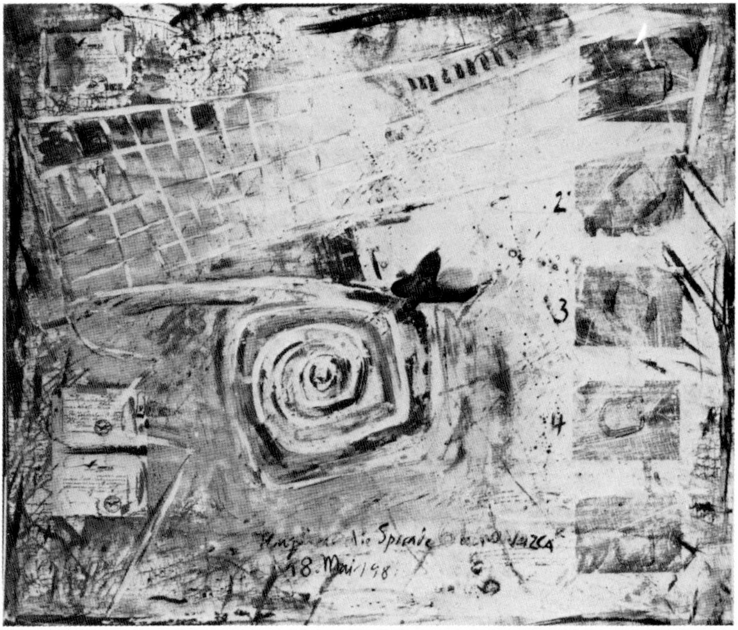

„Flug über die Spirale" (Nazca-Projekt) 1981 Mischtechnik auf Leinwand, 140x160 cm

„. . . schnurgerade Linien, die im Horizont verschwinden, Liniengitter und Tierfiguren in die steinige Wüstenebene gezeichnet – Dreiecke, Vierecke, kosmologische Systeme, Bilder und Zeichen, die nur aus der Luft gesehen und erkannt werden können – die Bewegung des Fluges, das Kreisen des einmotorigen Propellerflugzeugs über der Spirale und das Gefühl des Schwebezustandes, dabei mit den Augen suchend – Bemühungen zwischen Himmel und Erde, eine Annäherung an die mythischen Bilder und Strukturen vergangener Zeiten . . ."
(aus: In den Zeichen, Franek-Koch 1982)

KUNSTFONDS
KUNSTRAUM

Künstler ↔ Fremde Kulturen

Bonn, März/April 1984

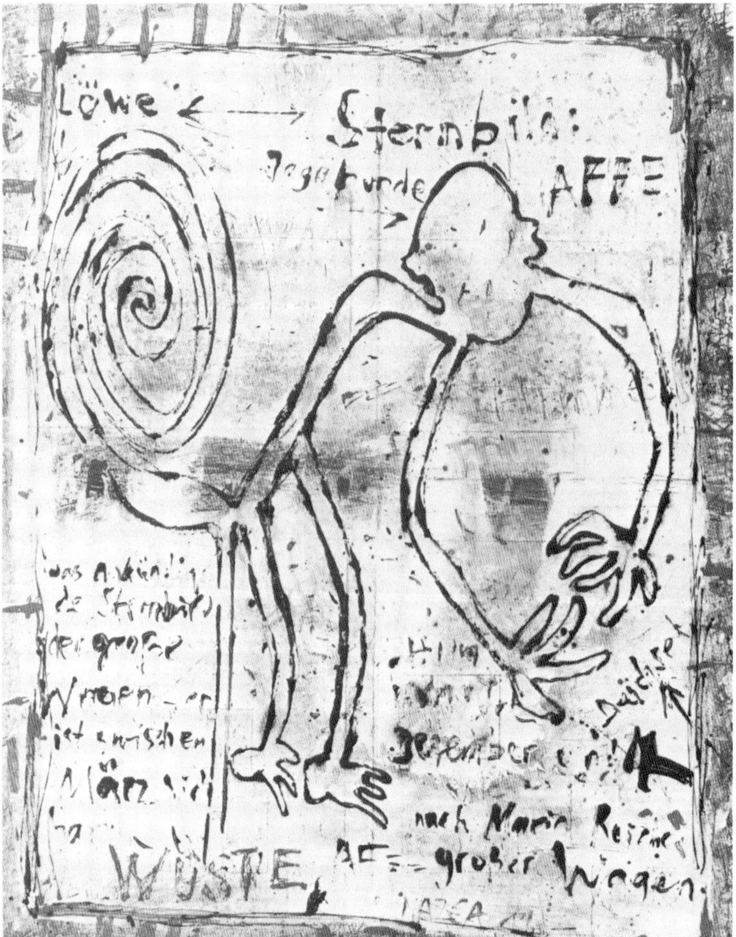

„Sternbild Affe" 1981/82 Mischtechnik auf Leinwand, 160 x 120 cm

Konzeption der Ausstellung: Prof. Fred Thieler

Inge Mahn

Säule mit Sims, gekippt und tropfend; Detail; 1982

KUNSTFONDS
KUNSTRAUM

SKULPTUR

Bonn, Juni/Juli 1984

Heinrich Brummack

Jahreszeitliche Skulpturen

Meine Absicht ist es, längst vergessene Gestaltungsprinzipien und Lebensgewohnheiten aufzuspüren, und die Harmonie zwischen Natur und Kultur wiederherzustellen. Meine Skulpturen sollen mit den Wechseln von Frühling, Sommer, Herbst und Winter leben. Es sind wandelbare Räume. Wenn der Winter kommt, rollt man die Zelttücher ein. Dann stehen nur noch die klaren, skulpturhaften, reduzierten Formen in der Landschaft. Doch im Frühling ist die profane Zeit vorbei. Jetzt heiratet die Skulptur, umhüllt und vergrößert sich mit farbigem Stoff. Es ist ihre Festzeit! Sie übernimmt nun die Aufgabe, die Landschaft mit dem Jahreswechsel zu verbinden.

Ansgar Nierhoff

– Expériences –; 1984; Stahl+Schmiedestücke; 296 Teile

KUNSTFONDS
KUNSTRAUM

SKULPTUR

Bonn, Juni/Juli 1984

Mechtild Nemeczek

Zweiteilige Röhre; 1983

Wolfgang Nestler

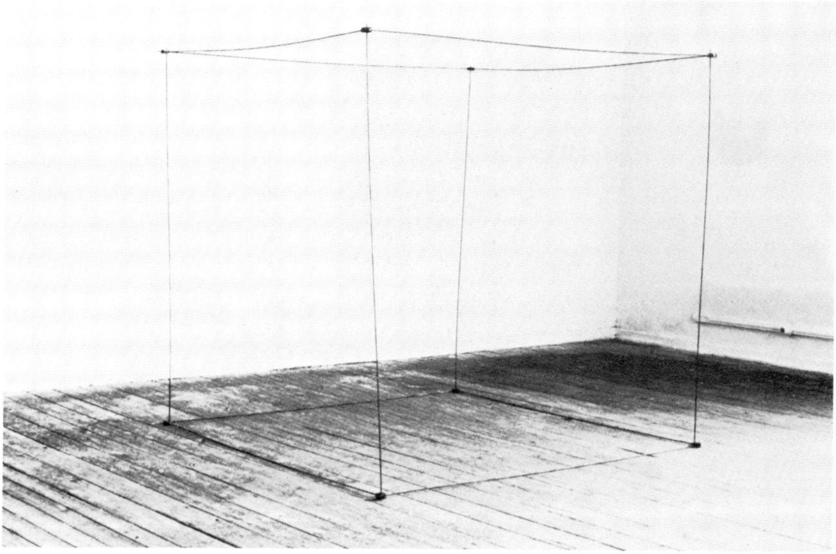

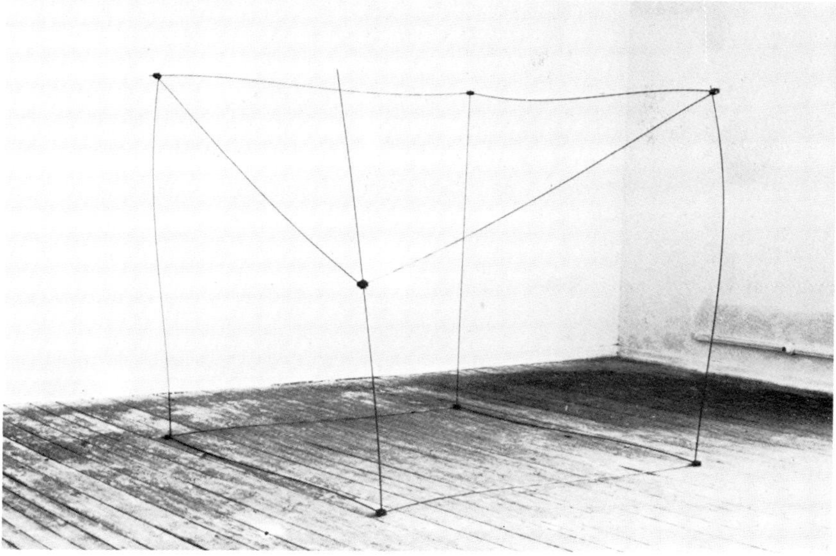

Federstahlkubus; November 1983

KUNSTFONDS
KUNSTRAUM

SKULPTUR

Bonn, Juni/Juli 1984

Leo Hüskes

Monument für Bonn; 420 x 350 x 220 cm

Konzeption der Ausstellung: Dierk Engelken

Bonn, August/September 1984 Zeichnungen KUNSTFONDS KUNSTRAUM

Claus Böhmler

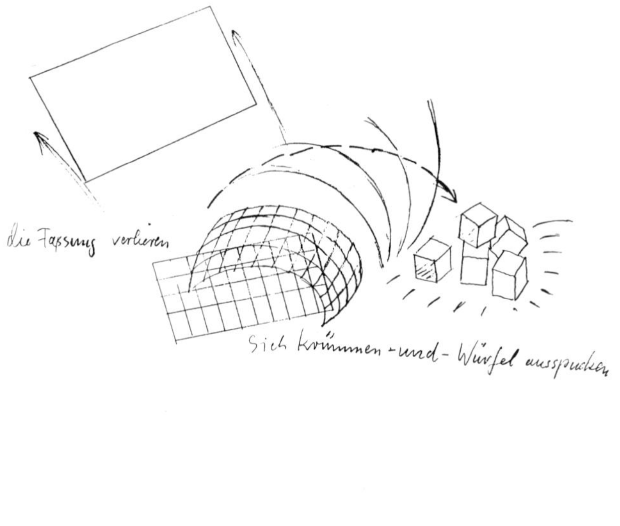

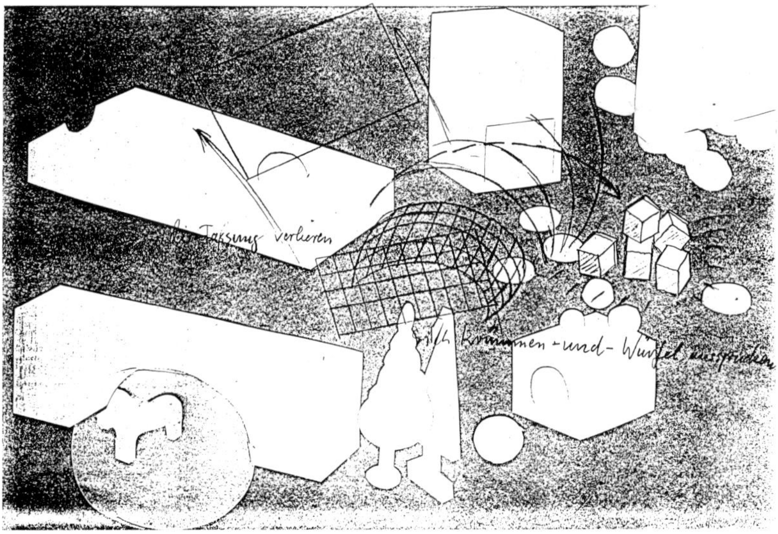

Im Mittelpunkt meines Interesses steht die Zeichnung, d. h. die Erweiterung derselben durch den zu untersuchenden Gegenstand.
C. B.

KUNSTFONDS
KUNSTRAUM

Zeichnungen

Bonn, August/September 1984

Malte Sartorius

San Roque, 1980, Bleistiftzeichnung 45,5 x 66 cm

Bonn, August/September 1984

Zeichnungen

KUNSTFONDS
KUNSTRAUM

Klaus Vogelgesang

Großstadt-Triptychon 1977

Foto: Hilde Zenker

KUNSTFONDS
KUNSTRAUM

Zeichnungen

Bonn, August/September 1984

Seit einigen Jahren hat die Zeichnung in der Kunstszene an Wertschätzung gewonnen. Nachdem ein aufgeblähter Boom von Druckgrafik abgeflaut ist, richtet sich das Interesse mehr auf das grafische Unikat. Zugleich wird auch ein verändertes Verhältnis zur Zeichnung deutlicher. Noch in der ersten Hälfte unseres Jahrhunderts wurden deren Qualitäten vor allem an ihrer skizzenhaften Spontaneität gemessen. Das Vorläufige der Skizze, der Blick über die Schulter des Künstlers, den sie verhieß, machten sie zum wichtigen Beleg für die Wege zum gemalten Bild oder zur fertigen Skulptur. Als endgültige Bildform wurde die Zeichnung damals in der Regel weder vom Künstler noch vom Publikum angesehen. Natürlich wird auch heute noch gezeichnet, um andere Bildlösungen zu klären und zu entwickeln. Aber daneben ist ein anderer Künstlertypus entstanden, der sich vorrangig als Zeichner versteht, der die Zeichnung als gültiges Ziel seiner Arbeit anstrebt.

Dabei reicht die Spannweite der Äußerungsweisen von der abbildhaften, realistischen oder kritischen Darstellung bis hin zu ungegenständlichen, seriellen oder strukturellen Gebilden. Das komplexe Einzelblatt, welches für sich allein bestehen muß, ist genauso legitim wie die Variantenreihe, die Sequenz, die Bildgeschichte oder das story-board, die nur in der Komplettheit und im Vergleich mehrerer Blätter gesehen werden dürfen. Auch Grenzüberschreitungen etwa zur Fotografie, zur Collage oder zum räumlichen Ensemble sind heutzutage im Bereich des Zeichnens zu beobachten. Wie andere bildnerische Medien spiegelt somit die Zeichnung der Gegenwart die ganze Skala künstlerischer Entfaltungsmöglichkeiten wider, welche die Kunstszene prägt.

Eine kleine Ausstellung des Kunstfonds, in der drei Zeichner mit Proben ihrer Arbeit gezeigt werden, kann diese Skala nicht einmal andeutungsweise aufzeigen. Der Kunstfonds stellt geförderte Künstler aus. Die drei Künstler dieser Ausstellung, deren Unverwechselbarkeit unbestritten ist, sind Beispiele für eine breite, richtungsungebundene Förderungspraxis auch im Bereich des Zeichnens heute. G. D.

Konzeption der Ausstellung: Prof. Günter Drebusch

Bonn, September/Oktober 1984 Künstlerhäuser KUNSTFONDS KUNSTRAUM

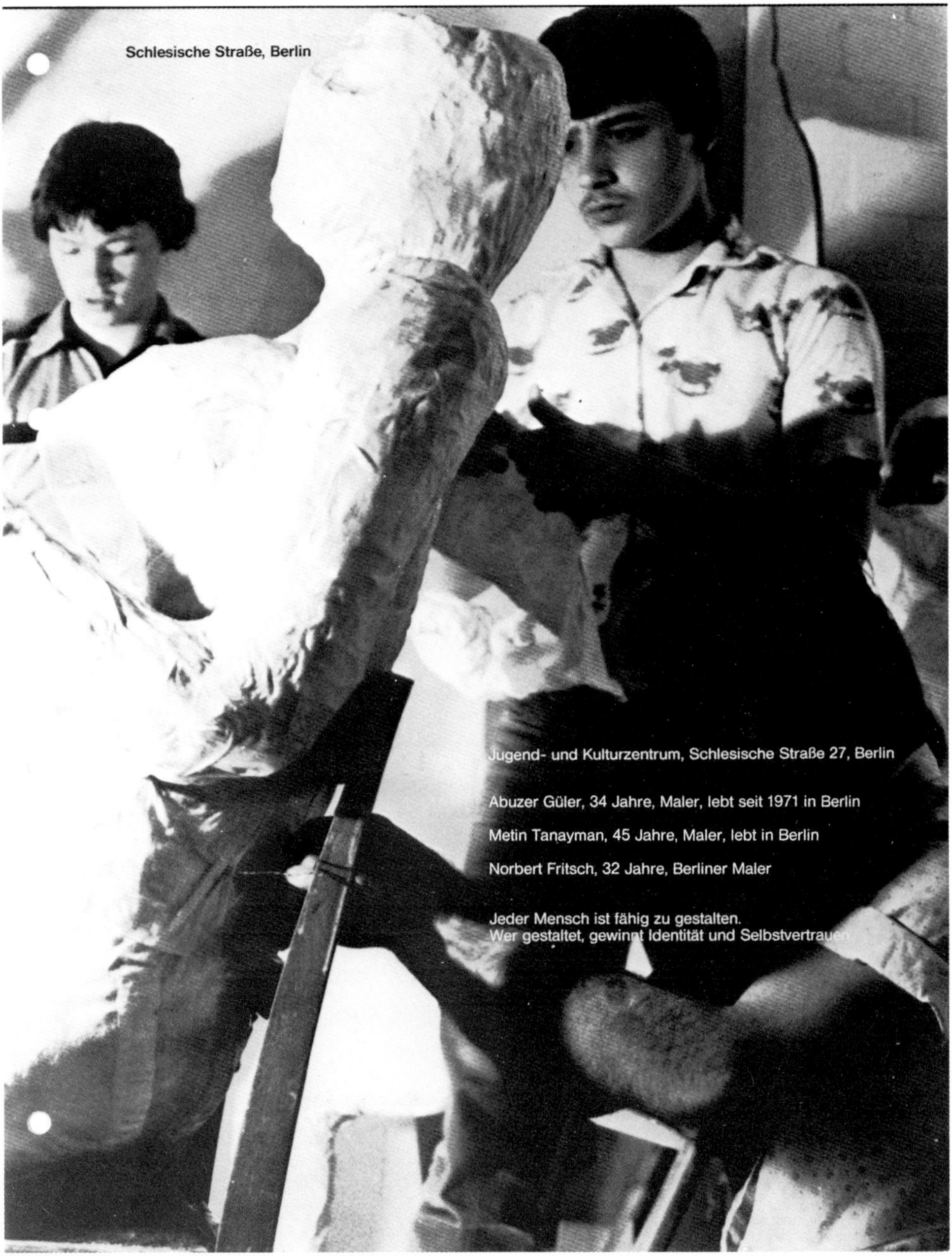

Künstlerhäuser

Reuchlinstraße, Stuttgart

Vor fünf Jahren wurde der Verein Künstlerhaus Stuttgart Reuchlinstraße e.V. gegründet. Die Initiativen dafür liegen ein volles Jahrzehnt zurück. Es entwickelte sich im Lauf dieser Jahre zu einem Kunstzentrum, in dem neben den traditionellen Kunstgattungen – der bildenden Kunst, der Literatur und dem Theater – auch die neuen, oft grenzüberschreitenden Kunstformen – wie Performance, Multimedia, Aktionskunst und elektronische Musik – vertreten sind. Die Konzeption des Hauses ergab sich nicht nur aus den speziellen Interessen der aktiven Mitarbeiter und dem Wunsch nach einer gemeinsamen Arbeit in Werkstätten und Studios, sondern mindestens ebenso aus dem Bedürfnis, neue, den Bereich der eigenen Tätigkeit überschreitende Erfahrungen mit Kunst zu sammeln.

Die Irritationen, die sich aus einer derart offenen Programmatik ergeben, gehören zwar zur Strategie des Künstlerhauses; sie haben aber auch zu einer Reihe von Mißverständnissen veranlaßt, worin denn nun die gesellschaftliche Funktion dieser subventionierten Institution bestehe.

Atelierhaus Hildebrandtstr. 13-15, Düsseldorf

Ausstellungen 1979-1983

Alicea, Bernstein, Ecker, Faulhaber, GUTAI (Murakami, Shimamoto, Sumi, Uemae, Ukita, Yamazaki), Hellinger, Hirose, Hoever, Jakubaschke, Jaworski, Jung, Kenmochi, Kleinlein, Kuhn, Kuypers, Lenhart, Löwenstein, Loock, Luy, Mach, Mattner, McCann, Paysant, Pitz, Pott, Quandt, Rossi, Rungenhagen, Schlegel, Schön, Schutten, Shigeyoshi, Shirakawa, Simon, Tilmann, Wawrin, Zellerhoff

KUNSTFONDS
KUNSTRAUM
Künstlerhäuser
Bonn, September/Oktober 1984

Nikolaus Lang, Jürgen Wenzel

Modell des mit dem 1. Preis ausgezeichneten Gemeinschaftsentwurfes von Prof. Jürgen Wenzel und Nikolaus Lang zum offenen Wettbewerb „Gestaltung des Geländes des ehemaligen Prinz-Albrecht-Palais" in Berlin.

KUNSTFONDS
KUNSTRAUM

Kunst : Architektur

Bonn, Dezember 84, Januar 85

... Natürlich ist nicht gemeint, daß man nun Platte für Platte lesen soll, aber man wird in diesem **düsteren** unendlichen Einerlei immer wieder verharren, um Abschiedsbriefe, Einsatzbefehle, Industrieaufträge, Untersuchungsberichte, Totenlisten, Vergütungsnachweise zu entziffern. Hier ist die Pathosformel eines konkreten Symbols gefunden...

Aus: Garten + Landschaft 8/84
„Hier ist kein Ort für Gras und Blumen"
Anmerkungen zum Wettbewerb „Prinz-Albrecht-Palais" zum Zeitpunkt der ersten öffentlichen Ausstellung – von Martin Specht

... Kritisch muß stimmen die gegen das Wettbewerbsergebnis gerichtete einseitige Interpretation. „Die bisherigen in einem Wettbewerb ermittelten Vorstellungen hätten einen zu **düsteren** Charakter" wird dem Senatssprecher, Herrn Fest, laut Morgenpost als weitere Begründung für den von Ihnen gemachten Vorschlag zugeschrieben...

Aus: Brief von Prof. Jürgen Wenzel an den Regierenden Bürgermeister von Berlin, Eberhard Diepgen. 7. 11. 1984

Haus-Rucker-Co, Düsseldorf
Laurids Ortner, geb. 1941
Günter Zamp Kelp, geb. 1941
Manfred Ortner, geb. 1943

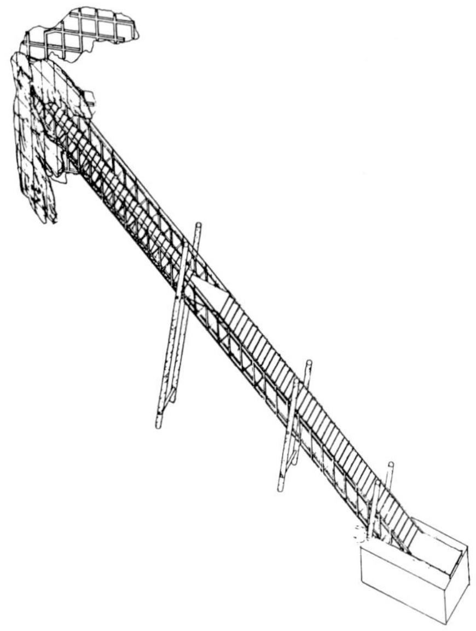

Nike am Ufer, 1980

Nike, Linz, 1977

KUNSTFONDS
KUNSTRAUM

Kunst : Architektur

Bonn, Dezember 84, Januar 85

Treppe mit Dach (Lineares Haus), 1979

Lineares Haus (Phantomzeichnung), 1980

Lineares Haus
Darmstadt, 1978

Als ergänzende Maßnahme zu den Neubauten der Technischen Hochschule haben wir das *Lineare Haus* entwickelt. Ein Fußweg sollte so angelegt werden, daß er geradlinig vom Hochschulgelände über die Lichtwiese zur Stadt führt. Diesen Weg entlang sollte ein Haus entrollt sein: Wesentliche Teile eines Wohnhauses werden aus ihrem vertrauten räumlichen Zusammenhang gelöst und als fragmentarische Bauteile aneinandergereiht: Fassade, Kamin, Flur, Treppe, Dach etc. Mit üblichen Baumaterialien des Industrie- und Wohnungsbaues errichtet, entsteht eine Art bautypologischer Sammlung. Die Abfolge der Teile entspricht dem Durchwandern des imaginären Gebäudes. Den gesamten Weg entlang sollten Pfeiler und Stangen eine Bau-Linie bilden als Meßlinie für das Gelände und den unfertigen Bauzustand des *Linearen Hauses*.

Bonn, Dezember 84, Januar 85

Kunst : Architektur

KUNSTFONDS
KUNSTRAUM

KUNST – BAUEN – LEBEN

Sanfte Strukturen **Marcel Kalberer geb. 6. 10. 47**

Modell Siedlung im Wald 7

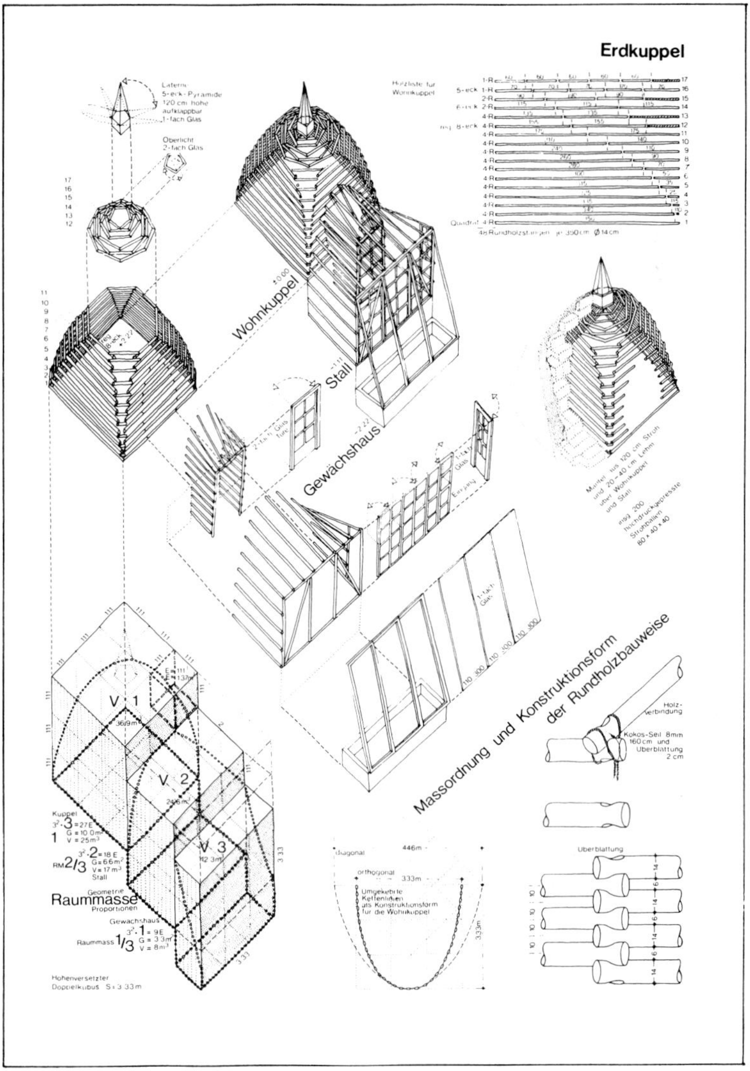

KUNSTFONDS
KUNSTRAUM

Kunst : Architektur

Bonn, Dezember 84, Januar 85

KUNST – BAUEN – LEBEN

Rundholz-Konstruktion von Kuppel und Stall

Zur Bewertung eines Modells mit sozialen Ansprüchen wird hierzulande öfters die Frage gestellt: „Wenn dies alle täten?".
Nun: Wir lassen uns die Frage gefallen (und hoffen, daß sie zu keinem sozialen Geschehen je Berechtigung erhält). Also: Alle täten unter zugeschütteten und bepflanzten Erdhäusern wohnen, das weitere Gelände umstülpen, terrassieren und modellieren, auf Stegen gehen und darunter Nistnischen beobachten, ihre eigenen Abfälle kompostieren, um damit Blumen zu ziehen, Schafe zur Beheizung halten, scheren, melken. Von Kiel bis Überlingen ein ‚riesen' Dorf.
Genug des Absurden!
Weil die weitere ‚Entwicklung' und der Fortschritt es ganz anders meinen, eine Gegenfrage: „Wenn es keiner täte?"
Wie bei den Vögeln und den Schmetterlingen fehlten die bunten Variationen, die Vielfalt möglicher Lebensweisen.

marcel kalberer

Architektur ist in ihrem Wesen
eine gemeinschaftliche Kunst

. . . für eine Welt zunehmend erfüllt
von Hass und Destruktion
ist unser Streben
Liebe und Konstruktion

Hassan Fathy

James Reineking

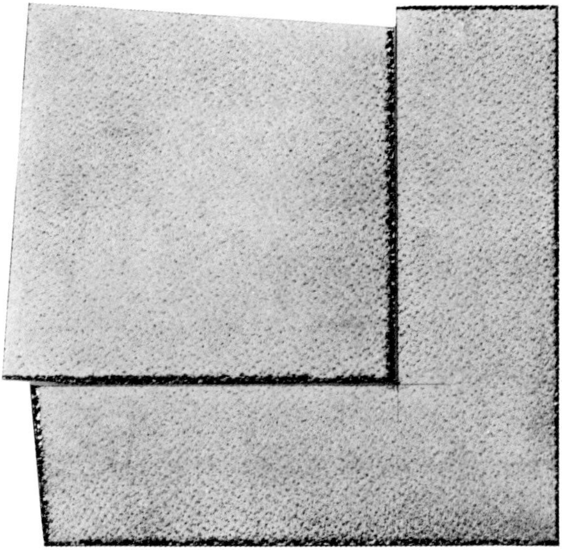

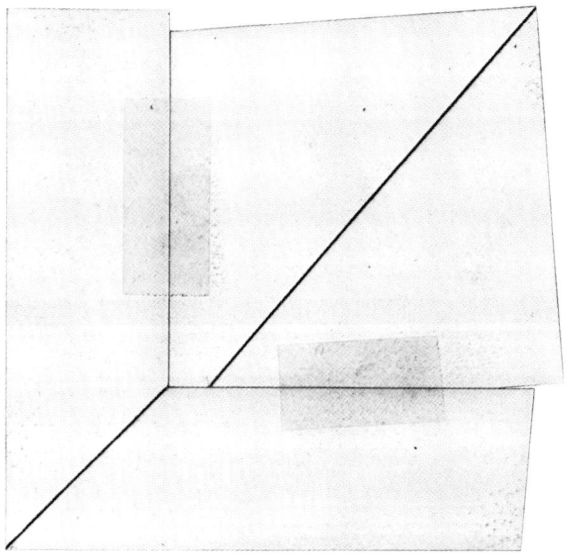

Bodenstück 1984 – **Alf Schuler**
Abgewinkelte Rohre, Aluminium-T-Schiene auf abgewinkeltem Blech
Höhe ca. 40 cm, Breite 125 cm, Länge 325 cm

KUNSTFONDS
KUNSTRAUM

Skulptur

Bonn, Februar, März 1985

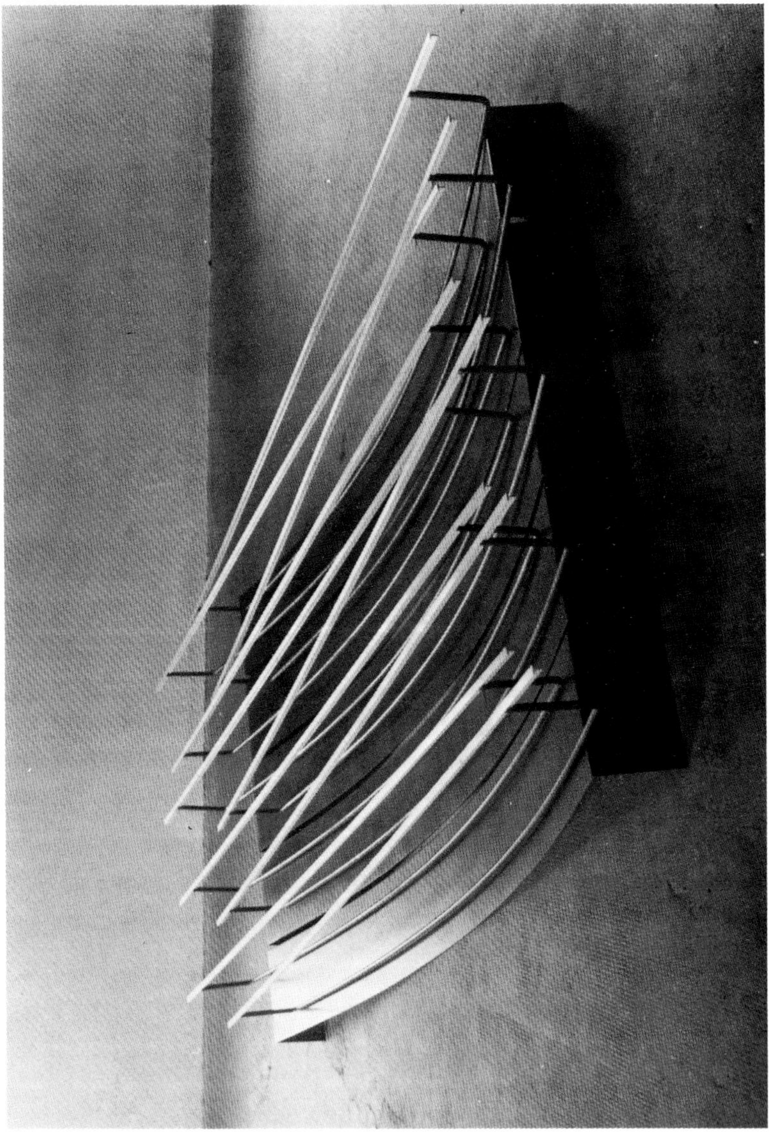

Michael Witlatschil

Näherung E / 1983 Stahl, Glasstück

Aufbau im Westfälischen Kunstverein, Münster

KUNSTFONDS
KUNSTRAUM

Skulptur

Bonn, Februar, März 1985

Details / Näherung E /

. . .
Es entsteht eine Skulptur, in der sich die beiden Stäbe wie kommunizierende Röhren über einen Abgrund hinweg gegenseitig bedingen. Die Annäherung der beiden Stäbe, ihre absolute Nähe, erhält sich nur über eine Distanz hinweg, deren Überbrückung unmöglich ist, soll die Nähe nicht zerstört werden. Wie ein uneingelöstes Versprechen weist diese Skulptur über sich hinaus, während sie selbst wie eine Stele zwischen Tod und Leben steht.

Karin Stempel

Fotos: Wakoning, Bachinger

Erdmut Bramke

1940 in Kiel geboren
Lebt in Stuttgart

1961—1967 Studium der Malerei an den Akademien in Stuttgart und Berlin

1973—1974 Aufenthalt in Paris

1979—1980 Villa-Massimo-Stipendiatin in Rom

1985 Arbeitsstipendium des Kunstfonds, Bonn

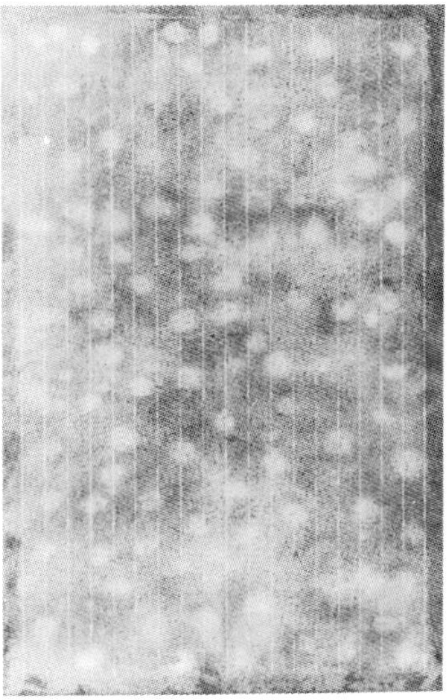

„Ohne Titel"
Bild-Nr. 3/3/1982
Acrylfarbe auf Leinwand
160 x 100

Thomas Kaminsky

1954 in Dresden geboren
Lebt in Köln

1952—1976 Schule, Malerlehre Studium an der Hochschule für Bildende Künste, Berlin

1974 DAAD-Stipendium für Paris

1977 Karl Schmidt-Rottluff-Stipendium

1979 BDI-Kunstpreis

1981/82 Stipendiat der Villa Massimo, Rom

1983 Arbeitsstipendium des Kunstfonds, Bonn

Ohne Titel
Ölfarbe auf Leinwand
100 x 100

KUNSTFONDS KUNSTRAUM **BILDER-Querschnitt 82-85** Bonn, April-Mai 1985

Bernd Damke

1939 in Gräfendorf, Kreis Torgau, geboren
Lebt in Münster

1959—1963 Studium an der Hochschule der Künste Berlin (Thieler und Zimmermann)

1969 Villa-Romana-Preis, Florenz
Kunstpreis der Stadt Gelsenkirchen

1970—1973 „System Design"-Planungsgruppe für visuelle Leitsysteme

Seit 1972 Dozent und Professor an der Fachhochschule Münster

1973 Stipendium für einen Studienaufenthalt Villa Massimo, Rom

1977 Karl-Ernst-Osthaus-Preis der Stadt Hagen

1978 Reise durch Indien, Burma, Japan, China

1979 Gastdozent an der Helwan University, Kairo

1984 Werkstipendium des Kunstfonds, Bonn

Beresa, 1980
Acrylfarbe auf Leinwand
150 x 180

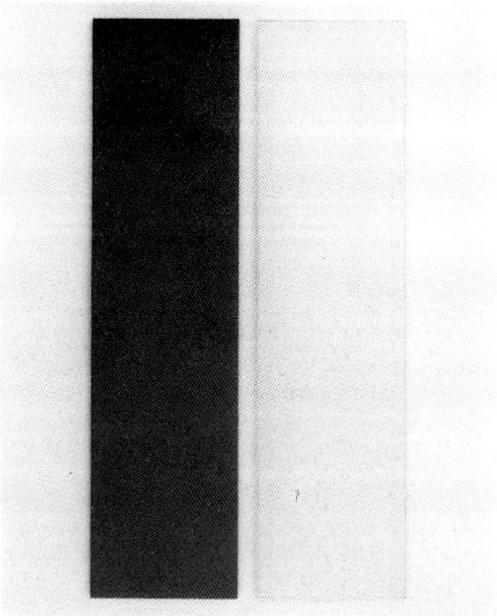

Frank Badur

1944 in Oranienburg geboren
Lebt in Berlin und in Finnland

1963—1969 Studium an der Hochschule für bildende Künste, Berlin

1971 Aufenthalt in London

Seit 1973 Atelier in Finnland

Seit 1979 Beschäftigung mit Kunst im öffentlichen Raum

1982 Stipendium der Hand-Hallow-Foundation, East Chatham/New York
Stipendium des DAAD

1984 Werkstipendium des Kunstfonds, Bonn

Diptychon mit Violett, 1984
Ölfarbe auf Leinwand
2 x 200 x 50

Ben Willikens

1939 in Leipzig geboren
Lebt in Stuttgart und Braunschweig
1962—1967 Studium an der Akademie der Bildenden Künste Stuttgart bei Heinz Trökes
1964 Stipendium der Studienstiftung des Deutschen Volkes
1965—1966 Stipendium der Studienstiftung für London
1970 Villa-Romana-Preis, Florenz
1972 Villa-Massimo-Preis, Rom
1972 1. Preis der BRD, Grafik-Biennale in Florenz
1977 Professur für Malerei an der Fachhochschule Gestaltung, Pforzheim
1982 Professur für Malerei an der Hochschule für Bildende Künste, Braunschweig
1982 Werkstipendium des Kunstfonds, Bonn
1983 Hans-Molfenter-Preis, Stuttgart

Raum 38, 1984
Acrylfarbe auf Leinwand
150 x 160

Göta Tellesch

1932 in Duisburg geboren
Lebt in Berlin
1953—1961 Studium an der Schule für Kunst und Handwerk, Saarbrücken (Kleimt)
Staatliche Hochschule für bildende Künste — Städelschule, Frankfurt (Meistermann)
Hochschule für Bildende Künste, Berlin (Uhlmann, Hartung)
1965 Stipendium New York/Californien
1966 Villa Romana-Stipendium, Florenz
1972—1980 Lehrtätigkeit an der Hochschule für Bildende Künste, Berlin
1980 Arbeitsstipendium des Senats, Berlin
1985 Arbeitsstipendium des Kunstfonds, Bonn

Orplid, 1984
Spritztechnik
75 x 150

KUNSTFONDS
KUNSTRAUM

BILDER-Querschnitt 82-85

Bonn, April-Mai 1985

Peter Nagel

1941 in Kiel geboren
Lebt in Flintbek bei Kiel

1960—1965 Studium an der Hochschule für Bildende Künste in Hamburg

1965 Gründung der Gruppe ZEBRA

1968—1969 Stipendium der Villa Massimo, Rom

1969 Preis „Premio Fiorino", Florenz

1971 1. Preis der Triennale in Grenchen/Schweiz

1971 2. Triennale India „mention of honour"

1971 Stipendium des Kulturkreises im BDI

1976 Preis der Biennale der Radierung (Mulhouse)

1977 Kulturpreis der Stadt Kiel

1981 Mitglied der freien Akademie Hamburg

1982 Werkstipendium des Kunstfonds, Bonn

Modell-Hubschrauber, 1982/83
Ölfarbe auf Leinwand
80 x 110

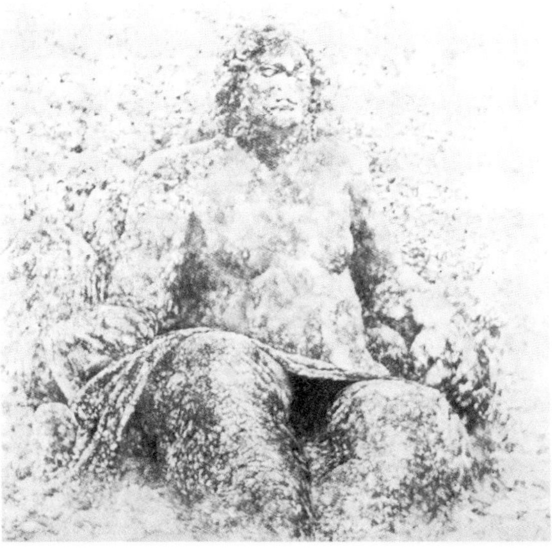

Verena Vernunft

1945 in Rehhorst, Schleswig-Holstein, geboren
Lebt in Hamburg

1964—1969 Studium an der Staatlichen Hochschule für bildende Künste Hamburg

1976 Förderpreis der Erdwin Amsinck Stiftung, Hamburg

Purchase Award, Int. Print Exhibition, Seattle, USA

1978/79 Stipendium für die Deutsche Akademie Villa Massimo, Rom

1978 1. Premio di Pittura, Corciano, Italien

1983 Barkenhoff-Stipendium, Worpswede

3. Preis, Art-Wettbewerb, „Deutsche Landschaft — heute"

1985 Arbeitsstipendium des Kunstfonds, Bonn

Cerere di Bomarzo, 1983
Ölkreide/Ölfarbe auf Leinwand
180 x 180

Malgruppe Weibsbilder

1977 Gründung der Gruppe
Die Bilder werden kollektiv gemalt

Lisa Endriss

1947 in Landshut geboren
Lebt in Griesstätt/Wasserburg

Lilith Lichtenberg

1943 in Kitzbühel geboren
Lebt in München

Sara Rogenhofer-Reuter

1950 in Amberg geboren
Lebt in München

1985 Arbeitsstipendium des Kunstfonds, Bonn

Besuch von Drüben, 1985
Acrylfarbe auf Nessel
250 x 150

Jobst Meyer

1940 in Oberhausen geboren
Lebt in Braunschweig

1960—1963 Studium an der Staatlichen Akademie der bildenden Künste Karlsruhe

1963—1968 Studium an der Hochschule der Künste Berlin

1966 Kunstpreis der Jugend des Landes Baden-Württemberg für Malerei

1971 Stipendium des Kulturkreises im Bundesverband der Deutschen Industrie

1973 Villa-Romana-Preis, Florenz

1973 Wilhelm-Morgner-Preis der Stadt Soest

1985 Arbeitsstipendium des Kunstfonds, Bonn

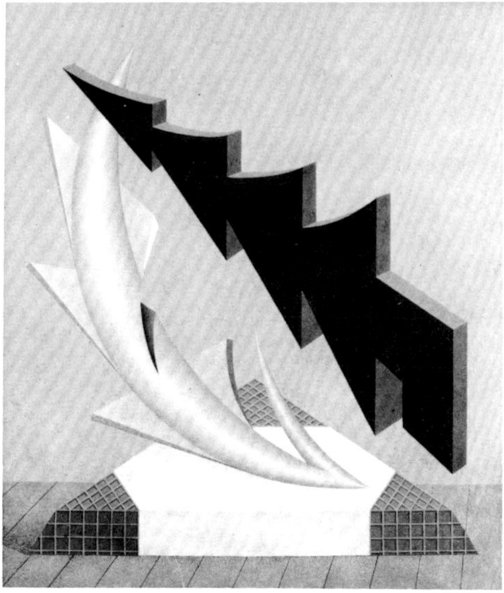

Hakenmond und Tanne, 1982
Eitempera auf Leinwand
130 x 110

KUNSTFONDS KUNSTRAUM **BILDER-Querschnitt 82-85** Bonn, April-Mai 1985

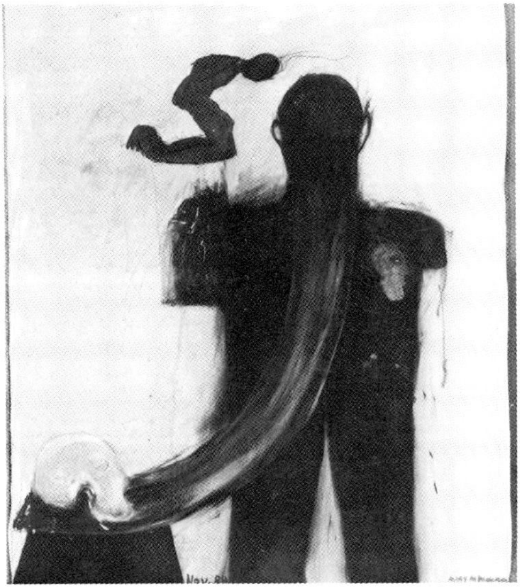

Max Neumann

1949 in Saarbrücken geboren
Lebt in Berlin

1969—1970 Studium an der Werkkunstschule in Saarbrücken

1970—1973 Akademie der Bildenden Künste Karlsruhe

1974—1976 Hochschule der Bildenden Künste Berlin

1976 Meisterschüler bei Martin Engelmann

1978/1979 als DAAD-Stipendiat in Paris

1982 Charlottenburger Kunstpreis, Berlin

1983 Preisträger des BDI

1984 Arbeitsstipendium des Kunstfonds, Bonn

Förderpreis zum Rubenspreis der Stadt Siegen

Andrang, 1984
Leimfarbe auf Nessel
200 x 166

G. L. Gabriel

1958 in München geboren
Lebt in Berlin

1978 Studium an der Hochschule der Künste Berlin bei K. H. Hödicke, Meisterschülerin

1981 1. Preis „Kunst am Bau", Berlin
„Nr. 1", Super-8-Film
Teilnahme an der Kurzfilmwoche im Arsenal, Berlin, und an der Ausstellung „Im Westen nichts Neues" im Kunstmuseum Luzern (Super-8-Film)

1982 Stipendium und Aufenthalt in Santo Domingo

1984 Arbeitsstipendium des Kunstfonds, Bonn

Am Meer, 1985
Mischtechnik auf Papier
78 x 104

Barbara Heinisch

1944 in Rathenow/Mark Brandenburg geboren
Lebt in Berlin

1969 Studium bei Joseph Beuys an der Kunstakademie Düsseldorf

1973—1978 Studium an der Hochschule der Künste, Berlin, bei den Professoren Knispel, Bachmann und Hödicke
Abschluß als Meisterschülerin

1979 Deutscher Kritikerpreis, Berlin

1982 P.S. 1 — New York — Stipendium der Stadt Berlin

1984 Gastprofessur an der Staatlichen Kunstakademie, Oslo

1984 Arbeitsstipendium des Kunstfonds, Bonn

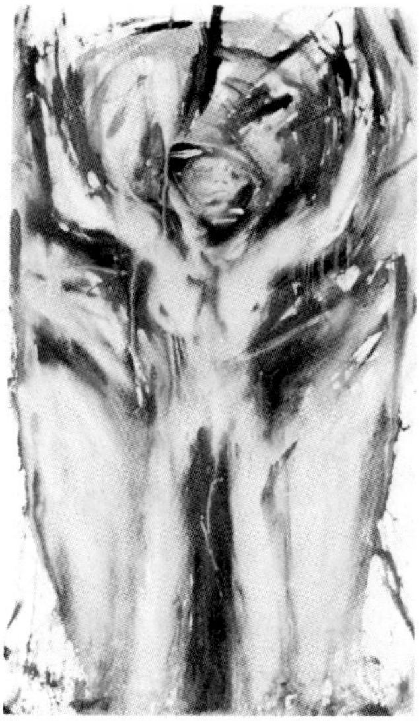

African Queen, 1983
Temperafarbe auf Nessel
210 x 130

Galli

1944 in Heusweiler geboren
Lebt in Berlin

1962—1967 Werkkunstschule Saarbrücken

1969—1976 Studium an der Hochschule der Künste Berlin

1975 Meisterschülerin bei Martin Engelmann

1984 Arbeitsstipendium des Kunstfonds, Bonn

Durchgeixt, 1982
Mischtechnik auf Nessel
150 x 150

KUNSTFONDS
KUNSTRAUM **BILDER-Querschnitt 82-85** Bonn, April-Mai 1985

Peter Vogt

1944 in Prag geboren
Lebt in München

1964—1970 Studium an der Akademie der Bildenden Künste, München bei Deyrolle und Jochims

1979 Förderpreis der Stadt München für Malerei

1983 Stipendium der Gabriele Münter/Johannes Eichner-Stiftung

1985 Arbeitsstipendium des Kunstfonds, Bonn

Kopf 84/18, 1984
Ölfarbe auf Leinwand
81 x 74

Lisa Hoever

1952 in Münster/Westfalen geboren
Lebt in Düsseldorf

ab 1972/1973 Studium an der Staatlichen Kunstakademie, Düsseldorf

1978 Meisterschülerin von Prof. Alfonso Hüppi
Staatsexamen

1979 Reisestipendium (Poensgenstiftung), Florenz

1980 Förderpreis der Stadt Düsseldorf

1984 Arbeitsstipendium des Kunstfonds, Bonn

Stilleben mit Fischteller, 1984
Temperafarbe auf Papier/Stoff
190 x 245

Bonn, Juni/Juli 1985

KUNST & NATUR

KUNSTFONDS
KUNSTRAUM

Hannsjörg Voth

Projekt Boot aus Stein 1980-81

Hannsjörg Voth

1940	Geboren in Bad Harzburg, lebt in München
1955-58	Handwerkslehre in Bremervörde
1961-65	Studium an der Kunstschule Bremen
seit 1969	Freier Maler, Grafiker und Bildhauer
1973	Bayerischer Staatspreis für Malerei
1974	Förderpreis der Stadt München für bildende Kunst
1977	Erster Kunstpreis für Malerei durch Philip Morris International
1977	AZ-Preis, München, für Projekt „Reise ins Meer"
1978	Kunstpreis des Kulturkreises im Bundesverband der Deutschen Industrie (Museumsspende)
1978	Biennalpreis Norwegian International Print Biennale, Frederikstad/Norwegen
1980	Arnold-Bode-Preis, Kassel
1981	Förderpreis der Gabriele-Münter- und Johannes-Eichner-Stiftung Prinzregent-Luitpold-Stipendium
1982	„Kunstfonds"-Stipendium, Bonn

Realisierung von Außenprojekten:

1975	Projekt „Feldzeichen" Ingelsberg bei München
1976	Projekt „Platz der Macht" Neuenkirchen/Lüneburger Heide
1977	Projekt „Steine leben ewig" Neuenkirchen/Lüneburger Heide Projekt „Neubepflanzung zweier Rosenbeete" Colombi-Park Freiburg im Breisgau
1978	Projekt „Reise ins Meer" Ludwigshafen/Rhein-Nordsee
1981	Projekt „Boot aus Stein" Ijsselmeer/Niederlande
1983	Projekt „Erdkreuz" IGA 83 München
1984	Projekt „Steinhaus mit Seelenloch" BUGA 85 Berlin

Seit 1968 zahlreiche Einzel- und Gruppenausstellungen im In- und Ausland, unter anderem:

1967	Staatliche Kunsthalle Baden-Baden Staatliche Kunsthalle Recklinghausen
1970	Haus der Kunst, München
1972	Cartwright Hall, Bradford/England
1974	Galerie Stangl/München
1975	Paula-Becker-Modersohn-Haus, Bremen Alvar Aalto Museum/Finnland Kunsthalle Nürnberg Städtische Kunsthalle Mannheim
1976	Galerie Sammlung Ludwig, Aachen Städtische Galerie im Lenbachhaus, München
1977	Museum der Stadt Ulm „documenta 6", Kassel Galerie Thomas, München
1978	Museum Boymans van Beuningen, Rotterdam/Niederlande Rheinisches Landesmuseum, Bonn
1979	Gemeentemuseum Arnhem/Niederlande Lehmbruck-Museum der Stadt Duisburg Landesmuseum, Koblenz
1980	Kunstverein Göttingen
1981	Kunsthaus Zürich/Schweiz
1982	Bürgergalerie Sapporo/Japan Bundeskanzleramt, Bonn Museum Ludwig der Stadt Köln
1983	Nationalgalerie, Berlin
1984	Kunsthalle, Krakau/Polen Hirschhorn-Museum, Washington/USA

Nils-Udo

Regenturm; Roteiche, Fichte, Hasel, Waldrebe (Höhe 9,50m); 1983

KUNSTFONDS
KUNSTRAUM

KUNST & NATUR

Bonn, Juni/Juli 1985

Nils-Udo

Mit Blumen zeichnen. Mit Wolken malen. Mit Wasser schreiben. Den Maiwind aufzeichnen, den Weg des fallenden Blattes. Für ein Gewitter arbeiten. Einen Gletscher erwarten. Den Wind riechen. Den Sturm tasten. Der Schrei des Tieres. Der bittere Geschmack von Seidelbast. Den Tümpel begraben und die Libelle. Wasser und Licht richten. Nebel anzünden und den Duft der gelben Berberitze. Geräusche, Laute, Farben und Gerüche vermählen. Das grüne Gras. Einen Wald und eine Wiese zählen.

Meine Arbeiten sind Hinweise auf unsere Verbindung und Abhängigkeit mit Natur und Kosmos, unsere Existenz in Raum und Zeit.

In einer gegebenen Landschaft entwickle und errichte ich, ausgehend ausschließlich von vorgefundenen, natürlichen, Materialien, eine bestimmte Natur-Stituation.

Die an dieser Situation erfahrbare Natur-Ordnung, Abläufe und Zusammenhänge, ihre räumliche und zeitliche Ausdehnung sollen wahrgenommen werden.

Form und Charakter meiner Arbeiten sind geleitet von dem Versuch einer Zeichenfindung für Endlichkeit und Unendlichkeit, den ausgewählten Landschaften und den ihr entnommenen Materialien.

Seit 1972 arbeite ich mit und in der Natur. Ich habe u.a. Erde geformt, Pflanzungen angelegt mit Bäumen, Sträuchern und Blumen, Gras angesät, Steine, Bäume, Äste, Zweige, Blätter, Feuer und Rauch verwendet sowie Sonne, Regen, Wind, Schnee, Nebel und Eis, Wälder, Wiesen, Flüsse, Bäche, Berge und Tiere in die Arbeit einbezogen. Mit der Kamera verfolge ich Ablauf und Auswirkungen der Jahreszeiten an meinen Arbeiten, Wachsen und Vergehen.

Nils-Udo, geb. 1937 in Lauf, Bayern. Kindheit und Jugend in Tirol und Franken. 1953-1956 Grafik-Studium, seither freischaffender Künstler. 1957-1958 Reisen in Europa, Marokko, Mittlerer Osten, UdSSR. Lebt 1 Jahr in Persien, 9 Jahre in Paris (1960-1969) und seither in Prien am Chiemsee.

Einzel- und Gruppenausstellungen

1972 Paris, Galerie Fricker
München, Galerie Eichhausen
-1978, Wasserburg, Kunstausstellung
1973 München, Herbstsalon
1974 München, „Kunst 74"
1975 Hamburg, Galerie von Loeper
München, Haus der Kunst, Neue Gruppe
1976 Krakau, Kattowiz, Intern. Graphik-Biennale
München, Haus der Kunst, Neue Gruppe
Hamburg, Galerie von Loeper
1977 Warschau, Lodz, „Photography as Art - Art as Photography II", Galleries of contemporary art
Hamburg, Galerie von Loeper
Zeitgenössische Kunst in Franken
1978 Neuenkirchen, Sommerausstellung „2 Steine sind nie gleich" Galerie Falazik
Ljubljana, „Hommange à Marcel Duchamp" Modern Gallery
Chicago u. Dallas, Allen Street gallery, Texas
Houston, Museum of Fine Arts USA „Photography as Art"
Krakau, Intern. Graphik-Biennale
München, Haus der Kunst, Neue Gruppe
Berlin, Deutscher Künstlerbund, Jahresausstellung
London, Institute of Contemporary Art
Neuenkirchen, Galerie Falazik

Preise

1976 Preis des Verbandes polnischer Fotokünstler
1978 Intern. Graphik-Biennale Krakau, 4. Preis

Symposion Nordseeküste „Wetter"

Heinz Wieck Strömungsquadrat

KUNSTFONDS
KUNSTRAUM

KUNST & NATUR

Bonn, Juni/Juli 1985

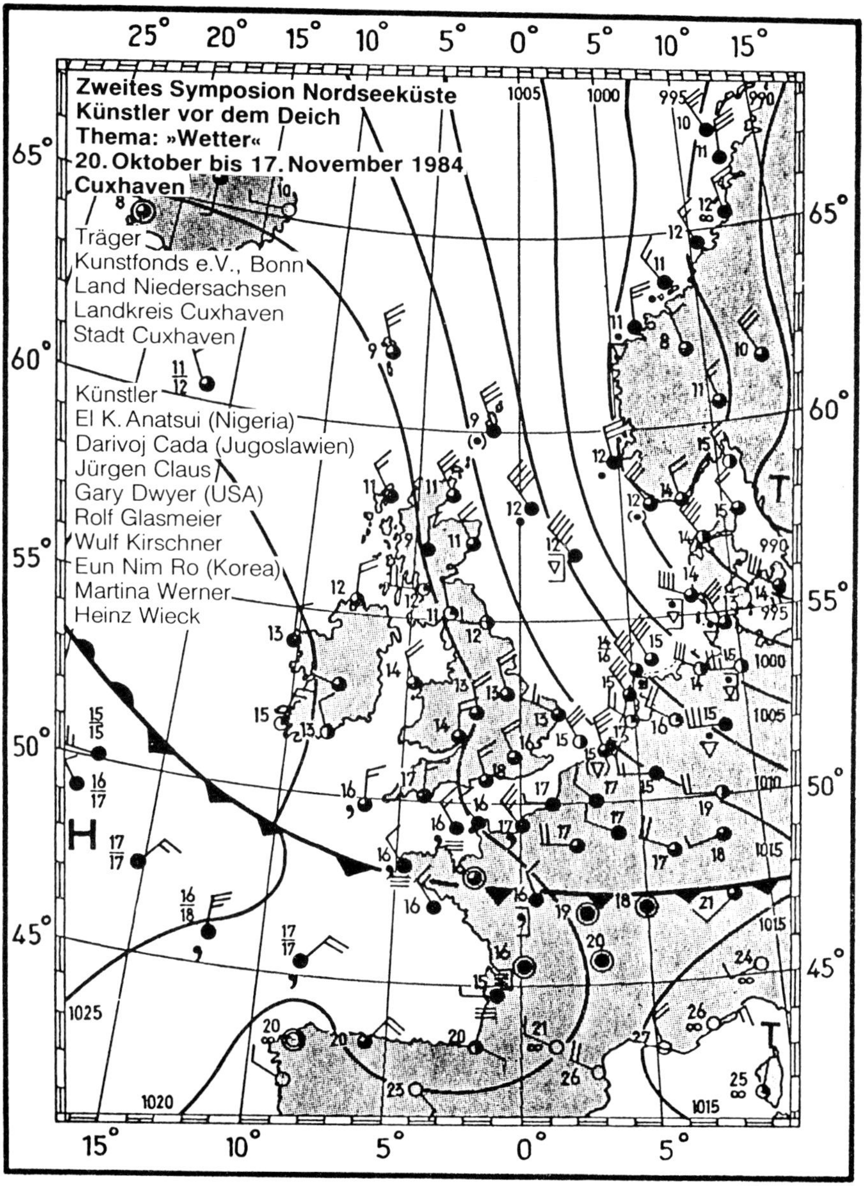

Konzeption der Ausstellung: Dierk Engelken

LOUIS XIV TANZT
PURGATORIUM INFERNO RETTE SICH WER KANN
EINE AUSSTELLUNG IN DREI SZENEN VON RÜDIGER SCHÖTTLE
AUSSTATTUNG
MOVIE AUDIENCE JEFF WALL CINEMA MODEL DAN GRAHAM TANZFIGUREN RUTH GROSS PROJEKTIONEN RÜDIGER SCHÖTTLE
MITARBEIT RUTH GROSS UND JÖRG JOHNEN

Szenische Improvisationen von Chester Roberts in der Ausstellung ‚LOUIS XIV TANZT', Galerie der Künstler, München 1985, Foto: Christin Losta.

DER GETANZTE LOUIS XIV TANZT

Das Ausstellungstableau des durch unsere Geschichte tanzenden Louis XIV war der Spiegel, vor dem der Tänzer in der Ausstellung diese Geschichte durch seine eigene Person nocheinmal aufscheinen ließ. Geschichtliches Bild und lebendige, darstellende Person spiegelten sich ineinander, um zu einem ganzheitlichen Bild der Vorstellung zusammenzufließen. Es entstand ein Traum, der sich mit der Realität über ein größeres, zusammenfassendes Bild projektiv verband. Vom Außen war dieser Traum durch die Mauern des Gebäudes getrennt, die im Innern die für den Traum notwendige Dunkelheit schufen. Dieses Dunkel wurde vom artifiziellen Licht eines zum Bild zusammengefaßten inhaltlichen Wollen beleuchtet. Wie alle heutige Kultur bildete auch dieses Bild sich aus den vielen einzelnen Bildern; aus den zerschnittenen Bildern, die nocheinmal zerschnitten die inhaltlichen Stationen des Ausstellungstableaus füllten. Purgatorium, Inferno, Rette sich wer kann, drei Bereiche deren Schnittstellen die Reflexionsbewegung des Tableaus im Betrachter hervorriefen, was sich durch den Tänzer wiederum als dargestellte Gegenwart zeigte. Die Reflexionsbewegung des Ausstellungstableaus spiegelte sich in der gegenwärtigen Bewegung des Tänzers, der diese im Jetzt gespiegelte Reflexionsbewegung einem Publikum vorhielt, das Bild und Tanz als Spiegelung eines gemeinsamen Inhalts in seiner Vorstellung verschmolz. Dieser gemeinsame Inhalt war der ideale, perspektivische Ort, von dem aus sich die perspektivischen Punkte ausbreiteten um eine Grenze hervorzubringen, die über ihre Vermitteltheit mit ihrem Außen die Tiefe des Bildinnern schuf. Eine Vermitteltheit, die sich als Beziehung von Traum zur Wirklichkeit zeigte. Ein Traum, der die Realität in ihrer bildhaften Tiefe und Reichheit abbildete um das Publikum gleichzeitig mit einer fremden, in unserem jetzigen Außen nicht vorhandenen Ordnung zu umfangen. Eine Ordnung die nicht die abstrakte Last der unendlich ausgedehnten Identifikationsgrenzen in sich trug, sondern ein Bild hervorrief, das seine Grenze immer auch in der lebendigen Gegenwart des Einzelnen hatte, der wiederum durch den kollektiven Grund unserer Geschichte das zusammenschließende Moment in die lebendige, gesellschaftliche Begrenzung des Bildes der Ausstellung einbrachte.
Der Tänzer der Ausstellung war der Vortänzer, der dem Publikum das Bild aus einem personifizierten, handelnden Jetzt heraus zeigte. Es zeigte dem Publikum einen Zuschauer, der dem Bild seine abbildende Qualität entgegenstellt. Das Ausstellungsinnere befand sich in einer Traummetaphorik, die das projektive, entwerfende Moment aus einem Schwebezustand darstellte. Die Kausalzusammenhänge verkehrten sich hier zu psychischen Zuständen, die die Beziehungen des Ichs zu diesen im stetigen Gleichgewicht zeigten.

Aus: Rüdiger Schöttle, ‚LOUIS XIV TANZT, BESTIARIUM DER KUNST UND ARCHITEKTUR', unveröffentlichtes Buchmanuskript.

HULDIGUNG AN MAX BECKMANN
Ein Projekt der Galerie Poll, Berlin

Erro, For Max, 1983/84

HULDIGUNG AN MAX BECKMANN

Hermann Albert · Hede Bühl · Hans-J. Diehl · Harald Duwe · Erro Jürgen Goertz · Helmut Goettl · Waldemar Grzimek · Thomas Hartmann · Schang Hutter · Matthias Koeppel · Dieter Kraemer · Henning Kürschner · Reinhard Lange · Thomas Lange · Maina-M. Munsky · Peter Nagel · Siegfried Neuenhausen · Hartmut Neumann · Wolfgang Petrick · Nuria Quevedo · Joachim Schmettau · Bernard Schultze · Peter Sorge · Volker Stelzmann · Friedemann von Stockhausen · Norbert Tadeusz · Manolo Valdes · Jürgen Waller · L. M. Wintersberger

Galerie Poll, Berlin
12. Februar—28. März 1984

Leopold Hoesch-Museum, Düren
3. April—29. April 1984

Galerie der Hochschule für Grafik und Buchkunst, Leipzig
27. September—31. Oktober 1984

BLICKE AUS DER UNVERGÄNGLICHKEIT

„Sonntag" v. 18. 11. 1984 (Berlin-Ost) (Nr. 47/84)

Beckmann und kein Ende? Ein Ende der Ausstellung sicher. Denn sein Jubiläumsjahr klingt nun bald aus, und eine Beckmann-Ausstellung zum 101. Geburtstag würde gewiß alle Jahresringe unseres in Gedenken geschulten Gehirns sprengen. Ein Ende der Beckmann-Rezeption, der Auseinandersetzung mit seinem umfassenden Werk, wird es dagegen kaum geben. Zu nachhaltig sind die Einflüsse dieses Realisten, der im „Gegenständlichen mehr unterbrachte als nur das Sichtbare" (Inken Nowald). Das machte wohl auch das Interesse an einer Ausstellung in der Galerie der Leipziger Hochschule für Grafik und Buchkunst aus, die unter dem Motto „Huldigung an Max Beckmann" Arbeiten von dreißig zeitgenössischen Malern und Bildhauern aus Spanien, Island, der Schweiz, der BRD und der DDR vereinte. Die zuvor in der Westberliner Galerie Poll gezeigte Schau ist gewissermaßen eine kleine Internationale des Realismus, sie ist Befragung und Beschwörung Beckmanns, Bekenntnis zu seinem Werk, das natürlich einen riesigen Schatten über alles Gezeigte wirft. „Mein Programm ist kurz. Ich habe nämlich keines. Höchstens, daß mir alle Theorie und jegliches Prinzipielle in der Malerei verhaßt ist. Ich liebe das Erhabene und das Lächerliche. Das Normale und das Groteske. Jede Form des Lebens, denn meine Sehnsucht ist, etwas Lebendiges zu machen. Also vielleicht doch ein Programm", schrieb der Maler 1914. Die nächsten knapp vier Jahrzehnte sollten zeigen, was für eine Programmatik in Beckmanns Bildern steckte, der durch den ersten Weltkrieg und die revolutionären Ereignisse an dessen Ende entscheidend geprägt wurde und der als „entarteter" Künstler am 18. Juli 1937, einen Tag nach Hitlers berüchtigter Rede auf der Münchner Kunstausstellung, Deutschland verließ. Sein engagiertes Anarbeiten gegen Krieg und Faschismus mit den Mitteln der Kunst, in malerisch kompromißloser Form, bildet den Ansatz für einige der auf dieser Gedenkausstellung vertretenen Künstler. So schreibt der Schweizer Bildhauer Schang Hutter, der mit einer Plastik aus Fichten- und Pappelholz dabei ist, die zwei schlaffe, ohnmächtige Figuren zeigt: „Max Beckmann war gegen Krieg — gegen Krieg malen heißt auch gegen die Machthaber demonstrieren, die Kriege ma- Was Max Beckmann am Anfang dieses Jahrhunderts tat, müßte er heute wieder tun. Ich bin solidarisch mit diesem Engagement Max Beckmanns und kämpfe mit meiner Arbeit gegen Krieg und die Machthaber, die Kriege machen oder vorbereiten. Deshalb steht meine Arbeit in der Ausstellung."
Andere Maler aus der BRD berufen sich auf seinen konsequenten Realismus, der ja in ihrem Land als Schnee von gestern totgesagt wurde. Zu ihnen zählen unter anderen Peter Sorge mit seinem Triptychon „Nix gegen Max", Matthias Koeppel mit „Beckmann kehrt zurück", das einen Ballon mit einem kopfüber auf die Erde kommenden knüppelschwingenden Beckmann und einen ratlosen Beuys im Vordergrund sowie einen Landschaftsmaler im Hintergrund zeigt. Jürgen Waller mit „Der Tisch des Malers" und Norbert Tadeusz mit dem großflächigen Gemälde „Günter für Max übern Styx", eine Metapher gegen den Strom des Vergessens, vor allem des Vergessens Beckmannscher Arbeitsprinzipien. Metaphorisch scheint auch Helmut Goettls Bleistiftzeichnung „Passage". Wir sehen eine geschäftige Welt um den Frankfurter Hauptbahnhof, in der sich auch der geehrte Maler gern aufhielt, wobei es ein Zufall sein mag, daß wir über einem Geschäft den Namen Max Spielmann lesen.
Bildzitate Beckmanns verarbeiten Manolo Valdes aus Spanien und Nuria Quevedo. Valdes stellt in seinem furios gemalten „Dentro y fuera" (Drinnen und Draußen) verschiedene Bildthemen collagenartig zusammen, Beckmann schaut uns sozusagen aus der Unvergänglichkeit an, Nuria Quevedo zeigt eine Ölkreidenstudie zum Mittelteil des zwischen 1932 und 1935 entstandenen Triptychons „Abfahrt", das in Erstarrung und Reglosigkeit kommende Leiden des Malers unter dem Faschismus gleichsam vorausahnt.
Tachistische, „wilde" Bilder, die sich ebenfalls auf den „Patriarchen des modernen Realismus" berufen, sind von Thomas Hartmann, Reinhard Lange, Wolfgang Petrick zu sehen und von Hans-J. Diehl, der „Auf der Suche nach Beckmann" einen Arm im Bildchaos rudern läßt. Beckmanns bohrende Selbstbefragung, die in immer wieder neuen Selbstporträts mündeten, nehmen Volker Stelzmann, Friedemann von Stockhausen, Joachim Schmettau, Reinhard Lange als Anregung für eigene Selbstporträts auf.
Noch ganz im Duktus des 1950 verstorbenen Künstlers stehen frühe Arbeiten, Dieter Krämers „Frühlingslandschaft" von 1962 und vor allem Harald Duwes „Zirkus" von 1955, eine barbarische Schlachtung in statuarischem Bildaufbau und strengen Farbflächen. Ein Weiterwirken im Beckmanns Sinne und eine Auseinandersetzung mit ihm, der 1947 in einem Interview zu seiner Lehrtätigkeit in den USA sagte: „Es ist aufregend, wieder junge Menschen unterrichten zu dürfen. Ich werde es mir zur Aufgabe machen, ihre individuellen Persönlichkeiten zu entwickeln. Ich verspreche, daß ich nicht eine Herde kleiner Beckmanns heranziehen werde." Solche weiterwirkende Besessenheit teilt sich in dieser Ausstellung dem Betrachter aufs anregendste mit. Es ist die Bessenheit, als Künstler an der Welt nicht vorüberzugehen, sondern teilzunehmen an den Kämpfen der Zeit, so wie Beckmann, der eine Wahrheit aus Liebe zur Natur und eiserner Selbstdisziplin verlangte. „Wenn ihr wirklich etwas zu sagen habt, dann kommt es schon heraus, dann scheut nicht Tränen und Verzweiflung und die Qual der Arbeit, trotz allem gibt es ja doch keine tiefere Befriedigung, als wenn uns einmal etwas Gutes gelungen ist, und darum lohnt es sich wohl, etwas zu schwitzen. Das wäre über Malerei zu sagen".

Detlev Lücke

KUNSTFONDS
KUNSTRAUM Galerien — Mäzene? Bonn, September/Oktober 1985

TREPPEN

MIT BEITRÄGEN VON: Bernhard Johannes Blume · Rudolf Bonvie · Peter Bömmels · Johannes Brus · Werner Büttner · Michael Buthe · Walter Dahn/Georg Jiri Dokoupil · Marianne Eigenheer · Peter Emch · Gina Felber · Günter Förg · Geoffrey Forrest · Blalla W. Hallmann · Werner Hartmann · Georg Herold · Jürgen Klauke · Hubert Kiecol · Astrid Klein · Marcus Krips · Maximilian Krips · Urs Lüthi · Klaus Mettig · Axel Lieber · Maja Majer · Theo Lambertin · Rune Mields · Augustina von Nagel · Albert Oehlen · Markus Oehlen · Kirsten Ortwed · C. O. Paeffgen · Sigmar Polke · Detlev Rymus · Stefan Szczesny · Klaudia Schifferle · Katharina Sieverding · Anselm Stalder · Konrad Balder Schäuffelen · Volker Tannert
AUTOREN: Annelie Pohlen · Jeannot Simmen · Konrad Balder Schäuffelen

GUGU ERNESTO KÖLN

KUNSTFONDS
KUNSTRAUM

Galerien — Mäzene?

Bonn, September/Oktober 1985

Jürgen Bordanowicz

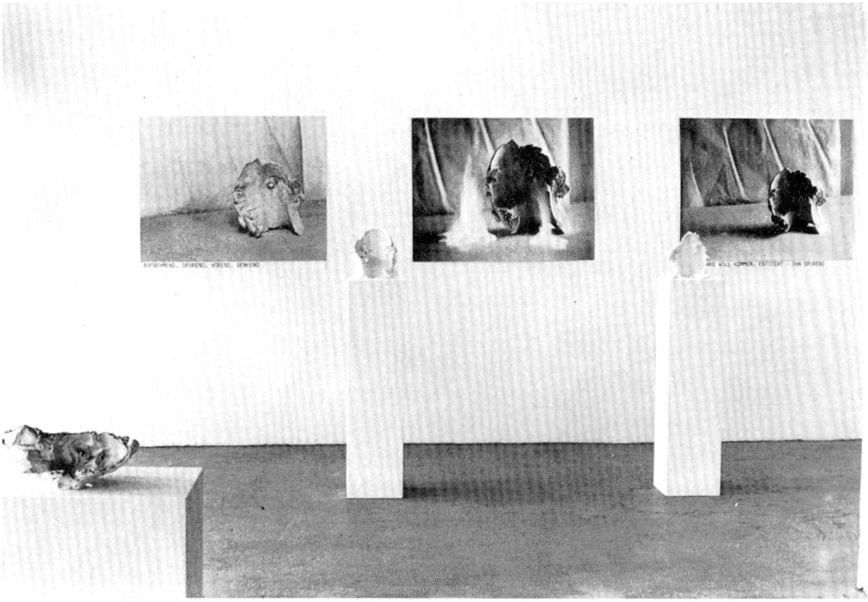

Biographie

1944	geb. 4. 8. in Bromberg Schulbesuch in Ostberlin Beginn einer Schlosserlehre
1961	mit der Familie Flucht nach Westberlin
1964	Abschluß der Schlosserlehre in Nürtingen/Stuttgart
1966/67	Wehrersatzdienst in Hamburger Krankenhäusern
1968/75	Studium an der Hochschule für Bildende Künste in Hamburg bei Sudeck, Graubner, Polke
seit 1971	zahlreiche Reisen, vor allem nach Italien und Spanien
seit 1975	freischaffender Künstler; lebt in Hamburg

Einzelausstellungen

1974	Produzentengalerie Hamburg (K) Galerie Ernst, Hannover
1977	Produzentengalerie Hamburg
1980	Kunstraum München (K)
1982	Produzentengalerie Hamburg (K)
1983	Mathildenhöhe, Darmstadt (K) Galerie Defet, Nürnberg
1985	Produzentengalerie Hamburg (K)

KUNSTFONDS
KUNSTRAUM

Lichtskulptur

Bonn, November/Dezember 1985

Jürgen Bordanowicz

Auszüge aus Notizbüchern

Das gewalthaltige Dasein der Materie. Als Belebte entzündete sich ihr wirklicher Sinn an den Kraftwechseln ihrer Belebung und Erstarrung. Indem sich die Orte der Bewegtheit und die Orte der Starrheit in einem Lebendigen notwendig durchdringen, also Kräfte der Starrheit in Feldern der Bewegtheit leben und umgekehrt, gibt es kein rundes Ziel dieser Kräfte, denn die Ursache des einen ist die Folge des anderen. (Die Ursache der Starrheit ist die Folge der Bewegtheit und umgekehrt.) Beim Menschen entsteht hier ein Rhythmus ungleicher Qualitäten beider Pole. Dieser Rhythmus entwickelt die Lebensrealität eines Menschen, in dem sich in verschiedenen Situationen entweder Kräfte der Starrheit oder Kräfte der Bewegung auswirken.
Völlig nackt kommt die Sinnlichkeit der Genüsse daher, sie ist immer allein, und sie liebt die Ruhe — braucht sie — Rhythmus ungleicher Quantität beider Pole. —
Leere verursachende Motorik, die toten Materialien zum Leben bringen (Schablonen, Theorien von Psychomechanik).
Warf mich auf Materialien mancher Art, um ihre verknechtende Selbstbehauptung zu durchbrechen. — Jedes Ding schien einen Unwert zu haben, der mich betrachtete.
... Ziel war strenge Bearbeitung jeder sinnvollen Detailwahrnehmung, daraus sollte eine Wandlungsuhr entstehen, die immer mehr Unerfahrenes erfahrbar macht ... Ich will jene Realität in der Arbeit haben, die mein Erfahrungsmaterial ist, das auch objektiv lebt. —
Der Stoff wandelt sich beim Arbeiten so genau, daß er nicht genau weiß, was er gewinnen oder verlieren soll ...
Kein Programm am Leitfaden formaler Ausprägungen — wie bei Hölderlin seine Versbrechungen und Schwünge ihren Stoff anfassen und nicht in der Form gleichgültig werden lassen — stattdessen Charaktere der Erfahrung, singuläre Ereignisse und Qualitäten, vorgeschobene Punkte der Wahrnehmung —, einer Ellipse mit endlos vielen vergehenden Wahrnehmungspunkten, die sich weiterdreht. —

KUNSTFONDS
KUNSTRAUM

Lichtskulptur

Bonn, November/Dezember 1985

Jaroslav Adler

,Dreimal' 1984

Biographie

1946	Geboren in Böhmisch-Budweiß/CSSR
1961—1965	Kunstgewerbeschule in Bechyne
1965—1967	Bühnenarbeiter in Prag
1967—1969	Eigene Manufaktur für Keramik
1969	Verlassen der CSSR
1970—1975	Studium Kunstakademie Düsseldorf, zuletzt Meisterschüler bei Kricke
1974	Aufenthalt New York
1980—1983	Künstlerische Arbeit in London
1983	Rückkehr nach Düsseldorf

Preise und Stipendien

1973	Poensgenstiftung
1975/76	Förderpreis des Landes NRW
1975	Bernhard-Hoetger-Preis
1979	Kulturpreis des BDI
1980	Auslandsstipendium NRW
1982	Kunstfonds e.V.

Die Lust nach Freiheit und Transparenz ist seit Beginn meiner Selbständigkeit das immer wiederkehrende Thema:
Die Sicht, das Unbestechliche der Endzeit, die immer wiederkehrende Zeit, Hell und Dunkel
Dabei von ,Lichtskulptur' zu sprechen, ist allerdings nicht richtig; richtig ist es, über die ständige Begleitung aller räumlichen Erscheinungen oder das räumliche Bewußtsein zu sprechen. Man könnte fragen. Wer war der Künstler mit der befreiten Sicht: Michelangelo oder die alten Griechen?

Jaroslav Adler

KUNSTFONDS
KUNSTRAUM

Lichtskulptur

Bonn, November/Dezember 1985

,Die gelbe Box' 1982—1983

Namenverzeichnis

U1, U2 = Umschlaginnenklappen vorn; U3, U4 = Umschlaginnenklappen hinten. – Kursiv gedruckte Seitenzahlen verweisen auf die Dokumentation »Kunstfonds – Kunstraum« (S. 221 ff.).

DuMont Dokumente: Gesamtübersicht

Albus, Volker / Feith, Michel / Lecatsa, Rouli / Schepers, Wolfgang / Schneider-Esleben, Claudia (Hrsg.)
Gefühlscollagen
Wohnen von Sinnen (April 1986)

Arnheim, Rudolf
Anschauliches Denken
Zur Einheit von Bild und Begriff

Arnheim, Rudolf
Die Dynamik der architektonischen Form

Arnheim, Rudolf
Die Macht der Mitte

Baumgart, Fritz
DuMont's kleine Kunstgeschichte

Baumgart, Fritz
Stilgeschichte der Architektur

Brauneck, Manfred
Religiöse Volkskunst

Braunfels, Wolfgang
Abendländische Stadtbaukunst

Braunfels, Wolfgang
Abendländische Klosterbaukunst

Braunfels, Wolfgang
Kleine italienische Kunstgeschichte

Burckhardt, Lucius
Die Kinder fressen ihre Revolution

Coubier, Heinz
Europäische Stadtplätze

Daucher, Hans / Sprinkart, Karl Peter (Hrsg.)
Ästhetische Erziehung als Wissenschaft
Probleme – Positionen – Perspektiven

Eckstein, Hans
Die Romanische Architektur

Faust, Wolfgang Max / Vries, Gerd de
Hunger nach Bildern
Deutsche Malerei der Gegenwart

Franke, Herbert W.
Computer-Grafik Galerie
Bilder nach Programm – Kunst im elektronischen Zeitalter

Franzke, Andreas
Skulpturen und Objekte von Malern des 20. Jahrhunderts

Froböse, Eva
Rudolf Steiner über Eurythmische Kunst

Grabar, Oleg
Die Alhambra

Gray, Camilla
Das große Experiment
Die russische Kunst 1863–1922

Grimme, Ernst Günther
Die Geschichte der abendländischen Buchmalerei

Gruber, Bettina / Vedder, Maria
Kunst und Video
Internationale Entwicklung und Künstler

Hansmann, Wilfried
Baukunst des Barock

Hansmann, Wilfried
Gartenkunst der Renaissance und des Barock

Hofstätter, Hans H.
Geschichte der europäischen Jugendstilmalerei

Kitzinger, Ernst
Byzantinische Kunst im Werden

Klee, Felix (Hrsg.)
Paul Klee Tagebücher 1898–1918

Küppers, Harald
DuMont's FARBEN-ATLAS
Über 5500 Farbnuancen mit Kennzeichnung und Mischanleitung

Kugler, Walter
Rudolf Steiner und die Anthroposophie
Wege zu einem neuen Menschenbild

Kultermann, Udo
Architekten der Dritten Welt

Kultermann, Udo
Zeitgenössische Architektur in Osteuropa

Kultermann, Udo
Die Architektur im 20. Jahrhundert

Lach, Friedhelm
Der Merz-Künstler Kurt Schwitters

Maenz, Paul
Art Deco 1920–1940

Meulen, Jan van der / Hohmeyer, Jürgen
Chartres
Biographie der Kathedrale

DuMont Dokumente: Gesamtübersicht

Murken-Altrogge, Christa / Murken, Axel
Vom Expressionismus bis zur Soul and Body Art
Moderne Malerei für Einsteiger

Naredi-Rainer, Paul von
Architektur und Harmonie
Zahl, Maß und Proportion in der abendländischen Baukunst

Neumann, Wolfgang
Die Berber
Vielfalt und Einheit einer alten nordafrikanischen Kultur

Emil Nolde Mein Leben
Herausgegeben von der Stiftung Seebüll Ada und Emil Nolde

Nußbaum, Norbert
Deutsche Kirchenbaukunst der Gotik
Entwicklungen und Bauformen

Ozols, Jakob/Thewalt, Volker (Hrsg.)
Aus dem Osten des Alexanderreichs
Völker und Kulturen zwischen Orient und Okzident. Iran, Afghanistan, Pakistan, Indien

Panofsky, Erwin
Studien zur Ikonologie
Humanistische Themen in der Kunst der Renaissance

Pawlik, Johannes (Hrsg.)
Goethe Farbenlehre
Didaktischer Teil
Textauswahl mit einer Einführung und neuen Farbtafeln

Pawlik, Johannes
Praxis der Farbe
Bildnerische Gestaltung

Pawlik, Johannes
Theorie der Farbe

Pawlik, Johannes / Straßner, Ernst
Bildende Kunst
Begriffe und Reallexikon

Popper, Frank
Die kinetische Kunst

Reuther, Manfred
Das Frühwerk Emil Noldes
Hrsg. von der Stiftung Seebüll Ada und Emil Nolde

Rewald, John
Die Geschichte des Impressionismus

Richter, Hans
Dada – Kunst und Antikunst
Der Beitrag Dadas zur Kunst des 20. Jahrhunderts

Romain, Lothar (Hrsg.)
Kunstfonds e. V.
Modell einer Förderung

Rotzler, Willy
Objekt-Kunst
Von Duchamp bis zur Gegenwart

Rykwert, Joseph
Ornament ist kein Verbrechen

Sager, Peter
Neue Formen des Realismus
Kunst zwischen Illusion und Wirklichkeit

Schleier, Reinhard
DuMont's Geschichte der europäischen Druckgraphik
Von den Anfängen bis zur Gegenwart.
Techniken – Meister – Wirkungen

Schneede, Uwe M. (Hrsg.)
Die zwanziger Jahre
Manifeste und Dokumente deutscher Künstler

Schreiber, Ulla
Modelle für humanes Wohnen
Moderne Stadtarchitektur in den Niederlanden

Schwitters, Kurt
Anna Blume und andere
Literatur und Grafik
Hrsg. von Joachim Schrenk

Selle, Gert
Kultur der Sinne und ästhetische Erziehung
Alltag, Sozialisation, Kunstunterricht vom Kaiserreich zur Bundesrepublik

Stützer, Herbert Alexander
Die italienische Renaissance

Thomas, Karin
Bis Heute: Stilgeschichte der bildenden Kunst im 20. Jahrhundert
(April 1986)

Thomas, Karin
Zweimal deutsche Kunst nach 1945

Waldberg, Patrick
Der Surrealismus

Wedewer, Rolf
Landschaftsmalerei zwischen Traum und Wirklichkeit
Idylle und Konflikt

DuMont Dokumente: Gesamtübersicht

Wescher, Herta
Die Geschichte der Collage
Vom Kubismus bis zur Gegenwart

Wick, Rainer
Bauhaus-Pädagogik

DuMont Dokumente – Archäologie

Bittel, Kurt
Hattuscha
Hauptstadt der Hethiter. Geschichte und Kultur einer altorientalischen Großmacht

Gutbrod, Karl
DuMont's Geschichte der frühen Kulturen der Welt

Magall, Miriam
Archäologie und Bibel
Wissenschaftliche Wege zur Welt des Alten Testaments

Moortgat, Anton
Die Kunst des Alten Mesopotamien
Sumer und Akkad

Moortgat, Anton
Die Kunst des Alten Mesopotamien
Babylon und Assur

Reden, Sybille von
Die Megalith-Kulturen
Zeugnisse einer verschollenen Urreligion
Großsteinmale in: England – Frankreich – Irland – Korsika – Malta – Nordeuropa – Sardinien – Spanien

DuMont Dokumente – Film/Foto

Neusüss, Floris M. (Hrsg.)
Fotografie als Kunst – Kunst als Fotografie
Das Medium der Fotografie in der bildenden Kunst Europas ab 1968

Peters, Ursula
Stilgeschichte der Fotografie in Deutschland 1839–1900

Tausk, Petr
Die Geschichte der Fotografie im 20. Jahrhundert

DuMont Dokumente – Graphik

Adriani, Götz (Hrsg.)
Paul Cézanne Zeichnungen

Adriani, Götz (Hrsg.)
Toulouse-Lautrec
Das gesamte graphische Werk

Dieterich, Anton (Hrsg.)
Goya – Visionen einer Nacht
Zeichnungen

Geelhaar, Christian (Hrsg.)
Paul Klee Zeichnungen
Reise ins Land der besseren Erkenntnis

Kelen, Emery (Hrsg.)
Leonardo da Vinci Zeichnungen

Konnertz, Winfried (Hrsg.)
Max Ernst
Zeichnungen, Aquarelle, Übermalungen, Frottagen

Uitert, Evert van (Hrsg.)
Vincent van Gogh Zeichnungen

DuMont Dokumente – Musik

Klüppelholz, Werner
Mauricio Kagel 1970–1980

Schnebel, Dieter
Mauricio Kagel Musik Theater Film

Schnebel, Dieter (Hrsg.)
Karlheinz Stockhausen
Texte zur elektronischen und instrumentalen Musik
Band 1: Aufsätze 1952–1962
zur Theorie des Komponierens

Karlheinz Stockhausen
Texte zu eigenen Werken, zur Kunst Anderer, Aktuelles
Band 2: Aufsätze 1952–1962
zur musikalischen Praxis

Karlheinz Stockhausen
Texte zur Musik 1963–1970
Band 3: Einführung und Projekte, Kurse, Sendungen, Standpunkte, Nebennoten

Karlheinz Stockhausen
Texte zur Musik 1970–1977
Band 4: Werk-Einführung. Elektronische Musik, Weltmusik, Vorschläge und Standpunkte, zum Werk Anderer

Veröffentlichung des Zentrums für Kulturforschung/Bonn

Publikation von Karla Fohrbeck, erschienen in der Reihe »Kultur und Staat«, herausgegeben vom Bundesinnenministerium

Handbuch der Kulturpreise und der individuellen Künstlerförderung in der Bundesrepublik Deutschland 1979–1985

2. erweiterte u. überarbeitete Auflage, 1440 Seiten mit zahlreichen Übersichten und Registern, Leinen mit Schutzumschlag

Dieses Handbuch legt für die Bundesrepublik Deutschland eine umfassende Dokumentation von Preisen, Ehrungen, Stipendien und sonstigen Formen der Einzelförderung im kulturellen Bereich vor. Es werden Informationen über rund 1300 Förderungsmaßnahmen und Auszeichnungen auf den verschiedensten Gebieten des kulturellen Lebens mitgeteilt und durch detaillierte Register sowie eine zusammenfassende Auswertung für den Benutzer aufgeschlüsselt; das Spektrum reicht von übergreifenden Kulturpreisen mit nationaler oder internationaler Bedeutung bis zu regionalen oder spartengebundenen Förderungsvorhaben. Das Handbuch dokumentiert nicht nur klassische Kunstsparten wie Bildende Kunst oder Musik, sondern auch verwandte Bereiche wie Architektur, Denkmalpflege, Design und Kunsthandwerk, Publizistik, Film und Fernsehen.

Veröffentlichung des Zentrums für Kulturforschung/Bonn

Musik – Statistik – Kulturpolitik

267 Seiten mit Tabellen und Schaubildern, kartoniert

»Zum erstenmal ist es gelungen, für den Gesamtbereich der Musik in der Bundesrepublik Deutschland nahezu lückenlos zuverlässiges Statistik-Material zusammenzutragen und sinnvoll auszuwerten. Mit diesem Band liegt eine Quelle vor, die es ermöglicht, für die Musik nicht nur kulturell sondern auch unter wirtschaftlichem Aspekt einen beachtlichen Stellenwert zu beanspruchen.« *Musik und Bildung*

Künstler in Not

Härtefonds und Altershilfen für Künstler und Publizisten in der Bundesrepublik Deutschland

224 Seiten mit Tabellen und Registern, kartoniert

»Daß die Verbindung zu den verschiedenen Fonds und Hilfeeinrichtungen hergestellt wird, dazu ist das Buch eine außerordentlich wertvolle Hilfe. Es gehört in die Hand aller, die in Verbänden, Behörden und Einrichtungen mit sozialen Fragen der Künstler beschäftigt sind.« *Das Orchester*

Literaturförderung im internationalen Vergleich

248 Seiten mit Tabellen und Registern, kartoniert

»Welche Aufgaben im Bereich der Literaturförderung wurden bisher in der Bundesrepublik unzureichend wahrgenommen? Welche Rolle könnte bei ihrer Erfüllung eine nationale Kultur- oder Literaturstiftung übernehmen? Welche Erfahrungen hat man im Ausland mit neuartigen Formen der Autorenförderung und der Literaturförderung gemacht? Wie läßt sich überhaupt dieses kulturpolitische Aktionsfeld angemessen abgrenzen und differenzieren? Solche und ähnliche Fragen bilden den Ausgangspunkt dieser überaus gründlichen und klar gegliederten Untersuchung.« *Frankfurter Hefte*

Kunstförderung im internationalen Vergleich

368 Seiten mit Tabellen und Registern, kartoniert

»Dieses Buch bietet nicht nur zahlreiche Anregung, sondern trägt auch zum internationalen Erfahrungsaustausch bei.« *Das Parlament*